Stichwort Deutsch
Intensivkurs für Grundstufe Band I

新求精德语强化教程
初级 I
（第四版）

Deutsch-Kolleg
der Tongji-Universität

教育部直属同济大学留德预备部　编著

同济大学 出版社
TONGJI UNIVERSITY PRESS

内 容 提 要

《新求精德语强化教程》共有五册,分别为初级 I、II,中级 I、II 和高级教程。本书为第一册,包括语音教程及基础教程共 14 课,相当于《出国留学人员德语强化教学大纲》规定的初级阶段 I 水平,供赴德语国家学习的大学生、研究生和进修生使用。全书语言地道,练习形式丰富多样,旨在全面培养学员听、说、读、写等方面的能力,尤其突出听说训练,并结合国情知识,帮助学员提高在德语国家生活和学习所需要的语言能力。该书的语音教程及所有听力课文等均配有相应的 MP3,读者可登陆同济大学出版社网站 www.tongjipress.com.cn 免费下载。

图书在版编目(CIP)数据

新求精德语强化教程. 初级. I/同济大学留德预备部编著. —4 版. —上海:同济大学出版社,2012.6

ISBN 978 - 7 - 5608 - 4829 - 7

I. ①新… II. ①同… III. ①德语—教材 IV. ①H33

中国版本图书馆 CIP 数据核字(2012)第 091784 号

Stichwort Deutsch

Intensivkurs für Grundstufe Band I

新求精德语强化教程 初级 I(第四版)

教育部直属同济大学留德预备部 编著

插图 王晓东

责任编辑 吴凤萍　　　责任校对 徐春莲　　　封面设计 陈益平

出版发行　同济大学出版社　　www.tongjipress.com.cn

　　　　　　(地址:上海市四平路 1239 号　邮编:200092　电话:021—65985622)

照　排　南京展望文化发展有限公司

经　销　全国各地新华书店

印　刷　苏州望电印刷有限公司

开　本　889mm×1 194mm　　1/16

印　张　23.75

印　数　1—3 100

字　数　760 000

版　次　2012 年 6 月第 4 版　　2012 年 6 月第 1 次印刷

书　号　ISBN 978 - 7 - 5608 - 4829 - 7

定　价　78.00 元

本书编著者

（按姓氏笔画为序）

王丽明　方建国　祁志琴
李立贵　杨爱珍

U.Busch　B.Geist　L.Richter　R.Unthan

第四版出版说明

　　《新求精德语强化教程·初级》是专为赴德语国家留学及进修人员进行德语强化学习而编写的,是国内德语强化教学自《出国留学人员德语强化教学大纲》问世以来首套集语言、国情、跨文化交际以及听、说、读、写训练于一体的完整的系统教材。《新求精德语强化教程·初级》由初级 I 和初级 II 教程、初级 I 和初级 II 词汇册、初级测试题、新求精德语初级语法精解与练习、初级教学参考书及配套教学音像(MP3)组成。

　　《新求精德语强化教程·初级》自出版以来,深受德语学习者的青睐和同行的好评。为了更好地适应新的教学需要,我们又一次对本教材进行了修订,对教材中的部分信息作了适时的更新;针对各类德国高校德语入学考试,书中设计了各类题型,使其更加具有针对性和实用性。此外,我们对本教材的结构进行了一定的调整,语音由原来的 6 个部分调整为 3 个部分;在初级 II 中新增加了一个单元,使得本教程(第四版)初级 I 和初级 II 均为 14 个单元,共 28 课,其中第 8、14、22 和 28 课为复习单元。与第三版教材相比,本新版教材在继续强调对德语学习者听、说、读、写等语言能力训练的同时,更多地注重对他们听、说能力和应考能力的培养。

　　我们衷心希望第四版《新求精德语强化教程·初级》的出版,能使德语学习者在短时期内打好扎实的语言基础,有效地掌握和提高基本的德语交际和运用能力;同时能让教师更加得心应手地使用本教材,提高课堂教学效果。

　　在此,我们再次衷心感谢广大德语学习者和同行们长期以来对《新求精德语强化教程·初级》的厚爱。希望你们一如既往地支持我们,给予我们更多、更好的建议,使《新求精德语强化教程·初级》在今后修订时能够更加完善。

　　在本次修订过程中,D A A D 专家 Ulrike Endres 给予了大力协助,她做了大量的审校工作,在此对她表示深深的感谢。

　　最后,我们真诚感谢同济大学出版社对《新求精德语强化教程·初级》编写出版工作的一贯支持。

编　者

2012 年 4 月

第三版出版说明

《新求精德语强化教程·初级》自 1998 年出版、尤其 2002 年修订再版以来，深受读者和同行的好评。为了更好地完善此教材，我们再次修订此教材。《新求精德语强化教程·初级》内容丰富、体系完整、构思新颖、题型多样。《新求精德语强化教程·初级》第三版共两册：初级Ⅰ（Lek. 1—14），初级Ⅱ（Lek. 15—26），适用于初级德语强化培训。在第三版修订时，我们同样考虑到了信息量需要不断更新、德国高校入学德语考试的多样性发展趋势、读者和同行们对此教材提出的建议以及使用中的实际情况等因素，继续注重对学员听、说、读、写等语言能力的训练，尤其是对听、说能力的培养。为此，我们对过时的信息作了更新，对一些题型作了相应的改进，使听力和阅读课文中设计的各类题型不仅更具针对性和实用性而且更加多样性，以求达到更好的训练和学习效果。

《新求精德语强化教程·初级》第三版包括两册教科书、两本词汇练习册、一本测验册、一本教参以及配套教学磁带。

我们希望《新求精德语强化教程·初级》第三版的出版将进一步促进德语强化教学界教材建设方面的交流，并有利于我国与德语国家间的文化沟通。

最后，我们衷心感谢广大读者和同行们长期以来对《新求精德语强化教程·初级》的厚爱，并且希望《新求精德语强化教程·初级》的读者和同行们一如既往地支持我们，给于我们更多的建议，以求《新求精德语强化教程·初级》更加完善。

编　者

2007 年 9 月

再版说明

《新求精德语强化教程》自出版以来，深受读者和各界的好评，为了更好地适应新的教学需要及德国国情，我们对此教材及时做了修订。

《新求精德语强化教程》初级（第二版）共两册：初Ⅰ（Lek.1—14）、初Ⅱ（Lek.15—26），为德语强化培训的初级教程。在本书（第二版）的编写时，我们考虑到了信息量不断更新、德国新正字法的执行以及德国大学的外国人入学语言考试的多样性发展趋势等因素，并结合近几年读者和同行对本书提出的许多有益的建议，更加注重对学员听、说、读、写等语言能力的训练，尤其是对听、说能力的培养。为此，《新求精德语强化教程》初级（第二版）增加了语音练习、句型操练、会话练习以及词汇练习等；针对各类德国高校入学德语考试，听力课文和阅读课文中设计的各类题型更加具有针对性和实用性。《新求精德语强化教程》初级（第二版）适用于第一学期（共 19 周，每周 24 学时）的教学。整套初级教程包括两册教科书、两本词汇练习手册、一本测验册、一本教师手册及配套教学磁带。

我们希望《新求精德语强化教程》初级（第二版）的出版将进一步促进德语强化教学界教材建设方面的交流，并有利于我国与德语国家、地区间的文化沟通。

编　者

2002 年 8 月于同济

前　言

　　《新求精德语强化教程》是专为赴德语国家学习、进修的人员进行德语强化学习而编写的。全书分为初级Ⅰ、Ⅱ，中级Ⅰ、Ⅱ和高级教程，共五册。本书是目前国内德语强化教学界自《出国留学人员德语强化教学大纲》问世以来首套集语言、国情、跨文化交际以及听、说、读、写训练和德国DSH(高校德语入学考试)迎考培训于一体的完整的系列教材。全书根据教学大纲并参考德国DSH考试大纲的要求编写。从编写、试用、修改、定稿、出版、使用，到修订、再版，历经10年时间。全书从初学德语开始，直至可参加DSH考试为止，适用于三个学期的教学。

　　本教材内容丰富，体系完整，构思新颖，题型多样，是国内唯一与DSH直接接轨的德语强化教程。我们希望以《新求精德语强化教程》的出版来促进德语强化教学界教材建设工作方面的交流，并有利于我国与德语国家、地区间的文化沟通。

　　《新求精德语强化教程》的初级Ⅰ、Ⅱ两册为德语强化培训的初级教程，适用于第一学期(共19周，每周24学时)的教学。参加德语强化培训的大多数学员的学习目标是赴德进修、上大学或攻读博士学位，因此，本教程以达到德国大学的外国人入学语言考试的要求为最终培训目标，注重对学员听、说、读、写等语言能力的训练，尤其是对听、说能力的培养，学员通过本教程强化培训后，应能在语言上具备在德语国家处理日常事宜的能力，初步掌握德语常用语法规则。

　　在体例上，初级教程由6课语音(每课5个学时)和28个单元的正课(每个单元14个学时)组成，第一册和第二册各有14个单元的正课，其中的第7，14，21单元和第28单元为阶段复习课。每个单元基本上用三天的教学时间，第一天、第二天主要用于新内容的教学，第三天则是每个单元的复习。整套初级教程包括两册正式出版的教科书以及教学磁带(同济大学留德预备部另备有测验册和教师手册)。

　　希望《新求精德语强化教程》的读者和使用者对本书多提批评和建议，使本教程在今后修订时得以改进和完善。

编　者

1998 年 7 月

目　录

第四版出版说明

第三版出版说明

再版说明

前言

Lektion 1　　Phonetik　　　　　　　　　　　　　　　　　　　　　　　1

Das Alphabet　　　　　　　　　　　　　　　　　　　　　　　　　2

Teil 1　　　　[a:]，[a]；[e:]，[ɛ:]，[ɛ]，[ə]，[ər]，[ən]，[əl]；　　**3**

　　　　　　　[i:]，[i]；[o:]，[ɔ]；[u:]，[u]；

　　　　　　　[b]，[p]；[d]，[t]；[g]，[k]

Teil 2　　　　[ø:]，[œ]；[y:]，[y]；[ai]，[ao]，[ɔy]；　　　　**10**

　　　　　　　[m]，[n]；[l]，[r]；[v]，[f]；[z]，[s]；[ʃt]，[st]；[ʃp]，[sp]

Teil 3　　　　[ʃ]，[ç，iç]，[x]，[tʃ]，[h]，[j]，[ts]，[ŋ]，[uŋ]，[ŋk]；　　**17**

　　　　　　　[ks]，[pf]，[kv]，[tsion]，[sion]，[zion]，[ismus]

Lektion 2　　Auf dem Flughafen　　　　　　　　　　　　　　　　27

Grammatik： I　Personalpronomen im Nominativ（N）und

　　　　　　　　Konjugation der Verben im Präsens（1）（S. 32）

　　　　　　　　Konjugation der Verben im Präsens（2）（S. 33）

　　　　　　II　Possessivpronomen im Nominativ（N）（S. 38）

　　　　　　III　A　Verbstellung im Satz（S. 39）

　　　　　　　　B　Woher? — Wohin? — Wo?（S. 42）

Wortschatz： I　Anrede / Vorname und Familienname（S. 29）

　　　　　　II　Länder / Leute / Sprechen（S. 34）

　　　　　　III　A Zahlen 0—12（S. 43）

Lektion 3   Familie   51

Grammatik: I   Konjugation der Verben im Präsens (3) (S. 53)

II   Personalpronomen im Akkusativ (A) (S. 60)

III   Bestimmter und unbestimmter Artikel im Nominativ (N) und Akkusativ
(A) (S. 62)

IV   Nullartikel (S. 65)

V   Possessivpronomen im Akkusativ (A) (S. 67)

Wortschatz: I   Berufe (S. 55)

II   Die Familie (S. 69)

Lektion 4   Einkaufen   75

Grammatik: I   Negation (S. 81)

II   Modalverben (S. 87)

Wortschatz: I   Lebensmittel (S. 77)

II   Mengeneinheiten und Mengenangaben (S. 79)

III   Schreibwaren (S. 80)

IV   A   Zahlen 13 — 99 (S. 91)

B   Zahlen 100 — 1 000 000 000 (S. 92)

V   A   Das Geld (S. 95)

B   Preise (S. 96)

Lektion 5   Termine   105

Grammatik: Imperativ in Befehl, Aufforderung, Bitte und Vorschlag (S. 111)

Wortschatz: I   A   Uhrzeiten (offiziell und inoffiziell) (S. 107)

B   Uhrzeitangabe (S. 110)

II   A   Die Tageszeiten (S. 117)

B   Die Wochentage (S. 120)

III   Zeitangabe (S. 123)

Lektion 6   Auf der Post   131

Grammatik: I   Präteritum von „haben" und „sein" (S. 135)

II   Modalverben im Präteritum (S. 144)

III   Ja — Nein — Doch (S. 148)

Wortschatz: I   Auf der Post (S. 133)

Ⅱ   vorgestern — gestern — heute — morgen — übermorgen (S. 137)

Ⅲ   A Absender — Empfänger (S. 142)

       B Adresse — Anschrift (S. 143)

Lektion 7   Die Einladung   155

Grammatik: Ⅰ   Trennbare und untrennbare Verben (S. 157)

Ⅱ   Dativ (S. 161)

Ⅲ   Stellung von Dativ- und Akkusativobjekt

       (Nomen und Personalpronomen) (S. 169)

Ⅳ   n-Deklination (S. 173)

Wortschatz: Ⅰ   Redewendungen (S. 159)

Ⅱ   Sprechen Sie bitte nach! (S. 167)

Lektion 8   Essen und Trinken   179

Grammatische Wiederholung Ⅰ (S. 183)

Grammatische Wiederholung Ⅱ (S. 191)

Grammatische Wiederholung Ⅲ (S. 197)

Wortschatz: Im Café (S. 182)

Wortschatzwiederholung Ⅰ (S. 188)

Wortschatzwiederholung Ⅱ (S. 199)

Lektion 9   Lebenslauf   203

Grammatik: Perfekt (S. 209)

       A Regelmäßige Verben (S. 209)

       B Unregelmäßige Verben (S. 215)

Wortschatz: Ⅰ A Ordinalzahlen (S. 204)

       B Monate/Jahreszeiten (S. 205)

       C Jahreszahlen (S. 206)

Ⅱ   Studienfächer (S. 213)

Lektion 10   Kleidung   227

Grammatik: Adjektivdeklination (S. 231)

       A Bei bestimmten und unbestimmten Artikeln und

          Possessivpronomen (S. 231)

B Nullartikel (S. 239)

C Fragepronomen für Adjektive:

Welch… / Was für (ein…) (S. 241)

D Bei „alle, einige, viele, manche…" (S. 245)

Wortschatz: I A Farben (S. 230)

B Muster (S. 231)

II A Passt mir / ihm / ihr / dir / Ihnen … ? (S. 237)

B Wie steht mir / ihm / ihr / dir / Ihnen … ?

Passt mir / ihm / ihr / dir / Ihnen … ? (S. 238)

C Passt … zu … ?

Passt mir / ihm / ihr / dir / Ihnen … ? (S. 238)

Lektion 11 Vergleich   253

Grammatik: Komparation der Adjektive (S. 257)

A Der Positiv (S. 257)

B Regelmäßige Komparation der Adjektive als Prädikativ oder

Adverbialbestimmung(S. 259)

C Unregelmäßige Komparation der Adjektive und

einiger Adverbien (S. 266)

Wortschatz: Personenbeschreibung (S. 255)

Lektion 12 Die Wohnung   277

Grammatik: Lokale Präpositionen (S. 281)

A aus, von, nach, zu, bei, gegenüber (D)(S. 281)

B dureh/gegen/um (A) (S. 283)

C an, auf, in, vor, hinter, über, unter, neben, zwischen (S. 290)

Wortschatz: I Haus/Wohnung/Zimmer (S. 279)

II A Zimmereinrichtung (S. 287)

B Lokalisation (S. 289)

Lektion 13 Reisen   305

Grammatik: I Präteritum (S. 307)

II Temporale Präpositionen (S. 315)

III Andere Präpositionen: mit, ohne, für, außer, zu (S. 318)

Wortschatz:　Reisen/Urlaubsreisen/Ferienreisen (S. 312)

Lektion 14　Eintopf　327

Wiederholungen:　I　Phonetik (S. 342)

II　Verben (S. 343)

III　Präpositionen (S. 347)

IV　Artikel und Pronomen (S. 347)

V　Negation (S. 350)

VI　Adjektive und Komparation (S. 351)

Anhang I　Grammatischer Rückblick　**353**

Anhang II　Liste der grammatischen Terminologie　**364**

Lektion 1
Phonetik

Das Alphabet

Aa	*Bb*	*Cc*	*Dd*	*Ee*	*Ff*	*Gg*	*Hh*	*Ii*
Jj	*Kk*	*Ll*	*Mm*	*Nn*	*Oo*	*Pp*	*Qq*	*Rr*
Ss	*Tt*	*Uu*	*Vv*	*Ww*	*Xx*	*Yy*	*Zz*	

Übungen

1. Bitte hören und sprechen Sie nach!

A	*a*	a	*J*	*j*	jott	*S*	*s*	ess
B	*b*	be	*K*	*k*	ka	*T*	*t*	te
C	*c*	tse	*L*	*l*	ell	*U*	*u*	u
D	*d*	de	*M*	*m*	emm	*V*	*v*	fau
E	*e*	e	*N*	*n*	enn	*W*	*w*	we
F	*f*	eff	*O*	*o*	o	*X*	*x*	iks
G	*g*	ge	*P*	*p*	pe	*Y*	*y*	ypsilon
H	*h*	ha	*Q*	*q*	ku	*Z*	*z*	tsett
I	*i*	i	*R*	*r*	err			

2. Bitte hören und singen Sie!

Das ABC - Lied

‖: 1 1 | 5 5 | 6 6 | 5 —| 4 4 | 3 3 |

a   b   c   d   e   f   g,   h   i   j   k

2 2   2 3 | 1 — | 5 5 | 4 4 | 3 3 |

l   m   n   o   p,   q   r   s   t   u   v

2 — | 5 5 | 4 4 | 3 3 | 2 — | 12 34 |

w,   q   r   s   t   u   v   w,   x   yp-

5 5 | 6 1 6 | 5 — | 4 4 | 3 3 3 |

si - lon   z juch - he!   So, jetzt kenn' ich das

2 5 | 1 — :‖

A   B   C!

3. Lesen Sie bitte!

a) UN	b) AG	c) ABM	d) SOS
e) VR	f) VWL	g) IHK	h) BRD
i) DAAD	j) WC	k) LKW	l) FAZ
m) USA	n) e. V.	o) EG	p) BWL
q) DSH	r) k. o.	s) DNS	t) DRK
u) GmbH	v) AAA	w) VW	x) KGB
y) KG	z) ABC		

Teil 1

Vokale: a, e, i, o, u,

Umlaut: ä

Konsonanten: b, p, d, t, g, k

$$[a:], [a]$$

[a:] a, ah, aa

Ali, da, Papa, Gabi, Datum, Tat

ah, Bahn, Hahn, Kahn, lahm

Aal, Aas, Haar, Paar, Maat

[a] a

All, Ball, Damm, dann, Gatt, Lamm, Mann, wann

Anna, alt, Kalk, Takt, fast, Mast, Atlas, Halle, Anton

Aber: an, ab, hat, man, das

Übungen

1. Lesen Sie bitte!

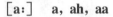

ah – all	kam – Kamm	Tat – Takt	Papa – Papp
Aas – Atlas	dann – da	Kahn – kann	Mann – Mal

2. Was hören Sie? Kreuzen Sie bitte an!

a) ☐ Kahn	b) ☐ Fahrt	c) ☐ All	d) ☐ Lamm
☐ kann	☐ Fall	☐ Aal	☐ lahm
e) ☐ Ball	f) ☐ Wahn	g) ☐ Bahn	h) ☐ Haft
☐ Bar	☐ wann	☐ Bann	☐ Hahn

3. Hören Sie bitte! Ist „a" lang (_) oder kurz (.)?

a) Fall   b) Haar   c) Ball   d) Blatt   e) Mal

f) wahr   g) Tal   h) Haft   i) Damm   j) gar

[eː], [ɛː], [ɛ], [ə], [ər], [ən], [əl]

[eː]   e, eh, ee

er, den, dem, Edel

geht, fehl, Mehl, Lehm, nehmt, dehnt

Lee, Beet, Idee, Tee, Fee, Meer, leer, Kaffee

[ɛː]   ä, äh

Bär, Läden, Mädel

fährt, Hähne, Kähne, Nähe, gähnen, lähmen, mähen

[ɛ]   ä, e

Männer, Länder, fällen, Kälte

Bett, Emma, elf, denn, hell, gelb, Geld, Hemd, Heft

[ə]   e

Bedarf, Beamter, begabt, Gefahr

Gabe, gehe, Farbe, Name, Plage, Tage

[ər]   er

aber, Lager, Halter, Hammer, Keller, Maler, mager

Täter, Walter

[ən]   en

baden, beben, Daten, heften, leben, kleben, fallen

[əl]   el

Gabel, Fabel, Kabel, Mädel, Nadel, Tafel

Übungen

1. Lesen Sie bitte!

a) er   − Herr   nennen − nehmen   Fell   − Fehler

   Teller   − Teer   den   − denn   gelb   − geben

b) Feder   − Fäden   lähmen − lehnen   Bete   − Bärte

   gähnen   − geben   mähen − Mehl

c) gelben   − gähnen   Bär   − Bäcker   lärmen − lähmen

d) Befehl   − Befall   Lage   − Lager   gefallen − Gefälle

   helle   − heller   Kehle − Keller   leben − Leber

2. Was hören Sie? Kreuzen Sie bitte an!

a) ☐ Kelle   b) ☐ Gebete   c) ☐ leben   d) ☐ lebe

☐ Keller   ☐ Bete   ☐ beleben   ☐ Leber

e) ☐ zehn   f) ☐ Gefahr   g) ☐ den   h) ☐ gelber

☐ Zehner   ☐ Gefahren   ☐ denen   ☐ gelbe

3. Hören Sie bitte! Wo hören Sie [eː], [ɛ], [ə]?

a) Kamel [ ]   b) Ebbe [ ][ ]   c) beehren [ ][ ][ ]

d) eben [ ][ ]   e) Meerenge [ ][ ][ ]   f) kneten [ ][ ]

[iː],   [i]

[iː] i, ih, ie

Biber, Tibet, Mine, mir, Fibel, Lid

ihr, ihm, ihnen

Bier, fliegen, tief, Lied, Liebe, Tier, Piep, Dieb, Kieker, kieken

[i] i

innen, immer, Kissen, Bitte, Lippe, Mitte, ist, finden, Liste, Zimmer

Aber: mit, fit, im, in, bis

Übungen

1. Lesen Sie bitte!

Tier – Tinte   ihn – innen   will – wir

Bild – Bier   Miete – Mitte   hier – hinten

2. Was hören Sie? Kreuzen Sie bitte an!

a) ☐ mir   b) ☐ Kinn   c) ☐ im   d) ☐ Lippe

☐ Mitte   ☐ Kiel   ☐ ihm   ☐ lieb

e) ☐ innen   f) ☐ ihn   g) ☐ wieder   h) ☐ lies

☐ ihnen   ☐ in   ☐ Widder   ☐ List

3. Hören Sie bitte! Ist „i" lang (_) oder kurz (.)?

a) hier   b) Niete   c) Kinn   d) bis   e) nie

f) Pille   g) bitten   h) Fliege   i) Igel   j) Brille

4. Bitte hören und ergänzen Sie „i" [i] oder „ie" [iː]!

a) N __ re   b) K __ nd   c) b __ ten   d) b __ tten   e) T __ nte

f) T __ fe   g) K __ l   h) B __ ne   i) B __ rne   j) z __ hen

[o:], [ɔ]

[o:] o, oh, oo

Opa, Oma, Ofen, oder, Olaf, Koma, Polen, rot, wo

Hof

Dohle, Ohr, Kohle, Lohn, Bohne, Hohn, Floh

Boot, Moos, doof, Zoo

[ɔ] o

offen, Otter, oft, Tonne, Komma, Motte, hoffe, toll, Gold

Glocke, Form, Morgen, Norm, Dock, Bonn

Aber: ob

Übungen

1. Lesen Sie bitte!

Bonn	–	Bohne	Donner	–	Dolmen	hoffen	–	Hohn
Morgen	–	Mohn	Mode	–	Motte	Koma	–	Komma

2. Was hören Sie? Kreuzen Sie bitte an!

a) ☐ Ton   b) ☐ wohne   c) ☐ Ohr   d) ☐ Ofen
    ☐ Tonne   ☐ Wonne   ☐ ob   ☐ offen

e) ☐ ob   f) ☐ Bogen   g) ☐ Rolle   h) ☐ froh
    ☐ Opa   ☐ borgen   ☐ roh   ☐ fromm

3. Hören Sie bitte! Ist „o" lang (_) oder kurz (.)?

a) toben   b) Topf   c) Sonntag   d) locken   e) wohnen

f) wollen   g) Tropen   h) Wolf   i) wohl   j) fort

[u:], [u]

[u:] u, uh

Ufer, Uta, Udo, Mut, gut, nun, Duden, du, Nudel, Bube

Juni

Uhr, Kuh, Huhn, fuhr, fühlen

[u] u

Butter, Mutter, Duft, unter, und, Nummer, Null, Hummer

Puppe, Muster, Hund, Ulm, Wupper

Aber: um, Bus

Übungen

1. Lesen Sie bitte!

Mund – Mut	und – Uhr	Hummer – Humor
dumm – du	Nudel – Nummer	Bullen – buhlen

2. Was hören Sie? Kreuzen Sie bitte an!

a) ☐ Lupe   b) ☐ Mut   c) ☐ Tunnel   d) ☐ um

   ☐ Lunte   ☐ Mutter   ☐ tun   ☐ UNO

e) ☐ Krume   f) ☐ Hund   g) ☐ gut   h) ☐ Furt

   ☐ krumm   ☐ Hut   ☐ Grund   ☐ Fuhre

3. Hören Sie bitte! Ist „u" lang (_) oder kurz (.)?

a) Juni   b) Puppe   c) Flut   d) kurz   e) Ulli

f) Futter   g) Kuhn   h) Hupe   i) Flug   j) Funke

4. Bitte hören und ergänzen Sie „o" oder „u"!

a) G __ tt   b) H __ mboldt   c) g __ t   d) Gr __ tte   e) K __ sten

f) M __ nd   g) L __ ft   h) M __ nd   i) K __ ppel   j) m __ n __ t __ n

[b], [p]

[b] b, bb

Bern, Bild, Blume, Biene, Bahn, bunt, Tube, Fieber

Tabelle, aber, oben, Diebe, Liebe

Ebbe, blubbern

[p] p, pp, b

Plakat, Papier, Papa, Lampe, Tulpe, Tempel, Hupe, Ampel

Mappe, Lippe, Nippel, Lappen

Kalb, Dieb, Lob, Bub

Übungen

1. Lesen Sie bitte!

Pille – Brille	Paar – Bar	Ballett – Palette
gab – Gabe	Dieb – Diebe	oben – Opa

2. Was hören Sie? Kreuzen Sie bitte an!

a) ☐ Plombe   b) ☐ Bock   c) ☐ Pudel   d) ☐ Prahm

   ☐ Bombe   ☐ Pocke   ☐ buddeln   ☐ Brahms

e) ☐ Lob   f) ☐ Bagger   g) ☐ Blatt   h) ☐ packen

    ☐ lobe   ☐ Packer   ☐ platt   ☐ backen

3. Bitte hören und ergänzen Sie „b" oder „p"!

a) __ ass   b) __ a __ a   c) __ lass   d) __ a __ agei   e) __ iologie

f) Na __ el   g) __ a __ el   h) __ ro __ e   i) __ alast   j) lo __ en

[d], [t]

[d] d, dd

Dame, Dackel, Daniel, da, denn, Pudel, Duden, Feder, Kunde

Paddel, buddeln, Widder, Pudding

[t] t, tt, th, d, dt

Tafel, Telefon, Test, Tulpe, Tier, Bote, Ute, Not, Mut

Luft, Flut, Tim

Butter, Dotter, Bett, nett, Blatt, platt

Thema, Theater, Thomas, Lothar, Luther

bald, Bild, Hund, Lied, wild

gewandt, Brandt

Übungen

1. Lesen Sie bitte!

dick – Tick   Dieb – Trieb   Bild – Bilder   dir – Tier   Boten – Boden

2. Was hören Sie? Kreuzen Sie bitte an!

a) ☐ runde   b) ☐ Torte   c) ☐ Tonne   d) ☐ Ton

    ☐ bunte   ☐ dort   ☐ Donner   ☐ Dom

e) ☐ Daten   f) ☐ toll   g) ☐ Latten   h) ☐ Made

    ☐ Taten   ☐ doll   ☐ Laden   ☐ Matte

3. Bitte hören und ergänzen Sie „d" oder „t"!

a) __ attel   b) __ empel __   c) __ rude   d) __ an __ e

e) __ an __ em   f) __ or   g) __ el __ a   h) Win __ er

i) blin __   j) __ a __ el

[g], [k]

[g] g, gg

Geld, Gold, Gabe, Garten, Geduld, Gitter, gut, Glut

Tage, fliegen

Fugger, Bagger, <u>Flagge</u>, Egge

[k] k, kk, g, ck, c, ch

Komma, Konto, <u>Kamel</u>, Karl, Kiel, Kiste, Kuba, Kino

Fakten, Akt, Akku

Tag, arg, Berg, Bug

Ecke, lecker, Kecker, Deck

Calcium, Café, Clown, Cottbus

Chaos, Chor, Charakter, Christ, Chlor

Übungen

1. Lesen Sie bitte!

Gunst	–	Kunst	Tag	–	Tage	Gabel	–	Kabel
Berg	–	Berge	Hagen	–	Haken	Wecker	–	Wege

2. Was hören Sie? Kreuzen Sie bitte an!

a) ☐ Garten   b) ☐ Gurgel   c) ☐ Magen   d) ☐ kleben

    ☐ Karten   ☐ Kurbel   ☐ Masken   ☐ geben

e) ☐ Mark   f) ☐ Graben   g) ☐ Kugel   h) ☐ Gans

    ☐ Magen   ☐ Kragen   ☐ kucken   ☐ Kranz

3. Bitte hören und ergänzen Sie „k" oder „g"!

a) __ lutamat   b) __ locke __   c) __ lauen   d) __ ruppe

e) __ e __ el   f) __ rupp   g) __ alant   h) da __ e __ en

i) __ ur __ e   j) __ al __

* Zusammenfassende Übungen

1. Bitte hören Sie! Ergänzen Sie die Vokale!

a) Aut __   b) B __ rne   c) T __ ller   d) __ tt __

e) K __ l __ nd __ r   f) T __ l __ f __ n   g) B __ nn   f) F __ rma

h) R __ tte   i) M __ de   j) B __ n __ n __   k) M __ n __ te

l) __ ndr __ __   m) __ nf __ rm __ t __ k

2. Was hören Sie? Kreuzen Sie bitte an!

a) ☐ doll   b) ☐ gelte   c) ☐ Hennen   d) ☐ Motor

    ☐ toll   ☐ Kälte   ☐ hemmen   ☐ Moder

e) ☐ Parken   f) ☐ Dorf   g) ☐ halten   h) ☐ Daten

    ☐ Barken   ☐ Torf   ☐ Halden   ☐ Taten

i) ☐ Tage   j) ☐ gut   k) ☐ Gatte   l) ☐ Dieb

    ☐ Tag   ☐ Kuh   ☐ Katte   ☐ Diebe

Dialoge

a)   * Guten Morgen/Tag/Abend!

    + Guten Morgen/Tag/Abend!

    * Wie geht es Ihnen?

    + Danke gut. Und Ihnen?

    * Auch gut, danke.

b)   * Auf Wiedersehen!

    + Auf Wiedersehen!

c)   * Tschüss!

    + Tschüss!

Zungenbrecher

a) Herr von Hagen, darf ich's wagen,

    Sie zu fragen, wie viel Kragen Sie getragen,

    als Sie lagen, krank am Magen,

    im Spital zu Kopenhagen.

b) Not kennt kein Gebot.

Teil 2

Umlaute: ö, ü,

Diphthonge: au, ei, eu,

Konsonanten: m, n, l, r, w/v, f/v/ph, s, st, sp

[øː], [œ]

[øː]   **ö, öh**

öl, öde, öfen, ökonomie, <u>Flöte</u>, Töne, Höfe, mögen, Möbel

Löhne, Flöhe, gewöhnen, Köhler, Höhle

[œ]   **ö**

öfter, öffnen, können, Körbe, Köln, Hölle, Böll, <u>Löffel</u>

Götter, Göttingen Bild/Löffel

Übungen

Lesen Sie bitte!

1. Hölle – Höhle   Löwe – Löffel   Köhler – Köln
   örte – Dörte   Öfen – öffnen

2. öfen – Ofen   Kohl – Köln   Gott – Götter
   oft – öfter   Höfer – Hof

<h1 style="text-align:center">[y:],   [y]</h1>

[y:]   ü, üh, y

Übel, über, müde, für, Tür, Blüten, Lügen, Hügel, Hüte

Güte, Lübeck

Blühen, führen, kühl, Mühe, Mühle, fühlen, Bühne, Hühner

Typ, Type, Typus

[y]   ü, y

dünn, Müller, füttern, Mütter, Hütte, dürr, Gürtel, fünf, Günter,

Münster System, Symbol, Hymne

Übungen

1. Lesen Sie bitte!

Düne	– Dünner	Typ	– System	Lüge	– Lücke
Hüte	– Hütte	Mühe	– Müll	Tür	– Türme
klug	– klüger	Hühner	– Huhn	gut	– Güter
Mutter	– Mütter	Füller	– Futter	Ufer	– über

2. Bitte hören und ergänzen Sie „ö" oder „ü"!

a) L __ hne   b) F __ ller   c) B __ rste   d) K __ rbe   e) L __ ffel

f) H __ hner   g) __ ber   h) t __ ten   i) k __ nnen   j) pr __ fen

<h1 style="text-align:center">[ai], [ao], [ɔy]</h1>

[ai]   ei, ai, ay, ey

Ei, ein, eins, einer, leider, Heidi, Heike, Heidelberg, kein, mein

Blei, bei

Main, Kai, Laie, Mai, Hai

Mayer, Bayern

Beyer, Meyer

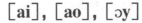

[ao]   **au**

auf, Aufbau, Aula, Baum, kaufen, Klaus, Paul, Paula

genau, blau, <u>Haus</u>, Hausaufgaben

[ɔy]   **eu, äu**

Eule, Eugen, Feuer, heute, Leute, neu, Heu, Teufel

<u>Bäume</u>, Läufer

Übungen

1. Lesen Sie bitte!

Ei	–	Au	Mai	–	Maul	keifen	–	kaufen
hau	–	Heu	heiter	–	heute	nein	–	neun
Eule	–	Aula	leider	–	lauter	Feind	–	Feuer

2. Was hören Sie? Kreuzen Sie bitte an!

a) ☐ Eile   b) ☐ Laub   c) ☐ lauter   d) ☐ Eis

☐ Aula   ☐ Leib   ☐ Leute   ☐ aus

e) ☐ Bäume   f) ☐ kaum   g) ☐ deinen

☐ Beine   ☐ kein   ☐ Daumen

3. Hören Sie bitte! Richtig oder falsch?

	richtig	falsch		richtig	falsch
a) heute	☐	☐	b) Leute	☐	☐
c) lauter	☐	☐	d) Eiter	☐	☐
e) Mai	☐	☐	f) neun	☐	☐
g) kaufen	☐	☐	h) frei	☐	☐
i) blau	☐	☐	j) grau	☐	☐
k) Bein	☐	☐			

[m],   [n]

[m]   **m, mm**

Mutter, mein, Monika, morgen, Main, Martina, Ampel, Oma, <u>Dom</u>,

Kommen, Komma, Himmel, dumm, Lamm, Kamm

[n]   **n, nn**

Neu, nein, nun, <u>neun</u>, Name, knacken, lernen, genug, knapp, Knabe,

kennen, innen, können, dann, begann

Übungen

Lesen Sie bitte!

morgen – Norden	wärmen – warnen	dann – Damm
Baum – Paul	Hain – Heim	nein – mein
lahm – Lahn	Kim – Kinn	tun – dumm

[l],　[r]

[l]　l, ll

Lina, <u>Liebe</u>, Lob, leer, Luft, liegen, kaufen, glatt, blau, gelb, Glück, kalt,
fallen, knall, toll, Moll, Ball, hell

[r]　r, rr, rh

<u>Raum</u>, reden, reduziert, rot, Rainer, Trier, Freitag, fahren, Frankfurt
Bremen, Freund, hören, breit, treffen, tragen, Krieg, Grit, grau, grün
Karre, irre, zerren, Dürre
Rhein, Rhetorik, Rheuma, Rhythmus
Aber [ər]: Herr, Uhr, pur, Tor, Tier, Teer, Bär, dürr

Übungen

1. Lesen Sie bitte!

a) blau	– braun	Bälle	– Bären	Rand	– Land
Reim	– Leim	Herren	– heller	Rast	– Last
Halt	– hart	Geld	– Gerd	Leiter	– Reiter
b) Uhren	– Uhr	Bär	– Bären	Meer	– mehren
der	– deren	Herren	– Herr	garen	– gar

2. Lesen Sie bitte!

leben	– neben	Wonne	– wollen	Glück	– Knick
Bein	– Beil	nähren	– lehren	Lunte	– Null

3. Was hören Sie? Kreuzen Sie bitte an!

[m] oder [n]

a) ☐ mein   b) ☐ morgen   c) ☐ nimm   d) ☐ dann
   ☐ nein   ☐ Norden   ☐ drin   ☐ Damm

e) ☐ kümmern   f) ☐ inner   g) ☐ mir
   ☐ können   ☐ immer   ☐ nie

[n] oder [l]

a) ☐ leben   b) ☐ wollen   c) ☐ von   d) ☐ nahm
   ☐ neben   ☐ Wonne   ☐ voll   ☐ lahm

e) ☐ kennen   f) ☐ glatt   g) ☐ Knut
   ☐ Keller   ☐ Knack   ☐ Glut

[l] oder [r]

a) ☐ klauen   b) ☐ Lampe   c) ☐ rot   d) ☐ Blei
   ☐ Grauen   ☐ Rampe   ☐ Lot   ☐ Brei

e) ☐ zählen   f) ☐ laufen   g) ☐ Bären   g) ☐ Floh
   ☐ zerren   ☐ raufen   ☐ bellen   ☐ froh

4. Was hören Sie? Ergänzen Sie bitte!

a) K __ eber   b) w __ llen   c) B __ ei   d) __ ei __   e) __ u __

f) g __ ün   g) Mu __ __   h) __ age __   i) K __ eis   j) b __ u __ __ en

[v], [f]

[v] w, v

Was, wo, wann, wie, Wien, wer, wobei, Wort, Möwe

Gewitter, Witwe

Vase, Visum, oval, Motive, Direktive, aktive

[f] f, ff, v, ph

Familie, faul, Frau, Frieder, Frankfurt, Freiburg, fliegen, laufen

Ofen, Luft, oft, kaufen, tief, Golf, Fulda

offen, öffnen, Löffel, Kartoffel, Riff

Vater, Motiv, naiv, informativ, aktiv

Photo, Physik, Phase, Atmosphäre, Alphabet

Übungen

1. Lesen Sie bitte!

wahren – fahren   wir – vier   Olive – offen

Wort – fort   oval – Ofen   Photo – wo

Motive – Tiefe   naiv – naive

2. Was hören Sie? Kreuzen Sie bitte an!

a) ☐ Wolke   b) ☐ wer   c) ☐ frei   d) ☐ offen
   ☐ Folter   ☐ Verkehr   ☐ weit   ☐ oval

e) ☐ wo   f) ☐ wieder   g) ☐ voller   h) ☐ wie

     ☐ vor   ☐ Flieder   ☐ Wolle   ☐ Vieh

[z], [s]

[z] s

sagen, Sabrina, Salzburg, sie, so, Summe, Susanne, sind

Seite, Sahne, Sorge, sehen, sieben, Siegen, Sonne, Sören

Pause, Dose, Reise, Rosenheim, Hose, besuchen

[s] s, ss, ß

Slawe, Sklave, Skizze, das, Haus, Bus, was, dies, Eis, Maus, Zeus

Nüsse, Düsseldorf, Passau, müssen, Essen, Wasser, Fass

besser

wissen, Imbiss, muss, Neuss

Fuß, Soße, groß, Größe, Maß, weiß, heißen, genießen

Übungen

1. Lesen Sie bitte!

weißen – weisen   hassen – Hasen   Wesen – wessen

Muße – Muse   Ross – Rose   Kasse – Käse

Hausseite, aussagen, Sessel

eine Urlaubsreise im Sommer an der Nordsee absagen

2. Was hören Sie? Kreuzen Sie bitte an!

a) ☐ Besen   b) ☐ Gase   c) ☐ Moos   d) ☐ nass

     ☐ bessern   ☐ Gasse   ☐ Mosel   ☐ Nase

e) ☐ Insel   f) ☐ heiser   g) ☐ Vase   h) ☐ lassen

     ☐ Imbiss   ☐ heißer   ☐ Fass   ☐ lasen

[ʃt], [st]

[ʃt] st

studieren, Stuttgart, Stein, Staat, Stuhl, stehen, stellen, Stift, Stau

Stock

Verstand, verstehen, Besteck, gestehen, erstaunt

Straße, Strafe, Stress, Streit, Streik, Strauß

[st] st

besten, Fenster, tasten, konstant

fast, Fest, Gast, Lust, Post, selbst, Rest, Durst, Kunst
Wurst, Budapest

Übung

Lesen Sie bitte!

stehen – testen	Staat – tasten	Stein – Geist
Post – Straße	Feststand – Meisterstraße	

[ʃp],   [sp]

[ʃp] sp

spielen, sparen, Spanne, Spanien, Speise, Spiegel, Sport, Spott, spät
verspielen, entspannen, ersparen
Spreu, Sprint, Sprit, Spross, Sprosse, Sprudel

[sp] sp

Espe, raspeln, Aspekt, respektiv, Kasper, Prospekt
Wespe, Respekt

Übung

Lesen Sie bitte!

sparen – raspeln	Espe – Speise	knuspern – Spur
spät – Wespe	Respekt – Spektrum	

Zusammenfassende Übungen

1. Lesen Sie bitte!

Mann – Name	las – lasen	wollen – Wonne
Stunde – fast	sagst – Stadt	Herren – leer
Vase – Phase	groß – Klos	Sommer – Sonne

Sportstunde, Testspiel, Obstspeise, Sportstadion, Stadtsparkasse

2. Was hören Sie? Kreuzen Sie bitte an!

a) ☐ grün   b) ☐ Blase   c) ☐ Hennen   d) ☐ lagen
   ☐ glühen   ☐ blasse   ☐ hemmen   ☐ Magen

e) ☐ hassen   f) ☐ Löwe   g) ☐ nun   h) ☐ Rahmen
   ☐ Hasen   ☐ Löffel   ☐ Null   ☐ nahmen

i) ☐ Mayer   j) ☐ Rhein   k) ☐ Türme
   ☐ Laie   ☐ Leim   ☐ tönern

Dialoge

a) * Wie heißt du?

 + Ich heiße Xiao Lin. Und du?

 * Ich heiße Xiao Ming.

 + Sehr angenehm.

b) * Wie geht es dir?

 + Danke gut. Und dir?

 * Auch gut, danke.

c) * Kommst du aus Shanghai?

 + Nein, ich komme aus Beijing. Und du?

 * Ich komme aus Shanghai.

d) * Öffnen Sie das Fenster/die Tür, bitte!

 + Wie bitte?

 * Öffnen Sie das Fenster/die Tür, bitte!

 + OK.

Zungenbrecher

a) Der Staat spart stark Steuern.

b) Esel essen keine Nesseln, Nesseln essen keine Esel.

c) Große Krebse krabbeln im Korb. Im Korb krabbeln große Krebse.

d) Wenn ich weiß, was du weißt, und du weißt, was ich weiß, dann weiß ich, was du weißt, und du weißt, was ich weiß.

Teil 3

Konsonanten: sch, ch, tsch, h, j, z, ng, nk, x, pf, qu, -tion, -ssion, -sion, -ismus, -ung

$$[ʃ]$$

[ʃ]   sch, ch

Schal, scheint, schieben, schnell, schnallen, schon, schön, Schulter, <u>Tasche</u>, löschen, beschließen, Gulasch, Englisch, Französisch, Mensch, kindisch, griechisch, Feinschmecker

charmant, Chance, Chauffeur, Champagner, Chef, Charlotte

$$[ç, iç], \quad [x]$$

a) ich- Laut [ç, iç] ch, ig

China, Chemie, dicht, feucht, Bräuche, Grieche, leicht

möchten, Küche, Nächte, Recht, ich, Milch, gemütlich

Friedrich, Würstchen, München

billig, beliebig, fleißig, geistig, mutig, nötig, richtig, wenig, wichtig

beschäftigt, beleidigt, verdächtigt

Aber: [ig] — fleißige, wichtige, Dreißiger, billiger

b) ach- Laut [x] ch nach: a, o, u, au

lachen, Aachen, machen, Sache, acht, Bach, Fach, Krach

kochen, mochte, Woche, doch, Loch, noch, hoch, Bochum

Kuchen, Suche, Wucher, Buch, Geruch, Tuch, Flucht, Zucht

auch, fauchen, Hauch, Bauch, Rauch, Schlauch

Übungen

1. Lesen Sie bitte!

Sucht	–	süchtig	Dach	– Dächer	Gicht –	acht
Rechen –	Rachen		Leuchte	– lacht	Epoche –	Bauch
Richtig –	richtiger		menschlich	– harmonisch		

2. Hören und ergänzen Sie bitte „ch" oder „sch"!

a) bre __ en   b) rä __ en   c) du __ en   d) __ wedi __   e) __ eiden

f) __ inesi __   g) Ge __ i __ te   h) Bei __ te   i) fe __ ten   j) Tu __ e

k) Bü __ er   l) __ icken   m) __ lau   n) Pfli __ t   o) __ ema

$$[t\int]$$

[t∫] tsch

Tscheche, tschau, tschüss, Gautsche, hatschi

klatschen, Kutsche, Peitsche, lutschen, Deutsch

Putsch, Quatsch, Rutsch

Übung

Was hören Sie? Bitte kreuzen Sie an!

a) ☐ Chemie   b) ☐ neidisch   c) ☐ peinlich   d) ☐ täppisch
   ☐ schlimm   ☐ neulich   ☐ politisch   ☐ Teppich

e) ☐ Schiene   f) ☐ echt   g) ☐ Nacht   h) ☐ schlecht
   ☐ China   ☐ acht   ☐ nicht   ☐ Schlacht

i) ☐ Loch   j) ☐ Tücher   k) ☐ fleißiger   l) ☐ reichlich
   ☐ Löcher   ☐ Tuch   ☐ fachlich   ☐ richtige

m) ☐ selig   n) ☐ tüchtig   o) ☐ Russisch   p) ☐ Deutsch
   ☐ seelisch   ☐ tückisch   ☐ lustig   ☐ Dusche

q) ☐ hatschen　　　r) ☐ Kirche　　　s) ☐ zwischen　　　t) ☐ Latsche
　 ☐ haschen　　　　 ☐ Kirsche　　　　 ☐ zwitschern　　　 ☐ Lasche

[h]

[h]　h

Hai, halb, Hälfte, Haushalt, hoffen, <u>Hochhaus</u>, hören, Hecht,
heilen,
Himmel, hier, husten, huschen, Hüfte, helfen, hinterher
Aber: gehen, leihen, lehnen, strahlen, flieh, Vieh, Stroh

Übungen

1. Lesen Sie bitte!

Hasten, sehen, Huhn, gähnen, heulen, Hölle, Hinterhof, höher, lieh, ohne, Herr
heilgehalten, haschen, Hauch, oh, fliehen, Hoheit, hünenhaft, Wahl, Hundehütte
Stuhl, geh, sprühen, hindern

2. Hören und ergänzen Sie bitte „h" oder „ch"!

a) Fa __　　　　　b) ma __ len　　　c) no __　　　　d) sie __

e) Bu __　　　　　f) bege __ en　　　g) Rau __　　　　h) Ha __ n

i) schwa __　　　 j) Vie __　　　　　k) Schu __　　　l) ne __ men

m) po __ en　　　n) mo __ te　　　　o) Ja __ r　　　　p) Wo __ e

q) Mo __ n　　　　r) Tau __ er　　　s) se __ nen

[j]

[j]　j, y

Ja, Jade, Jahr, Jakob, <u>Japan</u>, jeder, Jena, Joghurt, Juli, Juni, Julia,
Junior, Jubel, Juden, Jugend, Jura, Juwel, Justus
Yacht, Yak, Yard, Yen,

[ts]

[ts]　z, c, tz, ts, ds

Zahlen, Zauber, zäumen, zehn, Zeit, Ziel, Zimmer, Zoo, zu, züchten, Arzt
duzen, siezen, tanzen, Wurzel, Erz, Kerze
Celsius, circa, Cicero, Mercedes
blitzt, jetzt, Glatze, <u>Katze</u>, Sätze, Spitze, Gesetz, Platz
Schutz, Sitz, Witz
Arbeitsstelle, Arbeitszimmer, Haushaltskasse, Rätsel, abwärts, bereits,
Niemandsland, abends, nirgends

Übungen

1. Bitte lesen Sie!

Salz, ätzen, siebzig, vorwärts, Landsmann, Zucker, Zeder, Weizen, Pilz, besitzen

zersetzen, putzen, Zaun, züchten, verzichten, Spritze, Arbeitssuche

Rechtssache, rechtsseitig

2. Was hören Sie? Bitte kreuzen Sie an!

a) ☐ sacken b) ☐ zagen c) ☐ zäh d) ☐ sausen
 ☐ zacken   ☐ sagen   ☐ See   ☐ zausen

e) ☐ selten f) ☐ zeigen g) ☐ Zinn h) ☐ Siege
 ☐ zelten   ☐ seigen   ☐ Sinn   ☐ Ziege

i) ☐ Sitze j) ☐ Soll k) ☐ Zahl l) ☐ Zank
 ☐ Zitze   ☐ Zoll   ☐ Saal   ☐ sank

m) ☐ Ritze n) ☐ Seen o) ☐ Hase p) ☐ verziert
 ☐ Riese   ☐ zehn   ☐ Hitze   ☐ versiert

[ŋ], [uŋ], [ŋk]

[ŋ]　ng

Angst, Englisch, bringen, Wange, Hengst, sengen

dringend, Tübingen, Hongkong, Frühling, eng, lang

[uŋ]　ung

Übung, jung, Sprung, Zeitung, Sitzung, Endung, Fassung, Prüfung

Lösung, Wendung, Achtung, Festung, Lesung, Hunger

[ŋk]　nk

danken, Frankfurt, Schrank, krank, denken, Henkel, schminken

trinken, Onkel, Punkt, dunkel, Bänke, pünktlich

Übungen

1. Vergleichen Sie bitte!

a) singen – sinken Engel – Enkel Schlange – schlank
 Dinge – dunkel Klinge – Klinke Drang – Trank
 Hängen – Henkel Junger – Junker Längen – Lenken

b) tannen – tanken dünner – Dünger spinnen – springen
 sinnen – singen sennen – sengen drinnen – dringen

2. Hören und ergänzen Sie bitte „ng" oder „nk"!

a) wi __ en   b) hä __ en   c) E __ els   d) bri __ en   e) Füllu __

f) Nahru __   g) hu __ rig   h) Lu __ enfu __ tion   i) Heri __ sri __ e

[ks], [pf], [kv]

[ks] ks, ,x, chs

Keks, links, Koks, pieksen

Taxi, Praxis, Text, Lexikon, Mexiko, Oxford, Luxus, Fax

Max, Experte,

Achse, Fuchs, wachsen, wechseln, sechs, Wuchs, Ochse, Erwachsener

[pf] pf

Pfad, Pfanne, Pferd, Pfeffer, Pfingsten, Pflicht, pfeifen, Pfeil

Apfel, Opfer, dampfen, verpflichten, Napf, Kopf, Topf

[kv] qu

Quatsch, quer, Quittung, Quote, Qualität, Quantität,

Quadrat, bequem

Übungen

1. Bitte lesen Sie!

Quatsch	–	Klatsch	Toffel	–	Topf	wachsen	–	wachen
quer	–	kehr	dampfen	–	Damen	Achsen	–	Aachen
Quote	–	Worte	Pfanne	–	Fahne	Quelle	–	Keller

2. Hören Sie bitte! Richtig oder falsch?

	richtig	falsch		richtig	falsch
a) Pfennig	☐	☐	b) Pfeife	☐	☐
c) Pfeffer	☐	☐	d) Lachs	☐	☐
e) Sachsen	☐	☐	f) Text	☐	☐
g) Koch	☐	☐	h) Quote	☐	☐

[tsion], [sion], [zion], [ismus]

[tsion] tion

Lektion, Nation, Station, Konjugation, Auktion, Opposition

Installation, Dekoration, Delegation, Promotion, Produktion

Sensation, Tradition

[sion] ssion

Diskussion, Passion, Profession, Emission, Immission
Impression, Kommission, Konzession

[zion] sion

Division, Diffusion, Explosion, Fusion, Infusion, Illusion
Inversion, Invasion, Vision, Version

[ismus] ismus

Analphabetismus, Buddhismus, Feudalismus, Idealismus, Kapitalismus
Mechanismus, Sozialismus

Übungen

1. Hören und kreuzen Sie bitte an!

a) ☐ Revision   b) ☐ Demission   c) ☐ Portion
   ☐ Revolution   ☐ Division   ☐ Passion

d) ☐ Kaution   e) ☐ Provision   f) ☐ Immission
   ☐ Kommission   ☐ Profession   ☐ Illusion

2. Hören und ergänzen Sie bitte „ssion, sion, tion, ismus"!

a) Tradi ___   b) Expre ___   c) Kommunika ___   d) Ideal ___   e) Promo ___

f) Disku ___   g) Informa ___   h) Explo ___   i) Mechan ___

Zusammenfassende Übungen

1. Lesen Sie bitte!

schon	–	Sohn	Schal	–	Sorgen	Rauch	–	Rausch
Sprecher	–	Sprache	lacht	–	Licht	euch	–	auch
Bräuche	–	Brauch	nicht	–	Nacht	schien	–	sieh
Tische	–	Tscheche	durch	–	Deutsch	Mensch	–	manch
Englisch	–	ähnlich	Lösche	–	Löcher	Tasche	–	Tasse
waschen	–	wachen	Buch	–	Busch	lachen	–	lächeln
Peitsche	–	Pech	Chemie	–	Schema	mich	–	Mischer
Koch	–	Küche	Männchen	–	Menschen			

hassen, heißen, heben, heute, Hitze, hierher, hinhauen, hinterhältig

2. Hören und kreuzen Sie bitte an!

a) ☐ sieht   b) ☐ matschen   c) ☐ Kirche
   ☐ zieht   ☐ Maschen   ☐ Kirsche

d) ☐ Latz   e) ☐ Zähne   f) ☐ Rutsch
   ☐ Latsch   ☐ Sehne   ☐ Lutz
g) ☐ Klatsche   h) ☐ zart   i) ☐ Sucht
   ☐ Glatze   ☐ Saat   ☐ Zucht
j) ☐ so   k) ☐ säumen   l) ☐ Nacht
   ☐ Zoo   ☐ zäumen   ☐ nicht
m)☐ durch   n) ☐ Englisch   o) ☐ weibisch
   ☐ Dusche   ☐ ähnlich   ☐ weiblich
p) ☐ löschen   q) ☐ Chef   r) ☐ kindisch
   ☐ lösen   ☐ scharf   ☐ kindlich

3. Lesen Sie bitte!

Stangen	–	stanken	Pfarre	–	befahl	Kurve	–	quer
Quote	–	Kurator	Kämpen	–	kämpfen	Fraktion	–	Version
befreien	–	pfeifen	lacht	–	Lachs	Posten	–	Pfosten
Länge	–	lenken	Pferd	–	fällt	Passion	–	Portion

4. Was hören Sie? Kreuzen Sie bitte an!

a) ☐ Junge   b) ☐ fänden   c) ☐ Ascher
   ☐ Junker   ☐ pfänden   ☐ Achse
d) ☐ Provision   e) ☐ Sachen   f) ☐ Flug
   ☐ Produktion   ☐ Sachsen   ☐ Pflug
g) ☐ Emotion   h) ☐ Pfeffer   i) ☐ Befehl
   ☐ Emission   ☐ Quelle   ☐ Pflege
j) ☐ sechs   k) ☐ Stadion   l) ☐ Abfall
   ☐ sechzig   ☐ Station   ☐ Apfel
m)☐ Person   n) ☐ hoffen   o) ☐ klingen
   ☐ Version   ☐ Hopfen   ☐ klinken
p) ☐ Pfand   q) ☐ Pfingsten   r) ☐ Äxte
   ☐ fand   ☐ fingst   ☐ extra

Dialoge

a) * Lesen Sie bitte den Text!
   + Wie bitte?
   * Lesen Sie bitte den Text!
   + Ja, gut.
b) * Öffnen Sie Ihr Buch, bitte!
   + Entschuldigen Sie, ich habe Sie nicht verstanden.

* Öffnen Sie bitte Ihr Buch!
+ In Ordnung.

c) * Beantworten Sie bitte die Fragen eins bis vier!
+ Bitte etwas lauter!
* Beantworten Sie bitte die Fragen eins bis vier!
+ Danke.

d) * Noch einmal, bitte!
+ Wie bitte?
* Wiederholen Sie noch einmal den Satz, bitte!
+ Ja, gut.

e) * Sprechen Sie mit Ihrem Nachbarn!
+ Wie bitte?
* Machen Sie einen Dialog mit Ihrem Nachbarn!
+ In Ordnung.

f) * Haben Sie noch Fragen?
+ Ja, ich habe noch eine Frage.
* Bitte.
+ Wie buchstabiert man „Student"?
* S – T – U – D – E – N – T.
+ Vielen Dank.
* Nichts zu danken.

Satzintonationen

a) Aussagesatz (.)

Ich habe eine Frage. ↘

b) W-Frage (?) (wie, was, wer, wo, u. ä.)

Wie geht es Ihnen? ↘**oder**(↗)

c) Ja/Nein-Frage (?)

Haben Sie noch Fragen? ↗

d) Alternativfrage (?)

Möchten Sie Wasser ↗**oder Saft?**↘

e) Aufforderung (!)

Bitte etwas lauter! ↘

Übungen zur Satzintonation

a) * Ist Wien die Hauptstadt von Deutschland?
+ Nein, Wien ist die Hauptstadt von Österreich. Berlin ist die Hauptstadt von Deutschland.

b) * Ist Eis heiß?

+ Nein, Eis ist kalt.

* Was ist denn heiß?

+ Natürlich ist der Sommer heiß.

c) * Bellen Katzen?

+ Nein, Katzen bellen nicht sondern miauen.

* Und was bellt denn?

+ Der Hund bellt.

d) * Hat ein Fahrrad vier Räder?

+ Nein, ein Fahrrad hat zwei Räder.

* Was hat vier Räder?

+ Das Auto hat vier Räder.

e) * Wo leben Fische?

+ Fische leben im Wasser.

* Was lebt auf Bäumen?

+ Vögel leben auf Bäumen.

f) * Am Tag scheint die Sonne. Was scheint in der Nacht?

+ Der Mond scheint in der Nacht.

g) * Lernen Sie Deutsch oder Englisch?

+ Deutsch.

* Haben Sie am Vormittag oder am Nachmittag Unterricht?

+ Am Vormittag.

h) * Noch einmal, bitte!

+ Wie bitte?

* Wiederholen Sie bitte noch einmal!

+ Ja, gut.

Zungenbrecher

a) Milch macht müde Männer munter.

b) Lorre Latte liebt lange Lulatsche.

c) Rudi Ratlos rollt rasch roten Rasen.

d) Frau Frei fragt Frank freche Fragen.

e) Fischers Fritz fischt frische Fische. Frische Fische
   fischt Fischers Fritz.

f) Der Sportstudent steht ständig unter Stress.

g) Der Schmied schneidet schnell einen Schal für die Geschwister Scholl.

h) Zwischen zwei Zwetschgenbaumzweigen zwitschern zwei geschwätzige Schwalben.

i) Dietrich möchte Lieschen chinesische Tücher überreichen.

j) Sieben Schneeschippern schippen sieben Schippen Schnee.

k) Der Potsdamer Postkutscher putzt pustend die Potsdamer Postkutsche.

l) Ich steck meinen Kopf in'n kupfernen Topf, in'n kupfernen Topf steck ich meinen Kopf.

m) An den Pfählen stehen Fallen.

n) Der Pfarrer stopft eine alte Pfeife.

o) Die junge Fraktion der Junker singt sechsundsechzig Visionen von Revolutionen und Illusionen.

Lektion **2**
Auf dem Flughafen

Hören und Lesen

1. Hören Sie bitte den Text und beantworten Sie die Fragen!

a) Wie heißt der Chinese?

b) Woher kommt er?

c) Was ist im Koffer?

2. Hören Sie bitte den Text noch einmal und fügen Sie die fehlenden Wörter ein!

Zollbeamtin: Guten Tag.

Wang Dali: _____ _____ .

Zollbeamtin: Ihren Pass bitte!

Wang Dali: Bitte schön.

Zollbeamtin: Gut. Wie heißen Sie?

Wang Dali: _____ _____ .

Zollbeamtin: Herr Dali ...

Wang Dali: Moment bitte, Dali ist der Vorname. Wang ist der _____ .

Zollbeamtin: Entschuldigung. Herr Wang, woher _____ Sie?

Wang Dali: Aus China, _____ Shanghai.

Zollbeamtin: Was ist _____ Koffer?

Wang Dali: Kleidung, Bücher.

Zollbeamtin: _____ . Auf Wiedersehen.

Wang Dali: _____ Wiedersehen.

3. Lesen Sie bitte den Text mit Ihrem Nachbarn und achten Sie auf Ihre Aussprache!

Wortschatz I

Anrede / Vorname und Familienname

in China			in Deutschland		
Familienname	**Vorname**	**Anrede**	**Vorname**	**Familienname**	**Anrede**
Wang	*Jin*	*Herr Wang*	*Emil*	*Sommer*	*Herr Sommer*
Ma	*Ping*	*Frau Ma*	*Ulrike*	*Sommer*	*Frau Sommer*
Wang	*Linlin*	*Linlin*	*Fritz*	*Sommer*	*Fritz*

Deutsche Familiennamen:

Sprechen Sie bitte nach!

Weber	Schneider	Strauß	Huber
Wagner	Müller	Klein	Schmidt
Biermann	Bauer	Mayer	Martin
Krause	Meier	Kaufmann	Hartmann

Deutsche Vornamen:

Sprechen Sie bitte nach!

♀		♂	
Hanna	Katharina	David	Florian
Julia	Sabine	Jan	Paul
Laura	Doris	Erich	Hans
Karin	Susanne	Ralf	Lukas
Helga	Lara	Matthias	Jonas

Übungen

1. Antworten Sie bitte!

Beispiel: ∗ Wie heißt er?

    + Er heißt Peter Lau.

      Peter ist der Vorname.

      Lau ist der Familienname.

    ∗ Wie heißt sie?

    + Sie heißt Yang Feifei.

      Yang ist der Familienname.

      Feifei ist der Vorname.

Peter Lau   Yang Feifei

a)   b)   c)

Tang Kai   Pan Jiawei   Gabi Müller

d)

Dr. Andreas Schmidt

e)

Chen Mengyi

f)

Frau Professor Lotter

2. Fragen Sie in der Klasse!

Wie heißen Sie?

Wie heißt du?

Wie heißt sie / er?

Grammatik I

Ich heiße An.
Ich komme aus Shanghai.

Du heißt Anton.
Du kommst aus Bremen.

Er heißt Liu.
Er kommt aus Beijing.

Sie heißt Karin.
Sie kommt aus Stuttgart.

Es heißt „Stichwort Deutsch".
Es kommt aus Shanghai.

Wir heißen Wang.
Wir kommen aus Chengdu.

Ihr heißt Müller.
Ihr kommt aus Köln.

Sie heißen Holz.
Sie kommen aus Berlin.

Sie heißen Xu.
Sie kommen aus Qingdao.

Personalpronomen im Nominativ (N) und Konjugation der Verben im Präsens (1)

Personalpronomen	Verben			
	kommen	**studieren**	**heißen**	**sein**
ich	komm - e	studier - e	heiß - e	bin
du	komm - st	studier - st	heiß - t	bist
er **sie** **es**	komm - t	studier - t	heiß - t	ist
wir	komm - en	studier - en	heiß - en	sind
ihr	komm - t	studier - t	heiß - t	seid
sie	komm - en	studier - en	heiß - en	sind
Sie	komm - en	studier - en	heiß - en	sind

Übungen

1. Ergänzen Sie bitte die Personalpronomen!

a) _____ kommt aus China.

b) _____ lehren Deutsch.

c) _____ lernst Englisch.

d) _____ heiße Halbe.

e) _____ heißt Xu.

f) _____ lernen Chinesisch.

g) _____ seid Deutsche.

2. Konjugieren Sie bitte!

Personalpronomen	Verben				
	lernen	brauchen	üben	wohnen	lehren
ich du er sie es wir ihr sie Sie					

3. Ergänzen Sie bitte!

a) Herr Zhou _____ (kommen) aus China. Er _____ (lehren) Chinesisch.

b) Ich _____ (heißen) Müller und _____ (lernen) Chinesisch.

c) Sie _____ (heißen) Jinny und _____ (studieren) in Amerika.

d) Frau und Herr Mayer _____ (wohnen) in London und _____ (lernen) Englisch.

e) Herr Huber _____ (leben) in München. Er _____ (lehren) Deutsch.

f) Frau Clinton _____ (kommen) aus England. Sie _____ (wohnen) in Deutschland und _____ (üben) Deutsch.

g) Herr Li _____ (kommen) aus Shandong. Er _____ (lernen) Deutsch am Deutsch-Kolleg und _____ (machen) Übungen im Unterricht. Er _____ (wohnen) im Hotel.

Konjugation der Verben im Präsens (2)

Personal- pronomen	Verben				Sonderformen		
	A	B	C	D			
	warten	bilden	öffnen	zeichnen	wissen	werden	sein
ich	warte	bilde	öffne	zeichne	weiß	werde	bin
du	wart-e-st	bildest	öffnest	zeichnest	weißt	wirst	bist
er sie es	wart-e-t	bildet	öffnet	zeichnet	weiß	wird	ist
wir	warten	bilden	öffnen	zeichnen	wissen	werden	sind
ihr	wart-e-t	bildet	öffnet	zeichnet	wisst	werdet	seid
sie	warten	bilden	öffnen	zeichnen	wissen	werden	sind
Sie	warten	bilden	öffnen	zeichnen	wissen	werden	sind

Übungen

1. Ergänzen Sie bitte die Verben!

a) Herr und Frau Baumann _____ (warten) schon lange. Und du? _____ (warten) du auch schon lange?

b) _____ (zeichnen) ihr gut?

c) Wo _____ (sein) Hanna?

d) Herr und Frau Schmidt _____ (arbeiten) bei Siemens.

e) Ich _____ (wissen) das nicht. _____ (wissen) er das?

f) Martins Frau _____ (arbeiten) in einem Krankenhaus.

g) * Susanne kommt nicht. _____ (wissen) du das schon?

　　+ Nein, das _____ (wissen) ich nicht.

h) Ich _____ (arbeiten) in Shanghai. Wo _____ (arbeiten) du?

2. Ergänzen Sie bitte die Personalpronomen!

a) _____ kommt aus Italien. _____ lernt in Berlin Deutsch.

b) _____ zeichnet gut, aber _____ zeichne nicht gut.

c) _____ arbeitet in Köln und wohnt in Bonn.

d) * Wo lernt Maria Deutsch? + _____ lernt am Deutsch-Kolleg Deutsch.

e) * Wartet _____ schon lange? + Das weiß _____ nicht.

Wortschatz II

Länder

☐　　☐　　☐　　☐　　☐　　☐　　☐

国旗

China　　Deutschland　　Russland　Frankreich　　Großbritannien　　Amerika　　Japan

☐　　☐　　☐　　☐　　☐　　☐　　☐

Italien　　Australien　　Spanien　Österreich　　Korea　　Indien　　die Schweiz

Übung

Bilden Sie Sätze wie das Beispiel!

Beispiel： *China-Herr Wang → Herr Wang kommt aus China.*

a) Frankreich — Herr Simon

b) Japan — Frau Ito

c) Österreich — Herr Schmidt

d) Australien — Frau Petersen

e) Großbritannien — Herr Smith

f) Deutschland — Frau Kai

g) Korea — Herr Kim

h) Amerika — Herr Bush

i) Spanien — Frau Fernandez

j) Russland — Frau Kawerin

Sprachen

Deutsch	Chinesisch	Englisch	Spanisch	Italienisch
Russisch	Französisch	Japanisch	Koreanisch	Indisch

Übung

Wo benutzt man welche Sprache? Bilden Sie Sätze wie das Beispiel!

Deutsch benutzt man in *Deutschland*.

_____

_____

_____

_____

_____

_____

_____

_____

_____

Leute

der Chinese	die Chinesin	die Chinesen
der Deutsche	die Deutsche	die Deutschen
der Franzose	die Französin	die Franzosen
der Engländer	die Engländerin	die Engländer
der Amerikaner	die Amerikanerin	die Amerikaner
der Japaner	die Japanerin	die Japaner
der Koreaner	die Koreanerin	die Koreaner
der Russe	die Russin	die Russen
der Italiener	die Italienerin	die Italiener
der Australier	die Australierin	die Australier
der Inder	die Inderin	die Inder

der Schweizer	die Schweizerin	die Schweizer
der Spanier	die Spanierin	die Spanier
der Österreicher	die Österreicherin	die Österreicher

Übung

Machen Sie einen Dialog wie das Beispiel!

Beispiel: *China-Deutschland*

* Guten Tag. Ich komme *aus China*. Ich bin *Chinese*.

+ Guten Tag. Ich komme aus *Deutschland*. Ich bin *Deutscher*.

a) Frankreich — Korea

b) Japan — Russland

c) Amerika — Spanien

d) Australien — England

e) Italien — Indien

f) Deutschland — Osterreich

Hören

Text B Am Zoll

Hören Sie bitte den Text zweimal und beantworten Sie die Fragen!

a) Wie heißt die Frau?

b) Woher kommt sie?

c) Was ist im Koffer?

Sprechen

1. Fragen Sie bitte Ihre Kommilitonen!

* Wie heißt du?   + Ich heiße ...

                                    Mein Vorname ist ...

                                    ... ist mein Familienname.

* Woher kommst du?   + Ich komme aus ...

2. Machen Sie bitte einen Dialog am Zoll!

Hören und Lesen

Text C   Wo ist Herr Wang

1. Hören Sie bitte den Text einmal und beantworten Sie die Frage!

Wo ist Herr Wang?

2. Hören Sie bitte den Text noch einmal und beantworten Sie die Fragen!

a) Kommt der erste (1.) Mann aus China?

b) Ist der zweite (2.) Mann Koreaner?

c) Wie heißt der Deutsche? (Vorname und Familienname)

3. Hören Sie bitte den Text noch einmal und fügen Sie die fehlenden Wörter ein!

Pöppelmann: Entschuldigung, _____ Sie aus China?

1. Mann: Nein, ich bin _____ Japan.

Pöppelmann: Entschuldigen Sie. Sind _____ Chinese?

2. Mann: Oh nein, ich bin Koreaner.

Pöppelmann: Entschuldigung, _____ kommen Sie?

Li: Aus China.

Pöppelmann: Ah, guten _____ , Herr Wang.

Li: Entschuldigung, ich bin nicht _____ Wang.

  Herr Wang ist noch am _____ .

Pöppelmann: Ich bin Max Pöppelmann. Ich bin der Betreuer von Wang Dali.

Li: Sehr angenehm, Herr Pöppelmann. Mein _____ ist Li.

  Ah, da kommt Wang.

4. Lesen Sie bitte den Text mit Ihrem Nachbarn und achten Sie auf Ihre Aussprache!

Grammatik Ⅱ

Possessivpronomen im Nominativ (N)

Personal-pronomen	Sg.	m / n	Possessivpronomen	f / Pl.
ich	mein	*Koffer / Buch*	mein-e	*Tasche / Bücher*
du	dein		dein-e	
er	sein		sein-e	
sie	ihr		ihr-e	
es	sein		sein-e	
wir	unser		unser-e	
ihr	euer		eur-e	
sie	ihr		ihr-e	
Sie	Ihr		Ihr-e	

Übungen

1. Ergänzen Sie bitte!

a) _____ Lehrer kommt heute nicht. _____ Frau ist krank.

b) * Ist das _____ Frau?

  + Nein, das ist nicht _____ Frau. Aber vielleicht ist das die Frau von Christian.

c) * Wo sind _____ Bücher?

  + Bücher liegen hier.

d) * Brauchst du _____ Fahrrad?

  + Wie bitte?

  * Brauchst du _____ Fahrrad?

  + Ja, natürlich brauche ich _____ Fahrrad.

  * Schade, _____ Fahrrad ist kaputt.

2. Ergänzen Sie bitte!

Kinder fragen

Franz und Karin: Mutti, wer ist _____ Vati?

Mutter: _____ Vati ist euer Opa.

Franz und Karin: _____ Opa?

Mutter: Ja, und _____ Mutter ist _____ Oma.

Franz und Karin: Mutti, aber wer sind _____ Oma und _____ Opa?

Mutter: _____ Oma und _____ Opa kennt ihr nicht. Sie leben nicht mehr.

Franz und Karin: Und hat Vati eine Oma und einen Opa?

Mutter: Ja, _____ Opa und _____ Oma sind _____ Urgroßeltern.

Grammatik Ⅲ

A Verbstellung im Satz

1. Aussagesatz

I	II	III
Ich	**bin**	Chinese.
Wir	**kommen**	aus Japan.
Du	**lernst**	Deutsch.
Er	**heißt**	Horst Grün.

2. W-Fragen

I	II	III	Antworten
Wie	**heißen**	Sie?	Ich heiße Wang Dali. / Wang Dali.
Was	**ist**	das?	Das ist ein Buch. / Ein Buch. Das sind Bücher.
Wer	**ist**	das?	Das ist Herr Le. / Herr Le. Das sind Jin und Chen.

Regeln: In einem *Aussagesatz* steht das Verb an Position _____ .

In einer *W-Frage* steht das Verb an Position _____ .

Übung

Bilden Sie bitte Sätze!

Beispiel: Monika kommt aus Bonn.

wie Monika ihr Wang woher ich was Herr und Frau Hua wir du heißen

bist komme ist lehrt kommst sind kommt lerne seid Deutsch im Koffer

Chinesen aus Bonn Sie aus Xi'an Chinese Deutsche du

3. Ja / Nein - Fragen

I	II	III	Antworten
Kommen	Sie	aus China?	**Ja,** ich komme aus China. **Nein,** ich komme aus Korea.
Heißt	du	Carsten?	**Ja,** ich heiße Carsten.
Sind	Sie	Deutscher?	**Nein,** ich bin Franzose.

Regel: In *Ja / Nein - Fragen* steht das Verb an Position _____ .

Übungen

1. Antworten Sie bitte!

a) ∗ Kommen Sie aus Beijing? + _____

b) ∗ Fliegt Luise nach Marburg? + _____

c) * Heißt er Lu Ming?   + _____

d) * Sind Sie Chinese?   + _____

e) * Lernen Sie Französisch?   + _____

f) * Heißen Sie Li Ting?   + _____

2. Bilden Sie bitte Sätze!

a) Deutsch, ich, lerne.

_____

b) kommt, aus, Deutschland, sie?

_____

c) du, was, lernst?

_____

d) ist, er, Chinese.

_____

e) Heine, Sie, heißen?

_____

3. Ergänzen Sie bitte die Sätze!

a) * _____ heißen Sie?   + _____ heiße _____.

b) * Woher _____ du?   + _____ _____ aus _____.

c) * _____ _____ _____?   + Er _____ Wang Dali.

d) _____ sind Deutsche.

e) * Was _____ sie?   + _____ _____ Deutsch.

f) * Wer _____ ihr?   + _____ _____ Hans und Nina.

4. Bilden Sie bitte Fragen!

Beispiel: Der Mann heißt <u>Max</u>. (wie)

        Wie heißt der Mann?

a) <u>Monika</u> kommt aus Berlin. (wer)

b) Sie heißt <u>Karin</u>. (wie)

c) Im Koffer ist <u>Kleidung</u>. (was)

d) Herr Kurz lernt <u>Chinesisch</u>. (was)

e) <u>Uta</u> fliegt nach Düsseldorf. (wer)

f) Er heißt <u>Wang Gang</u>. (wie)

g) <u>Klaus</u> kommt aus Stuttgart. (wer)

h) Ich lerne <u>Englisch</u>. (was)

i) Er macht <u>Übungen</u>. (was)

j) <u>Wang</u> ist der Familienname. (wie)

B   Woher? — Wohin? — Wo?

Woher kommst du?	**Aus** Deutschland.
	Aus England.
	Aus London.
	Aus Qingdao.
	Aus der Schweiz.
	Aus den USA
Wohin fliegst du?	**Nach** Amerika.
	Nach Kiel.
	Nach Hannover.
	Nach Heidelberg.
	Nach Mainz.
	Nach Lübeck.
	In die Schweiz.
	In die USA.
Wo bist du?	**In** England.
	In Hongkong.
	In Paris.
	In Dänemark.
	In der Schweiz.
	In den USA.
	Im Koffer.

Übung

Fragen Sie bitte nach den <u>unterstrichenen</u> Satzteilen!

a) Dai Jie ist <u>in Xi'an</u>.

b) Wir fliegen <u>nach Dortmund</u>.

c) Die Bücher sind <u>im Koffer</u>.

d) Ilse studiert <u>in Kanada</u>.

e) Ihr fliegt **<u>in die USA</u>**.

f) Herr Joseph kommt <u>aus Gießen</u>.

g) Martina Hingis ist <u>aus der Schweiz</u>.

h) Martinas Eltern leben <u>in der Schweiz</u>.

Wortschatz Ⅲ

A Zahlen 0—12

Sprechen Sie bitte nach!

0	null
1	eins
2	zwei
3	drei
4	vier
5	fünf
6	sechs
7	sieben
8	acht
9	neun
10	zehn
11	elf
12	zwölf

Übungen

1. Lesen Sie bitte die Telefonnummern!

Beispiel 1:	Wang Dali　　Tel.: 65981130
Man spricht:	sechs, fünf, neun, acht, eins, eins, drei, null
Beispiel 2:	Wang Dali　Handy: 0173 – 8843 – 779
Man spricht:	null eins sieben drei- acht acht vier drei- sieben sieben neun

a) Karl Lange　　　　Tel: 74562210

b) Qian Yong　　　　Tel: 62753794

c) Zhang Jigang　　　Tel: 0158 – 5843 – 904

d) Wang Yuanchao　　Tel: 65953513

e) Albert Müller　　　Tel: 4326771

f) Maria Stahl　　　　Tel: 0151 – 6324 – 870

g) Liang Hua　　　　Tel: 67408816

h) Birgit Baumann　　Tel: 0158 – 3472 – 119

2. Bitte hören und schreiben Sie die Zahlen!

a)   b)   c)   d)   e)

f)   g)   h)   i)   j)

Hören

Text D   Im Flugzeug

1. Hören Sie bitte den Text zweimal und beantworten Sie die Fragen!

a) Wie heißen Tom und Nicole mit Familiennamen?

b) Woher kommen Tom und Nicole?

c) Wohin fliegen sie?

d) Wo sind sie jetzt?

2. Üben Sie bitte zu zweit!

a) Woher kommen Sie?

b) Wo wohnen Sie?

c) Wo lernen Sie Deutsch?

d) Wohin fliegt das Flugzeug?

Sprechen

Machen Sie bitte Dialoge!

1. Am Zoll

* Guten Tag.   + ...

* ... heißen ...?   + Ich ...

* Woher ...?   + ... aus ...

* ... im Koffer?   + ... sind ...

2. Auf dem Flughafen

* ...   + Guten Tag.

* Ich heiße Emil. Und ...?   + ...

                                                    ... fliegst ...?

* ... Lanzhou.   + Nein. Ich fliege ...

   ... du auch ... Lanzhou?   Studierst ...?

* Ja, ... in Lanzhou.

3. Im Flugzeug

* Guten Tag. ... Ball.   + ... Dong Bin.

* Sehr angenehm, Herr Bin.   + Entschuldigung, mein ... Dong.

* Oh Entschuldigung, Herr Dong.

   ... Sie ... Korea?   + ... China. Und Sie?

* Ich ...   + ... fliegen ...?

* ... Bremen.   + Ich ... auch nach Bremen.

* Was machen Sie in Bremen?   + Ich ... in Bremen.

Lesen

Text E   Herr und Frau Pöppelmann

1. Lesen Sie bitte den Text!

Das ist Herr Max Pöppelmann. Pöppelmann ist der Familienname. Max ist der Vorname.

Herr Pöppelmann ist Deutscher. Er wohnt in Darmstadt und lehrt an der TU Darmstadt.

Frau Mary Pöppelmann ist Engländerin. Sie kommt aus London und lebt in Darmstadt.

Sie lernt Deutsch. Herr und Frau Pöppelmann fahren jetzt zum Flughafen. Sie fliegen heute nach London.

2. Beantworten Sie bitte die Fragen!

a) Wo leben Herr und Frau Pöppelmann?

b) Wohin fahren sie?

3. Stellen Sie bitte Fragen!

a) ∗ _____ ?   + Nein, er ist Deutscher.

b) ∗ _____ ?   + Mary.

c) ∗ _____ ?   + Ja, aus England.

d) ∗ _____ ?   + In Darmstadt.

e) ∗ _____ ?   + An der TU Darmstadt.

Hören

Text F   Michael Kaufmann

1. Hören Sie bitte den Text und beantworten Sie die Fragen!

a) Was macht Michael Kaufmann?

b) Woher kommt er?

c) Wo wohnt er jetzt?

2. Ergänzen Sie bitte den Text!

Guten Tag. _____ heiße _____ . _____ _____ aus _____ .

_____ _____ Deutsch. _____ _____ jetzt in _____ .

3. Stellen Sie sich bitte vor!

Schreiben

Stellen Sie sich bitte vor!

— Name

— Herkunft/Heimatland

— Wohnort/Heimatstadt

— Studienort/Universität

— Deutsch lernen

Zusammenfassende Übungen

1. Ordnen Sie bitte zu!

a) Wie heißt er?

b) Was lehren Sie?

c) Kommst du aus Japan?

d) Ist Qiao dein Familienname?

e) Wer bist du?

f) Woher kommt sie?

g) Seid ihr Japaner?

h) Wo lernst du Deutsch?

i) Was ist im Koffer?

j) Guten Tag. Mein Name ist Müller.

k) Wohin fliegt Frau Meister?

l) Ist das ein Koffer?

m) Lernen Sie Chinesisch?

1. Bücher.

2. Sehr angenehm, Ma.

3. Ich bin Murong Hua.

4. Nein, aus Korea.

5. Ich lehre Deutsch.

6. Ja, das ist ein Koffer.

7. Nach London.

8. Er heißt Ralf.

9. Nein, wir kommen aus China.

10. In Beijing.

11. Nein, ich lehre Chinesisch.

12. Nein, Liu ist mein Familienname.

13. Aus Nanjing.

2. Antworten Sie oder stellen Sie bitte Fragen!

a) * Wo arbeitet ihr?　　　　　　　　+ _____ .

b) * Kommt Herr Tang aus Deutschland?　+ _____ .

c) * Was machen Sie hier?　　　　　　+ _____ .

d) * Ist Frau Mott Amerikanerin?　　　+ _____ .

e) * _____ ?　　+ Nein, sie kommen aus der Schweiz.

f) * _____ ?　　+ Er wartet auf dem Flughafen.

g) * _____ ?　　+ Ja, ich heiße Müller.

h) * _____ ?　　+ Sie lernen Koreanisch.

i) * _____ ?　　+ Nein, ich bin Chinesin.

j) * _____ ?　　+ Ja, er lehrt Englisch.

3. Bilden Sie bitte korrekte Sätze!

a) kommst, woher, du? — aus Japan, ich, komme.

_____ .

b) Deutsch, ich, lehre.

_____ .

c) Amerikanerin, Sie, sind? — bin, ich, Engländerin, nein.

_____ .

d) lernt, Chinesisch, er? — er, nein, Chinesisch, lehrt.

_____ .

e) ihr, lernt, was? — Japanisch, wir, lernen.

_____ .

f) Französin, sie, ist.

_____ .

g) heißt, wie, du? — heiße, Peter, ich.

_____ .

4. Fragen und antworten Sie!

Beispiel: *Herr Zhang: die USA* → *Deutschland* → *England*

* Woher kommt *Herr Zhang*?

+ *Er* kommt aus *den USA*.

* Wo wohnt *er*?

+ *Er* wohnt in *Deutschland*.

* Wohin fliegt *er*? England, Deutschland, China, USA, Schweiz, Japan,

\+ *Er* fliegt nach *England*. Korea, Dänemark, Frankreich

5. Situative Frage:

Sie sind im Sprachkurs. Sie stellen sich vor. Was sagen Sie?

Phonetische Übung I

Hören und sprechen Sie bitte nach!

● [aː] — [a]

Tag – was – Pass – am – Nachbarn – Japan – nach – Monika – Jahr – Beamtin – Apfel – Wahl – Lampe –
Dampf – Zahn – machen – alle – Nadel – Laden

● [oː] — [ɔ]

Koffer – kommen – Zoll – holen – Volk – Moment – Vorname – Morgen – wo – Kopf – Note – noch –
wohnst – kommst – doch – Honig – drohen

● [uː] — [u]

gut – Buch – du – und – Flugzeug – Frankfurt – Zug – Lust – tun – Mutter – zum – Zug – Null – Nuss – nun –
Nummer – Uhr – Mut – Blumen – Wurst

Phonetische Übung II

Hören und sprechen Sie bitte nach!

a) Guten Morgen.

   Guten Tag.

   Guten Abend.

   Gute Nacht.

   Guten Appetit.

   Gute Besserung.

b) Wie heißen Sie?

   Wie heißt du?

   Wie heißt sie?

   Wie heißt er?

   Wie heißt ihr?

   Wie ist Ihr Familienname?

c) Kommen Sie aus China?

   Kommt er aus Japan?

   Kommst du aus Amerika?

   Kommt sie aus Deutschland?

   Kommt ihr aus Frankreich?

   Kommen Sie aus England?

d) Sind Sie Chinese?

   Fliegt Franz nach Hamburg?

   Lernen Sie Deutsch?

   Lehren Sie Englisch?

   Hören Sie Japanisch?

   Seid ihr Deutsche?

Phonetische Übung Ⅲ

Hören und sprechen Sie bitte nach!

a) * Guten Tag!

   + Guten Tag!

   * Mein Name ist Monika Behm!

   + Mein Name ist Li Xiao.

   * Woher kommen Sie?

   + Ich komme aus China. Und Sie?

   * Ich komme aus Deutschland.

     Was machen Sie hier?

   + Ich studiere hier.

b) * Wie heißen Sie?

   + Ich heiße Gabi Grün. Wie heißen Sie?

   * Ich heiße Wang Dali. Wang ist mein

     Familienname. Dali ist mein Vorname.

   + Herr Wang, wohin fahren Sie?

   * Ich fahre nach Hamburg. Fahren Sie

     auch nach Hamburg?

   + Ja, ich fahre auch nach Hamburg.

c) * Hallo!

   + Hallo!

   * Ich heiße Rosa. Er heißt Peter. Und du, wie heißt du?

   + Ich heiße Maria. Woher kommt ihr?

   * Ich komme aus Stuttgart. Er kommt aus München. Und du?

   + Ich komme aus Bremen. Wohin fliegt ihr?

   * Wir fliegen nach Wien. Fliegst du auch nach Wien?

   + Nein, ich fliege nach Frankfurt. Auf Wiedersehen!

   * Auf Wiedersehen!

Lektion 3
Familie

Hören und Lesen

Text A　Bei einer deutschen Familie

1. Hören Sie bitte den Text und beantworten Sie die Fragen!

a) Wer besucht Max Pöppelmann?

b) Hat Herr Pöppelmann Kinder?

2. Hören Sie bitte den Text noch einmal und fügen Sie die fehlenden Wörter ein!

Wang Dali:	Guten Abend, Herr Pöppelmann!
Max Pöppelmann:	Guten Abend, Herr Wang. _____ Sie bitte herein! Nehmen _____ doch Platz! Mary, das _____ Herr Wang.
Mary Pöppelmann:	Guten Abend, Herr Wang.
Wang Dali:	Guten Abend, Frau Pöppelmann, sehr angenehm.
Mary Pöppelmann:	Herr Wang, _____ trinken Sie? Kaffee oder _____?
Wang Dali:	Kaffee bitte.
Mary Pöppelmann:	Gut, einen Moment. Der Kaffee _____ gleich.
Wang Dali:	Herr Pöppelmann, _____ Sie Kinder?

Max Pöppelmann:	Ja, einen _____ und eine _____ .
Wang Dali:	Wo sind sie jetzt?
Max Pöppelmann:	Sie _____ schon.

3. Lesen Sie bitte den Text mit Ihrem Nachbarn und achten Sie auf Ihre Aussprache!

Grammatik Ⅰ

Konjugation der Verben im Präsens (3)

Personal-pronomen	Verben			
	A	**B**	**C**	*Sonderform*
	lesen	**schlafen**	**nehmen**	**haben**
ich	lese	schlafe	nehme	habe
du	liest	schläfst	nimmst	*hast*
er sie es	liest	schläft	nimmt	*hat*
wir	lesen	schlafen	nehmen	haben
ihr	lest	schlaft	nehmt	habt
sie	lesen	schlafen	nehmen	haben
Sie	lesen	schlafen	nehmen	haben

Anmerkungen:

A: lesen (er liest), sehen (er sieht)

B: schlafen (er schläft), fahren (er fährt)

C: nehmen (er nimmt), essen (er isst), sprechen (er spricht)

Übungen

1. Konjugieren Sie bitte die Verben!

Personal-pronomen	Verben					
	sehen	fahren	essen	sprechen	schlafen	haben
ich			esse			
du					schläfst	
er sie es	sieht					

续　表

Personal-pronomen	Verben					
	sehen	fahren	essen	sprechen	schlafen	haben
wir		fahren				
ihr						habt
sie Sie				sprechen		

2. Ergänzen Sie bitte die Verben!

a) * Herr Bräuer _____ (fahren) nach Köln. _____ (fahren) du auch nach Köln?

　　+ Nein, ich _____ (fahren) nach München.

b) Er _____ (nehmen) ein Taxi nach Hause. _____ (nehmen) du auch ein Taxi?

c) * _____ (haben) er Kinder?

　　+ Ja, er _____ (haben) zwei Töchter und drei Söhne.

d) * Jürgen, was _____ (lesen) du da?

　　+ Ich _____ (lesen) Zeitung.

e) * Eva und Adam, _____ (sprechen) ihr Englisch?

　　+ Nein, Eva _____ (sprechen) Englisch, aber ich _____ (sprechen) Deutsch.

f) * Christian, wo _____ (schlafen) du?

　　+ Ich _____ (schlafen) auf dem Sofa.

g) Ich _____ (essen) immer chinesisch. Und du? Was _____ (essen) du?

h) * _____ (haben) du jetzt Zeit?

　　+ Nein, ich _____ (haben) jetzt keine Zeit.

i) * Was _____ (sehen) er?

　　+ Er _____ (sehen) das Foto.

3. Was passt zusammen?

Peter	öffnet	bitte Platz!
Sprichst	warten	ich nicht.
Wohin	weiß	Herr Müller?
Das	du	auch Deutsch?
Nehmen	liest	im Unterricht.
Wir	fährt	das Fenster?
Was	schläft	schon lange.
Wer	Sie	er?

4. Ergänzen Sie bitte!

a) Ich fahre jetzt nach Frankfurt. Peter _____ auch nach Frankfurt.

b) Kommen Sie bitte herein! _____ Sie doch Platz!

c) Franz _____ viele Fotos. _____ du auch viele Fotos?

d) Herr Schneider _____ ein Buch. Seine Frau _____ Zeitung.

e) Maria _____ sehr gut Deutsch.

f) Herr und Frau Schmidt _____ ein Taxi zum Flughafen.

g) Die Kinder schlafen schon. Warum _____ du noch nicht?

h) * Ich esse gern Käse. Und ihr? Was _____ ihr gern?

  + Ich _____ auch gern Käse, aber Susanne _____ gern Wurst.

i) * _____ Sie Geschwister?

  + Ja, ich _____ einen Bruder und zwei Schwestern.

Wortschatz I

Berufe

Was ist er / sie von Beruf?

Sie ist *Sekretärin*.

Sie ist _____.

Sie ist _____.

Er ist _____.

Er ist _____.

Sie ist _____.

Er ist _____.

Er ist _____.

Er ist _____.

Übungen

1. Ergänzen Sie bitte die Liste!

der Mann	die Männer	die Frau	die Frauen
der Lehrer	die Lehrer	die Lehrerin	die Lehrerinnen
	die Arbeiter		
der Schauspieler			
		die Sängerin	
der Verkäufer			
		die Physikerin	
			die Chemikerinnen
	die Informatiker		
der Ingenieur	die Ingenieure	die Ingenieurin	die Ingenieurinnen
der Arzt	die Ärzte	die Ärztin	die Ärztinnen
	die Köche		
der Designer			die Rechtsanwältinnen

2. Bilden Sie bitte Sätze wie im Beispiel!

Beispiel: Er studiert Chemie.

→ Er studiert Chemie. *Er ist Chemiestudent. Er wird Chemiker.*

a) Frau Jin studiert Musik.

b) Regine und Stefan studieren Medizin.

c) Wang Dali studiert Maschinenbau.

d) Klaus studiert Physik.

e) Christina studiert Mathematik.

f) Wolfgang studiert Informatik.

Sprechen

1. Sprechen Sie bitte!

Beispiel:

| Maria Beierl |
| Österreich |
| Wien |
| Verkäuferin |
| verheiratet |

Ich heiße Maria Beierl. Beierl ist mein Familienname. Ich komme aus Österreich, aus Wien. Ich bin Verkäuferin von Beruf. Ich bin verheiratet. Ich habe kein Kind.

Ma Yu VR China Zhengzhou Ärztin verh., ein Kind	Dr. Wolfgang Groß Deutschland Stuttgart Lehrer geschieden, ein Kind 
John Watson USA New York Koch verh., zwei Kinder 	Tomoko Taraka Japan Kyoto Studentin (Medizin) ledig 
Nicole Clermont Frankreich Paris Schauspielerin verh. 	Jiang Wen Taiwan Tainan Physiker ledig 

2. Machen Sie bitte Dialoge!

Beispiel:

Tomoko Taraka

* Hallo!

* Ich heiße Tomoko. Und wie
  heißt du?

* Woher kommst du?

* Aus Japan.

* Ich bin Studentin. Ich studiere
  Medizin. Und du?

Jiang Wen

+ Hallo!

+ Jiang Wen.

+ Aus Taiwan. Und du?

+ Was machst du hier?

+ Ich bin Physiker. Ich arbeite
  in Tainan.

a) *Ma Yu* *John Watson*

b) Dr. *Wolfgang Groß* *Nicole Clermont*

c) *Ihr Partner* *Sie*

3. Sprechen Sie bitte über eine Person!

* Wer ist denn das? + Die Frau?

* Ja. + Das ist Frau Beierl.

* Woher ...? + ...

* Was macht sie? + ...

* Ist sie verheiratet? + ...

Hören

Text B　Ein Besuch

Hören Sie bitte den Text und beantworten Sie die Fragen!

a) Wo ist Gao Ming? Kreuzen Sie bitte an!

   ❏ bei einem Freund

   ❏ bei einer deutschen Familie

   ❏ bei Herrn Pöppelmann

b) Woher kommt Gao Ming?

c) Was macht er in Deutschland?

Hören und Lesen

Text C　Wer ist denn das?

1. Hören Sie bitte den Text einmal und beantworten Sie die Fragen!

a) Worüber sprechen Herr Pöppelmann und Wang Dali?

Über ...

b) Hat Herr Pöppelmann zwei Söhne?

c) Wie heißen die Kinder?

d) Wie viele Geschwister hat Herr Pöppelmann?

e) Was sind die Geschwister von Beruf?

2. Hören Sie bitte den Text noch einmal und fügen Sie die fehlenden Wörter ein!

Max Pöppelmann: _____ Sie mal, Herr Wang!

Wang Dali: Oh, ein _____ . Ist das Ihre _____ , Herr Pöppelmann?

Max Pöppelmann: Ja. Hier, das ist meine _____ . Sie ist _____ . Und das sind meine _____ ,

hier Christian, mein _____ und meine _____ , Susanne.

Wang Dali: _____ ist das?

Max Pöppelmann: Hier, das ist mein _____ .

Wang Dali: Und Ihre _____ ?

Max Pöppelmann: Hier, das ist sie.

Wang Dali: Haben Sie _____ ?

Max Pöppelmann: Ja, ich habe einen _____ und eine _____ . Hier, das ist Peter. Er arbeitet

als _____ bei Siemens. Und das ist Maria. Sie ist _____ . Und Ihre

Familie, Herr Wang?

3. Lesen Sie bitte den Text mit Ihrem Nachbarn und achten Sie auf Ihre Aussprache!

4. Ergänzen Sie bitte die Bilder mit Hilfe des Textes!

Grammatik Ⅱ

Personalpronomen im Akkusativ (A)

Personalpronomen im Nominativ	Personalpronomen im Akkusativ
ich	**mich**
du	**dich**
er	**ihn**
sie	sie
es	es
wir	**uns**
ihr	**euch**
sie	sie
Sie	Sie
Fragepronomen: wen	

Übungen

1. Antworten Sie und üben Sie bitte zu zweit!

Beispiel: Professor Lehmann kennen

     ∗ Wen kennst du? Kennst du *Professor Lehmann*?

     + Ja, ich kenne *ihn*.

a) Frau Schuhmann kennen   b) Wang Dali suchen

c) Doktor Schmitt kennen   d) das Kind sehen

e) die Müllers kennen   f) das Mädchen zeichnen

g) mich lieben   h) Gabi besuchen

2. Üben Sie zu zweit bitte!

Beispiel: * Wie ist denn *das Buch*?   + Gut. Ich kaufe *es*!

         * Wie sind die Bücher?   + Gut. Ich kaufe sie!

a) Wie ist denn der Pullover?   b) Wie ist denn das Fahrrad?

c) Wie ist denn die Zeitung?   d) Wie ist denn das Auto?

e) Wie ist denn der Bleistift?   f) Wie ist denn die Uhr?

g) Wie ist denn der Koffer?   h) Wie ist denn der Ball?

3. Ergänzen Sie bitte!

a) _____ fragt der Lehrer? Fragt er mich?

b) * Braucht die Studentin das Buch? + Nein, sie braucht _____ nicht.

c) Er ist Franzose. Ich verstehe _____ nicht. Und ich bin Deutscher.

    Er versteht _____ nicht.

d) * Besuchst du heute Ingrid? + Ja, ich besuche _____ .

e) Wir sind zu Hause. Besuchen Sie _____ ?

f) Wo ist mein Buch? Siehst du _____ ?

g) Wo ist Monika? Ich suche _____ schon lange.

4. Verbessern Sie die Fehler!

Beispiel: Er versteht ~~wir~~ nicht. <u>Er versteht **uns** nicht.</u>

a) Brigitte besucht ich.

_____

b) Ich kenne ihr nicht.

_____

c) Helmut sucht du.

_____

d) Barbara sieht er.

_____

e) Kennen Sie wir?

_____

f) Herr Sommer fragt ich viel.

_____

g) Ich verstehe er nicht.

_____

5. Bilden Sie bitte Sätze!

besucht	besuchen	~~dich~~	du	wir
sie	sie	besuchst	ihr	ihn
~~besuche~~	euch	besucht	~~ich~~	uns

Ich besuche dich. _____

_____

_____

_____

_____

_____ . *Wer besucht mich?*

Grammatik Ⅲ

Bestimmter und unbestimmter Artikel im Nominativ (N) und Akkusativ (A)

A Nominativ (*Subjekt / Prädikativ*)

a) Das ist **ein** Mann.	**Der** Mann ist Chinese.
b) Das ist **ein** Kind.	**Das** Kind ist Japaner.
c) Das ist **eine** Frau.	**Die** Frau ist Deutsche.
d) Das sind **/** Studenten.	**Die** Studenten sind Ausländer.

Unbestimmter Artikel					Bestimmter Artikel			
	m	n	f	Pl.		m	n	f	Pl.
N	ein	ein	eine	/	**N**	der	das	die	die

Fragepronomen: *wer/was*

Wer ist das?   Das ist **der** Zollbeamte. / Das **sind** Herr und Frau Meier.
(Personen)

Was ist das?   Das ist **ein** Kugelschreiber. / Das **sind** Lehrbücher.
(Sachen)

B Akkusativ (*Objekt*)

a) Der Mann kauft **einen** Koffer.	Er öffnet **den** Koffer.
b) Das Kind sieht **ein** Buch.	Es öffnet **das** Buch.
c) Die Frau holt **eine** Zeitung.	Sie liest **die** Zeitung.
d) Wir kaufen / Bücher.	Wir lesen **die** Bücher.

Unbestimmter Artikel					Bestimmter Artikel			
	m	n	f	Pl.		m	n	f	Pl.
A	einen	ein	eine	/	**A**	den	das	die	die

Übungen

1. Ergänzen Sie bitte!

a) Das ist _____ Mann. _____ Mann ist Lehrer.

b) Das ist _____ Frau. _____ Frau ist Lehrerin.

c) Das ist _____ Frau. _____ Frau ist Verkäuferin.

d) Das ist _____ Mann. _____ Mann ist Arzt.

e) Das sind _____ Frauen. _____ Frauen sind Chemikerinnen.

f) Das ist _____ Mann. _____ Mann ist Ingenieur.

g) Das sind _____ Männer. _____ Männer sind Arbeiter.

h) Das ist _____ Mädchen. _____ Mädchen geht in die Schule.

i) Das ist _____ Kind. _____ Kind spielt.

2. Ergänzen Sie bitte den bestimmten und unbestimmten Artikel im Nominativ oder Akkusativ!

a)   b)   c)

a)	b)	c)
Das ist _____ Mann. _____ *Mann* zeichnet _____ *Frau*. _____ Frau ist schön.	Das ist _____ Frau. _____ *Frau* hat _____ Sohn. _____ *Sohn* liest _____ *Zeitung*. _____ Zeitung heißt „Xinmin- Abendzeitung".	Das ist _____ Kind. _____ *Kind* hat _____ *Auto*. _____ Auto ist neu.

3. Fragen Sie bitte nach den *kursiv* geschriebenen Satzteilen aus Übung 2!

_____

_____

_____

_____

4. Bitte fragen und antworten Sie!

Was ist das?   Was sehen Sie?

Das ist ein(e) ...   Ich sehe ein(e / en) ...

5. Bitte ergänzen Sie!

Ich habe _____ Freundin. _____ Freundin besucht _____ Freund. Der Freund hat zwei

Kinder, _____ Sohn und _____ Tochter. _____ Sohn öffnet _____ Tür. _____

Tochter macht _____ Hausaufgaben und schreibt _____ Text. _____ Sohn macht _____

Übungen und bildet _____ Satz.

6. Machen Sie ein Gedächtnisspiel in der Klasse!

Lehrer：   „Ich kaufe eine Tasse.“

Student 1：   „Ich kaufe eine Tasse und ein Auto.“

Student 2：   „Ich kaufe eine Tasse, ein Auto und ...“

7. Fragen Sie bitte nach den unterstrichenen Satzteilen!

a) Der Schüler fragt <u>den Lehrer</u>.

b) <u>Herr Müller</u> kommt aus Deutschland.

_____

c) Wir brauchen <u>ein Auto</u>.

d) Er ruft <u>die Krankenschwester</u>.

_____

e) <u>Das Kind</u> fragt die Mutter.

f) Brigitte hat <u>ein Foto</u>.

_____

g) <u>Herr Pöppelmann</u> ist <u>Lehrer</u>.

h) <u>Der Pass</u> liegt da.

_____

Grammatik IV

Nullartikel

a) Sie kaufen *Taschen*. ( ) Sie kaufen *eine Tasche*.

Sie braucht *Koffer*. Sie braucht *einen Koffer*.

b) Herr Müller ist *Arzt*. Aber Herr Müller ist *ein guter Arzt*.

Sie ist *Studentin*. Aber Sie ist *eine junge Studentin*.

c) Herr Lin ist *Chinese*. Aber Herr Lin ist *ein großer Chinese*.

Frau Ono ist *Japanerin*. Aber Frau Ono ist *eine schöne Japanerin*.

d) *Deutschland* ist ein Land in Aber *Die Bundesrepublik Deutschland* (die BRD) ist ein Land

Europa. in Europa.

China ist ein Land in Aber *Die Volksrepublik China* (die VR China) ist ein Land in

Asien. Asien.

Berlin hat 3,4 Mio. Einwohner.

Paris ist die Hauptstadt

von Frankreich.

e) Wir kaufen *Bier, Milch,* Aber Wir kaufen *eine Flasche* ( )

Zucker, Wasser, Tee, Kaffee. *Bier, eine Dose* ( ) *Cola ...*

f) Ich habe *Zeit / Geld / Geduld / Hunger / Durst*.

Übung

Ergänzen Sie bitte!

a) * Möchtest du _____ Tee? + Nein danke, ich trinke _____ Tasse Kaffee.

b) * Hat Jochen _____ Geschwister?

+ Ja, _____ Bruder und _____ Schwester. Sein Bruder ist _____ Ingenieur von Beruf.

Seine Schwester studiert _____ Germanistik.

c) Wir haben _____ Durst. Bitte bringen Sie _____ Wasser und Kaffee und _____ Flasche Cola.

d) * Hast du _____ Hunger?   + Ja, ich habe _____ Hunger.

e) _____ Shanghai ist _____ Stadt in _____ China. Beijing ist _____ Hauptstadt von China.

f) * Habt ihr _____ Zeit?

   + Nein, heute haben wir _____ Unterricht.

g) * Ich brauche _____ Auto.   + Hast du denn _____ Geld?

h) * Haben Sie _____ Kinder?   + Ja, ich habe _____ Sohn.

Hören

| Text D   Hat sie . . .? |

Hören Sie bitte den Text und beantworten Sie die Fragen!

a) Wer spricht in dem Text?

b) Was hat Susanne? Kreuzen Sie bitte an!

❏    ❏    ❏

Grammatik V

Possessivpronomen im Akkusativ (A)

Personal-pronomen	Possessivpronomen			
	Sg.	m	n	f/Pl.
ich	mein-**en** *Koffer*	mein *Buch*	mein-**e**	*Tasche / Bücher*
du	dein-**en**	dein	dein-**e**	
er	sein-**en**	sein	sein-**e**	
sie	ihr-**en**	ihr	ihr-**e**	
es	sein-**en**	sein	sein-**e**	
wir	unser-**en**	unser	unser-**e**	
ihr	eur-**en**	euer	eur-**e**	
sie	ihr-**en**	ihr	ihr-**e**	
Sie	Ihr-**en**	Ihr	Ihr-**e**	

Übung

Ergänzen Sie bitte!

a) ∗ Geben Sie mir bitte _____ Pass! + Ich habe _____ Pass nicht.

b) Besuchst du _____ Eltern?

c) ∗ Hans, ich brauche _____ Buch, _____ Bleistift und _____ Uhr.
   + Warum?
   ∗ _____ Buch, _____ Bleistift und _____ Uhr sind zu Hause.

d) * Kennst du _____ Frau?   + Nein, _____ Frau kenne ich nicht.

e) * Brauchst du _____ Fahrrad? * Wie bitte?

    * Brauchst du _____ Fahrrad?   + Ja, natürlich brauche ich _____ Fahrrad.

    * Schade, _____ Fahrrad ist kaputt.

f) Wer besucht heute _____ Eltern, Frau Kaiser?

g) Das ist _____ Buch. Warum liest du _____ Buch?

h) * Was suchen Sie?   + Ich suche _____ Ball.

Lesen

Text E   Unsere Familie

1. Lesen Sie bitte den Text!

Herr Müller erzählt:

Das sind meine Eltern, mein Vater und meine Mutter. Ich bin ihr Sohn. Meine Eltern haben auch eine Tochter. Sie ist meine Schwester und ich bin ihr Bruder. Wir sind Geschwister. Meine Eltern und meine Schwester leben in Frankfurt.

Mein Vater hat keine Eltern mehr. Sie sind tot. Meine Mutter hat ihren Vater und ihre Mutter noch. Wir sind ihre Enkelkinder. Unsere Großeltern wohnen nicht in Frankfurt, sondern in Stuttgart. Wir besuchen sie oft. Wir lieben unseren Großvater und unsere Großmutter sehr.

Mein Vater hat einen Bruder. Er ist unser Onkel. Meine Mutter hat eine Schwester. Sie ist unsere Tante.

Ich bin verheiratet und meine Frau heißt Bettina. Sie ist die Schwiegertochter von meinen Eltern. Wir haben eine Tochter. Wir wohnen in Darmstadt.

2. Richtig oder falsch?

	Richtig	Falsch
a) Herr Müller hat keine Geschwister.	☐	☐
b) Sein Vater hat noch Eltern, aber seine Mutter hat keine Eltern mehr.	☐	☐
c) Die Großeltern leben in Frankfurt.	☐	☐
d) Herr Müller hat einen Onkel.	☐	☐
e) Seine Tante hat eine Tochter.	☐	☐
f) Herrn Müllers Eltern haben eine Schwiegertochter.	☐	☐

Wortschatz II

Die Familie

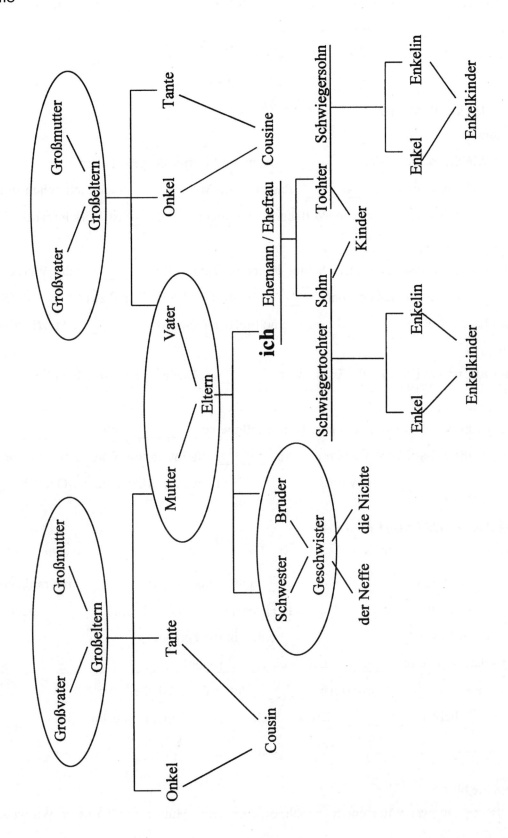

Übungen

1. Zeichnen Sie bitte einen Stammbaum von Ihrer Familie!

2. Ergänzen Sie bitte die Wörter!

a) Meine Familie

Ich heiße Wiebke Berger. Meine _____, Anna und Bernd Berger, haben zwei _____ : einen

_____ , Thomas, und eine _____ , das bin ich. Mein _____ und ich gehen in die Schule.

Mein _____ arbeitet bei VW in Wolfsburg, und meine _____ ist Verkäuferin.

b) Meine Tante und ihre _____

Hier ist ein Foto von Sabine Bauer. Sabine ist meine Tante. Ihr _____ heißt Werner Bauer. Er

ist mein _____ . Sie haben fünf _____ : drei _____ und zwei _____ . Peter und

Benjamin haben drei _____ . Uta, Eva und Steffi haben zwei _____ . Steffi ist schon zwölf

Jahre alt.

Benjamin ist erst zwei Jahre alt. Er hat vier _____ . Das ist eine große Familie.

c) Meine _____

Die Eltern von Anna Berger und Sabine Bauer sind meine _____ . Ich bin ihre _____ . Meine

_____ heißt Elisabeth Wiesmann. Mein _____ heißt Jakob Wiesmann. Sie haben sieben

_____ : drei _____ und vier _____ . Wir nennen sie „Oma" und „Opa".

3. Bitte ergänzen Sie die fehlenden Wörter!

Eine _____

Klaus Siebert ist verheiratet. _____ _____ heißt Lena. Klaus _____ im Krankenhaus. Er ist

_____ . Lena arbeitet nicht. _____ ist Hausfrau. Klaus und Lena _____ vier _____ ,

zwei _____ und zwei _____ . _____ gehen in die Schule.

Andreas ist schon fünfzehn. _____ hat zwei _____ und _____ _____ . _____ Bruder

_____ Jochen. _____ Schwestern _____ Bettina und Ulrike.

Die _____ lieben _____ Kinder sehr. Die Kinder lieben ihre _____ und

_____ _____ .

4. Überlegen Sie bitte!

a) Familie Bauer hat zwei Väter und zwei Söhne, aber keine Mütter und Töchter. Wie viele Personen hat Familie Bauer? Wer sind sie?

b) Mein Vater hat ein Kind, aber ich bin nicht sein Sohn. Wer bin ich?

Hören

Text F Ich und meine Familie

1. Hören Sie bitte den Text zweimal und beantworten Sie die Fragen!

a) Was ist Sun Jia von Beruf?

b) Ist sie verheiratet?

c) Was macht sie im Moment?

d) Wie viele Geschwister hat sie?

e) Was sind ihre Eltern yon Beruf?

f) Wo lebt ihre Schwester?

Situative Frage

Ihre Freunde besuchen Sie. Sie kennen Ihre Familienangehörigen noch nicht. Sprechen Sie bitte über Ihre Familie!

Schreiben

Schreiben Sie bitte über Ihre Familie!
—Personen
—Beruf

Phonetische Übung I

Hören und sprechen Sie bitte nach!

● [eː] [ɛː] [ɛ]

lesen – Herr – nehmen – Kaffee – Verben – er – sprechen – gern – jetzt – wer

essen – Lehrer – Geld – Ärzte – denn – sehen – Text – kennen – hätte – trägt

● [ə]

Tasse – besuchen – bitte – warte – Tante – Beruf – arbeitet – Sabine – Gefahr –

Gebrauch – komme – viele – gehören

● [ɚ]

Peter – Fenster – Bruder – Tochter – Schwester – Sänger – Vater – Mutter

Kinder – Wasser – Koffer – über – Arbeiter – aber – Meier

Phonetische Übung Ⅱ

Hören und sprechen Sie bitte nach!

a) Was machen Sie hier? Studieren Sie?

  Was machst du hier? Lernst du Deutsch?

  Was macht er hier? Arbeitet er?

b) Sie sprechen schon gut Deutsch.

  Du sprichst schon gut Englisch.

  Ihr sprecht schon gut Chinesisch.

c) Sabine, das ist Herr Wang aus China.

  Stefan, das ist Frau Ito aus Japan.

  Herr Yang, das ist Professor Müller aus Berlin.

d) Ist das Ihre Familie, Herr Pöppelmann?

  Ist das Ihre Frau, Herr Pöppelmann?

  Ist das Ihre Tochter, Herr Pöppelmann?

  Ist das Ihre Schwester, Herr Pöppelmann?

  Ist das Ihre Mutter, Herr Pöppelmann?

e) Das sind meine Kinder, mein Sohn Christian und meine Tochter Susanne.

  Das sind meine Eltern, mein Vater Hans und meine Mutter Maria.

  Das sind meine Geschwister, mein Bruder Stefan und meine Schwester Steffi.

  Das sind meine Großeltern, mein Opa Otto und meine Oma Charlotte.

f) Mein Vater arbeitet als Professor an der TU Berlin.

  Meine Mutter arbeitet als Lehrerin in der Schule.

  Mein Onkel arbeitet als Ingenieur bei VW.

  Meine Tante arbeitet als Ärztin im Krankenhaus.

  Mein Bruder arbeitet als Verkäufer im Kaufhaus.

  Meine Schwester arbeitet als Sekretärin bei Siemens.

g) Haben Sie Geschwister?

  Hast du noch Großeltern?

Hat sie eine Tante und einen Onkel?

Hat er einen Neffen und eine Nichte?

Phonetische Übung Ⅲ

Hören und sprechen Sie bitte nach!

a) * Stefan, was trinkst du? Kaffee oder Tee?

  + Tee bitte.

  * Warte einen Moment. Der Tee kommt gleich.

b) * Herr Zhang, haben Sie Kinder?

  + Ja, einen Sohn.

  * Was ist er?

  + Er ist Schüler.

c) * Hallo!

  + Hallo! Was machst du hier? Studierst du?

  * Nein, ich lerne Deutsch. Und Du?

  + Ich lerne auch Deutsch.

d) * Wer ist denn da?   + Stefan.

  * Was macht er denn?   + Er lernt.

  * Was lernt er?   + Er lernt Deutsch.

  * Wie lernt er denn ?   + Er lernt fleißig.

  * Kann er schon Deutsch sprechen?   + Ja, aber nur ein bisschen.

e) * Was ist denn da?   + Das ist mein Familienfoto.

  * Wer ist das?   + Das ist mein Mann.

  * Was ist er?   + Er arbeitet als Lehrer an der Universität.

  * Wer ist das?   + Das ist meine Tochter.

  * Was ist sie?   + Sie ist Studentin.

  * Wo studiert sie?   + An der Tongji-Universität in Shanghai.

Lektion Einkaufen 4

Hören und Lesen

Text A Wang Dali geht auf den Markt

1. Hören Sie bitte den Text und beantworten Sie die Fragen!

a) Was macht Wang Dali?

b) Warum geht Hans nicht selber?

c) Was braucht Hans?

2. Hören Sie bitte den Text noch einmal und fügen Sie die fehlenden Wörter ein!

Heute _____ Samstag. Wang Dali _____ auf den Markt. Er _____ eine Tasche und geht. Da

_____ sein Freund Hans.

Hans: Hallo, Wang!

Wang Dali: _____, Hans!

Hans:　　　　　Wohin _____ du?

Wang Dali:　　Ich _____ auf den Markt.

Hans:　　　　　Was, _____ gehst schon wieder einkaufen?

Wang Dali:　　Na ja, ich _____ nur Obst und Gemüse.

Hans:　　　　　Ah, gut. Kannst du etwas für mich _____? Ich _____ keine Zeit.

Wang Dali:　　Ja, gern. Was _____ du?

Hans:　　　　　Moment! Ich _____ kein Fleisch, keinen Käse, keine Kartoffeln mehr. Also,

　　　　　　　　_____ du für mich ein Pfund Rindfleisch, ein Kilo Kartoffeln und ein Stück Käse,

　　　　　　　　bitte.

Wang Dali:　　Na gut, sonst noch was?

Hans:　　　　　Einen Augenblick. Ja, ich _____ noch eine Packung Salz.

Wang Dali:　　Ja, alles klar. Bis dann!

Hans:　　　　　_____ _____!

3. Lesen Sie bitte den Text mit Ihrem Nachbarn und achten Sie auf Ihre Aussprache!

Wortschatz I

Lebensmittel

der Kuchen,-

der Reis

der Saft, ⸚ e

die Orange, -n

der Apfel ⸚

die Banane,-n

die Milch

das Bier

der Joghurt

der Wein, -e

der Salat, -e

der Chinakohl

die Kartoffel, -n

die Schokolade

die Butter

die Marmelade,-n

der Blumenkohl

die Tomate, -n

das Ei, -er

das Huhn, ⸚er

der Fisch, -e

das Rindfleisch
das Schweinefleisch
das Lammfleisch

die Nudel, -n

das Brot, -e

das Salz

der Honig

der Zucker

Übungen

1. Ordnen Sie bitte die Lebensmittel den Oberbegriffen zu!

Obst:

Gemüse:

Milchprodukte:

Fleisch / Wurst / Geflügel:

Getränke:

Andere Lebensmittel:

2. Fragen Sie Ihren Partner bitte!

a) Was isst du (nicht) gern?

b) Was trinkst du (nicht) gern?

3. Machen Sie bitte Dialoge!

Beispiel:

* Ich gehe einkaufen. Brauchst du *Getränke*?　　+ Ja. Ich brauche *Saft* und *Mineral-wasser*.

* Brauchst du auch *Fleisch*?　　+ Ja. Ich brauche *Rindfleisch*.

* Brauchst du sonst noch was?　　+ Ja. *Kaffee* und *Eier*.

Wortschatz II

Mengeneinheiten und Mengenangaben

A　Mengeneinheiten

die Flasche　　　　　　　　　　　　　　Er kauft eine Flasche Milch.

die Dose　　　　　　　　　　　　Sie kauft eine Dose Wasser und drei
　　　　　　　　　　　　　　　　Dosen Coca-Cola.

das Glas　　　　　　　　　　　　Wir brauchen ein Glas Honig und zwei
　　　　　　　　　　　　　　　　Glas Marmelade.

die Packung　　　　　　　　　　　Eine Packung Zucker kostet 1 Euro und
　　　　　　　　　　　　　　　　zwei Packungen kosten 2 Euro.

der Beutel　　　　　　　　　　　Ich nehme einen Beutel Äpfel und drei
　　　　　　　　　　　　　　　　Beutel Kartoffeln.

das Stück　　　　　　　　　　　　Ich nehme vier Stück Erdbeerkuchen.

aber:　Ich kaufe einen Kuchen.

　　　　Ich brauche ein Brot.

B　Mengenangaben

das Kilo（kg）　　　　　Ein Kilo hat zwei Pfund.

das Pfund（Pfd）　　　　Ein Pfund hat 500 g（Gramm）.

das Gramm（g）　　　　Ein Kilo hat ＿＿＿＿＿g.

der Liter（l）　　　　　Ein Liter hat 1 000 Milliliter(ml).

　　　　　　　　　　　In der Flasche sind zwei Liter Wasser.

Übung

Ergänzen Sie bitte die Einkaufsliste!

Packung, Dose, Beutel, Stück, Flasche, Glas, Tafel

_____ _____ Saft

_____ _____ Eier

_____ _____ Honig

_____ _____ Tee

_____ _____ Kartoffeln

_____ _____ Marmelade

_____ _____ Fanta

_____ _____ Erdbeeren

_____ _____ Käse

_____ _____ Wassermelone

_____ _____ Schokolade

Wortschatz Ⅲ

Schreibwaren

der Bleistift, -e	der Füller, -	der Kugelschreiber, -	das Papier, -
das Spiralheft, -e	der Locher, -	das Wörterbuch, ..er	der Ordner, -
der Taschenrechner, -	der Korrekturstift, -e	der Marker, -	der Radiergummi, -

Übung

Sie möchten Schreibwaren kaufen. Aber Sie haben keine Zeit. Diktieren Sie Ihrem Nachbarn fünf Schreibwaren!

—

—

—

—

—

Grammatik I

Negation

A   Negation mit *kein*

---

a) **Unbestimmter Artikel**

Beispiele:

* Ist das *ein* Apfel?   + Nein, das ist *kein* Apfel.

* Ist das *ein* Hähnchen?   + Nein, das ist *kein* Hähnchen.

* Ist das *eine* Banane?   + Nein, das ist *keine* Banane.

* Hat er *einen* Apfel?   + Nein, er hat *keinen* Apfel.

* Hat er *ein* Hähnchen?   + Nein, er hat *kein* Hähnchen.

* Hat er *eine* Banane?   + Nein, er hat *keine* Banane.

b) **Nullartikel**

Beispiele:

* Brauchen Sie Kartoffeln?   + Nein, ich brauche *keine* Kartoffeln.

* Haben Sie Geld?   + Nein, ich habe *kein* Geld.

* Trinken Sie Kaffee?   + Nein, ich trinke *keinen* Kaffee.

* Haben Sie Hunger?   + Nein, ich habe *keinen* Hunger.

Übung

Ergänzen Sie bitte *ein-* oder *kein-*, wenn notwendig!

a) * Haben Sie _____ Chinakohl?   + Nein, ich habe _____ Chinakohl.

b) * Isst du _____ Nudeln?   + Nein, ich esse _____ Nudeln.

c) * Hast du _____ Zeit?   + Ja, aber _____ Lust.

d) * Was ist das?   + Das ist _____ Kaffee.

e) * Wie komme ich in die Stadt?   + Nehmen Sie _____ Taxi!

f) * Haben Sie noch _____ Fragen?   + Ja, ich habe _____ Frage.

g) Ich habe _____ Haus, _____ Auto und _____ Geld, aber _____ Frau und _____ Kinder.

B   Negation mit *nicht*

---

a) * Trinkt er?   + Nein, er trinkt *nicht*.

b) * Kaufen wir das Brot?   + Nein, wir kaufen das Brot *nicht*.

c) * Ist das dein Glas?   + Nein, das ist *nicht* mein Glas.

d) * Sind Sie hungrig?   + Nein, ich bin *nicht* hungrig.

e) * Kommen die Erdbeeren aus Italien? + Nein, sie kommen *nicht* aus Italien.

f) * Haben Sie viel Zeit?   + Nein, wir haben *nicht* viel Zeit.

Übungen

1. Antworten Sie bitte mit *Nein*!

a) *   Haben Sie *Tomaten*?

    +   Nein, ich habe keine *Tomaten*.

       (Kartoffeln, Orangen, Äpfel, Bananen, Erdbeeren)

b) *   Haben Sie *Geld*?

    +   Nein, _____.

       (Zeit, Durst, Hunger)

c) *   Brauchen Sie *Kaffee*?

    +   Nein, _____.

       (Tee, Cola, Bier, Wasser, Milch)

d) *   Hat er *eine Freundin*?

    +   Nein, _____.

       (Bruder, Schwester, Kind, Tante, Onkel)

e) *   Ist das *ein Brief*?

    +   Nein, _____.

       (Zeitung, Heft, Tasche, Koffer, Fahrrad)

f) *   Sind Sie *Lehrer*?

    +   Nein, _____.

       (Chemiker/in, Physiker/in, Student/in, Arbeiter/in)

g) *   *Liest* er?

    +   Nein, er *liest* nicht.

       (studieren, arbeiten, das Buch kaufen, das Taxi nehmen, nach Beijing fahren, aus Shanghai kommen, hungrig sein, durstig sein, viel Geld haben, viel Zeit haben, den Bus nehmen)

2. Verneinen Sie bitte die Sätze!

Beispiele: * Hat er einen Pass?   + Nein, er hat keinen Pass.

            * Kommt sie heute?   + Nein, sie kommt heute nicht.

a) Haben Sie Kinder?   b) Kaufst du ein Auto?

c) Gehen wir heute auf den Markt?   d) Braucht er Fisch?

e) Sind Sie Herr Maier?   f) Machen Sie Hausaufgaben?

3. Ergänzen Sie bitte *kein* oder *nicht*!

a) * Arbeitet er?

    + Nein, er arbeitet _____.

    * Aber er studiert?

    + Nein, er studiert auch _____.

* Dann lernt er einen Beruf?

+ Nein, er lernt _____ Beruf.

* Aber dann hat er _____ Geld.

+ Richtig, aber er braucht _____Geld.

* Das verstehe ich _____ .

+ Ich auch _____ .

b) * Brauchst du Milch und Brot?

  + Nein, ich brauche _____ Milch und _____ Brot.

c) * Hast du Hunger?

  + Nein, ich habe _____ Hunger, aber Durst.

d) * Trinken Sie Tee?

  + Nein, ich trinke _____ Tee. Haben Sie Wasser?

  * Oh, Entschuldigung, leider habe ich _____ Wasser, aber Cola.

e) * Essen Sie bitte!

  + Danke, ich bin _____ hungrig.

f) Ihr habt fünf Kinder. Wir haben noch _____ Kind.

g) Wir haben heute Unterricht. Ihr habt heute aber _____ Unterricht.

h) Sie braucht immer viel Geld. Aber sie hat _____ Geld.

4. Warum?

* Mama, warum habe ich _____ Schwester?

+ Mama und Papa haben _____Geld.

* Ihr habt _____ Geld?

+ Wir haben _____ viel Geld.

* Warum habt ihr _____ viel Geld?

+ Mama arbeitet _____ .

* Warum arbeitest du _____ ?

+ Ich finde _____ Arbeit.

* Warum findest du _____ Arbeit?

+ Jetzt ist Schluss! Ich habe _____ Zeit mehr.

* Warum hast du _____ Zeit mehr?

  Du arbeitest doch _____ .

5. kein-... mehr / nicht mehr

Beispiele: * Haben Sie *noch* Geld?   + Nein, ich habe *kein* Geld *mehr*.

       Mein Vater ist schon alt. Er arbeitet *nicht mehr*.

a) Der Kaffee ist kalt, ich trinke ihn _____ .

b) Hast du noch Eier? Ich habe _____ Eier _____ .

c) Peter arbeitet _____ in der Schule.

d) * Essen Sie noch ein Stück Kuchen?

   + Nein danke, ich esse _____ Stück Kuchen _____ .

e) Die Familie hat schon ein Auto. Sie braucht _____ Auto _____ .

f) * Hast du noch Zeit?   + Nein, ich habe _____ Zeit _____ .

g) * Haben Sie noch Brot?

   + Nein, leider haben wir _____ Brot _____ .

6. Bilden Sie bitte zu zweit einen Dialog: Eine Vorbereitung auf eine Party!

* Wir machen morgen eine Party.
  Was brauchen wir?

                              + Haben wir Coca-Cola?

* Nein. Wir brauchen zwölf...

                              + Haben wir Kaffee?

* Nein. Wir brauchen eine...

                              + Haben wir...?

* Nein. Wir brauchen...

                              + Haben wir...?

* Oh ja,... haben wir.

Hören

Text B

1. Hören Sie den Text bitte einmal und beantworten Sie die Frage!

Was macht Frau Li? Kreuzen Sie bitte an!

☐ Einkaufen

☐ Chinesisch lernen

☐ Kim besuchen

2. Hören Sie bitte den Text zum zweiten Mal und beantworten Sie die Fragen!

a) Wo kauft Kim Lebensmittel?

b) Was bekommt er dort nicht?

c) Wo bekommt er ihn?

Hören und Lesen

Text C   Im Supermarkt

1. Hören Sie bitte den Text und beantworten Sie die Fragen!

a) Was kauft Wang Dali?

b) Worüber sprechen die Mutter und ihre Tochter?

2. Hören Sie bitte den Text noch einmal und fügen Sie die fehlenden Wörter ein!

Wang Dali will einkaufen. Er braucht _____ . Er schreibt einen Zettel:

Im Supermarkt _____ Wang Dali ein Brot, zwei _____ Milch und zwei

_____ Bier, fünf Bananen, einen Fisch und einen Chinakohl. Er geht zur

Kasse und _____ . Da _____ eine Frau und ihre Tochter. Die Tochter ist

vier oder fünf Jahre alt.

Brot
Milch
Bier
Chinakohl
Fisch
Bananen

Tochter: Mama, ich will _____ haben.

Mutter: Wir _____ nicht „ ich will ". Wir _____ „ ich möchte
Schokolade haben".

Tochter: Warum?

Mutter: „ Ich will" _____ unhöflich.

Tochter: Aber ich möchte sehr, sehr gern Schokolade haben. Also _____ ich „ ich will".

Mutter: Nein, du _____ „ich will", aber du _____ „ich möchte".

Tochter: Also gut, _____ möchte sehr, sehr gern Schokolade haben.

Jetzt _____ Wang Dali an der Reihe. Er _____ 6 Euro.

3. Lesen Sie bitte den Text mit Ihrem Nachbarn und achten Sie auf Ihre Aussprache!

Grammatik Ⅱ

Modalverben

A Konjugation der Modalverben *möchten* und *wollen*

	möchten	wollen
ich	*möchte*	*will*
du	möchtest	willst
er sie es	*möchte*	*will*
wir	möchten	wollen
ihr	möchtet	wollt
sie	möchten	wollen
Sie	möchten	wollen

B Verbstellung mit *möchten* und *wollen*

im Aussagesatz

Ⅰ	Ⅱ	Ⅲ...	Ende
Stefan	**möchte**	Bier	*kaufen.*
Ich	**will**	Schokolade	*essen.*

im Fragesatz

Ⅰ	Ⅱ	Ⅲ...	Ende	Antwort
∗ Was	**möchte**	Monika	trinken?	+ Sie **möchte** Kaffee trinken.
∗ **Möchte**	Monika	Tee	trinken?	+ Nein. Sie **möchte** Kaffee trinken.
∗ Was	**will**	die Tochter	essen?	+ Sie **will** Schokolade essen.
∗ **Will**	die Tochter	Schokolade	essen?	+ Ja./Nein.

C Gebrauch der Modalverben „möchten und wollen"

möchten (*Wunsch, Plan, Absicht — höflicher Ausdruck*)

Ich möchte bitte ein Kilo Kartoffeln.

Ich möchte ihn morgen besuchen.

wollen (*starker Wunsch, Plan, Absicht*)

Ich will jetzt keine Hausaufgaben machen.

Ich will in Deutschland Physik studieren.

Übungen

1. Sprechen Sie bitte zu zweit!

Beispiel: * Was möchten Sie trinken/essen? + Ich möchte/will ein Glas Bier trinken...

die Wassermelone,- n   der Kaffee   die Erdbeere, - n   die Wurst, - e

das Mineralwasser   der Käse   der Tee   die Coca – Cola

2. Üben Sie bitte zu zweit!

Beispiel: auf den Markt gehen   Geld

    * Möchtest du heute *auf den Markt gehen*?

    + Ich möchte sehr gern *auf den Markt gehen*, aber ich habe *kein Geld*.

a) in die Stadt fahren   Auto

b) zur Großmutter gehen   Zeit

c) nach Beijing fahren   Fahrkarte

d) deinen Bruder besuchen   Zeit

e) nach Deutschland fliegen   Pass

f) zum Unterricht gehen   krank sein

3. Bilden Sie bitte Sätze!

a) will / fahren / sie / nach Deutschland

_____ .

b) seine / Michael / besuchen / Mutter / möchte

_____ .

c) studieren / was / möchten / Sie

_____ ?

d) das Kind / Hausaufgaben / machen / will

_____ .

e) du / morgen / möchtest / Bücher / kaufen

_____ ?

D Konjugation der Modalverben „*müssen, dürfen, können, sollen*"

	müssen	**dürfen**	**können**	**sollen**
ich	**muss**	**darf**	**kann**	**soll**
du	musst	darfst	kannst	sollst
er sie es	**muss**	**darf**	**kann**	**soll**
wir	müssen	dürfen	können	sollen
ihr	müsst	dürft	könnt	sollt
sie	müssen	dürfen	können	sollen
Sie	müssen	dürfen	können	sollen

E Gebrauch der Modalverben „müssen, dürfen, können, sollen"

***müssen* (*Pflicht, Befehl, Notwendigkeit*)**

a) Mit 6 Jahren *müssen* alle Kinder zur Schule gehen.

b) Herr Müller sagt: „Sie *müssen* die Modalverben lernen."

c) Hans ist krank. Er *muss* zu Hause bleiben.

***dürfen* (*Erlaubnis, Verbot, höfliche Frage*)**

Man darf hier parken.

Hier dürfen Sie nicht rauchen.

∗ *Darf* ich im Bus rauchen?   + Nein, Sie *dürfen* nicht rauchen.

***können* (*Fähigkeit, Möglichkeit, Erlaubnis*)**

a) Meine Tochter ist 3 Jahre alt. Sie *kann* laufen. Aber sie *kann* nicht schreiben.

   Frau Müller ist Deutsche. Sie *kann* nicht Chinesisch sprechen.

b) ∗ *Können* Sie mich morgen besuchen?

   + Nein, ich *kann* Sie morgen nicht besuchen. Ich habe keine Zeit.

c) ∗ *Kann* ich hier schwimmen?   + Ja, Sie *können* hier schwimmen.

                                   + Nein, Sie dürfen hier nicht schwimmen.

***sollen* (*Weitergabe einer Information, Auftrag von einer anderen Person , Bitte um einen Rat , moralische Verpflichtung*)**

a) *Arzthelferin*: Sie *sollen* viel Obst essen und viel Wasser trinken. Das hat der Arzt gesagt.

b) Die Sekretärin soll Kaffee machen.

c) ∗ Kannst du mich morgen besuchen?

   + Ja. Wann *soll* ich kommen?

   ∗ Um drei.

d) Man soll Rücksicht auf andere Menschen nehmen.

Übungen

1. Bitte setzen Sie das passende Modalverb ein!

(müssen, dürfen, sollen, können)

a) * Bleiben Sie doch noch!

   + Ich _____ leider nicht bleiben. Ich _____ um acht Uhr zu Hause sein.

b) * _____ du morgen kommen?

   + Morgen? Wann _____ ich denn kommen?

c) * Hans, du _____ deine Hausaufgaben machen. Du _____ nicht spielen.

   + Ich _____ die Hausaufgaben nicht machen. Ich verstehe sie nicht.

d) * Wir fahren in die Stadt. Kommst du mit?

   + Nein. Ich _____ nicht in die Stadt fahren. Ich _____ zur Arbeit gehen.

e) * Susi sucht dich. Du _____ sie anrufen.

   + Was ist denn los?

2. Bitte setzen Sie das passende Modalverb ein!

a) * Was _____ du trinken?
   + Kaffee, bitte.

b) * _____ du koreanisch kochen?
   + Nein, nur chinesisch.

c) * Was machst du am Freitag?   + Ich _____ arbeiten.

d) * Im Klassenzimmer _____ Sie nicht rauchen.
   + Oh, entschuldigen Sie.

e) * Professor Fischer _____ Sie sprechen. Sie _____ zu ihm kommen.
   + Gut.

f) * Was _____ du studieren?   + Physik.

   * _____ du Lehrer werden?

   + Nein, Physiker.

g) * Du _____ zu Hause bleiben.

   + Warum _____ ich nicht in den Park gehen?

h) * Maria arbeitet jetzt in Paris.

   + _____ sie Französisch sprechen?

   * Nicht gut. Sie _____ einen Französischkurs besuchen.

i) * Hans! Was sagt der Arzt immer!? Du _____ nicht so viel rauchen und _____ nicht so viel Bier trinken.

   + Ja, ja. Das sind die letzte Zigarette und das letzte Bier.

j) * Unser Hänschen _____ nicht in die Schule gehen. Er _____ immer spielen. Aber er _____ in die Schule gehen. Er _____ nicht zu Hause bleiben und spielen.

   + Wie unser Martin.

k) * Herr Sender ist krank. Er _____ nicht arbeiten. Er _____ Medizin nehmen und _____ viel schlafen.

   + Ich _____ ihn morgen besuchen.

3. Bilden Sie bitte Sätze!

Klaus ich   die Studenten   du Sie Ute
und Otto   ihr   das Kind Wang Dali
wir   Frau Wagemann

möchten
müssen   wollen
können
sollen   dürfen

nach Hause fahren	kochen	Deutsch lernen
einen Freund einladen	rauchen	Eis essen
meine Schwester besuchen	Kaffee trinken	Radio hören
einkaufen	Grammatik	wiederholen
im Bett bleiben	lesen	nach Deutschland fahren
Obst essen	Französisch lernen	studieren
ein Fahrrad kaufen	schlafen	singen

Wortschatz IV

A   Zahlen 13—99

Sprechen Sie bitte nach!

13—19		20—90		21—99	
13	dreizehn	20	zwanzig	21	einundzwanzig
14	vierzehn	30	dreißig	32	zweiunddreißig
15	fünfzehn	40	vierzig	44	vierundvierzig
16	**sechzehn**	50	fünfzig	57	siebenundfünfzig
17	**siebzehn**	60	**sechzig**	65	fünfundsechzig
18	achtzehn	70	**siebzig**	73	dreiundsiebzig
19	neunzehn	80	achtzig	78	achtundsiebzig
		90	neunzig	96	sechsundneunzig
				99	**neunundneunzig**

Übungen

1. Bitte lesen Sie!

a) 4   b) 19   c) 53   d) 10   e) 14   f) 86

g) 33   h) 41   i) 50   j) 27   k) 91   l) 75

m) 68   n) 11   o) 54   p) 16   q) 99   r) 47

s) 48   t) 0   u) 1   v) 79

2. Hören und schreiben Sie bitte die Zahlen!

a) _____   b) _____   c) _____   d) _____   e) _____

f) _____   g) _____   h) _____   i) _____

3. Lesen Sie bitte die Telefonnummern!

Beispiel 1: Wang Dali   Tel. : 65981130

Man spricht: fünfundsechzig, achtundneunzig, elf, dreißig

a) Wolfgang Lange   Tel: 74562210

b) Liu Yong   Tel: 62753794

c) Wang Yuanyuan   Tel: 65953513

d) Michael Ullrich   Tel: 67408816

e) Alex Schneider   Tel: 4326771

f) Lang Lang   Tel: 5896407

B   Zahlen 100—1 000 000 000

100, 200,... , 900					
100	(*ein*)hundert	200	zweihundert	300	dreihundert
400	vierhundert	500	fünfhundert	600	sechshundert
700	siebenhundert	800	achthundert	900	neunhundert
101—999					
101	(*ein*)hundert*eins*		299	zweihundertneunundneunzig	
307	dreihundertsieben		412	vierhundertzwölf	
534	fünfhundertvierunddreißig		619	sechshundertneunzehn	
705	siebenhundertfünf		825	achthundertfünfundzwanzig	
901	neunhunderteins				
1 000—1 000 000 000					
1 000	(*ein*)tausend				
1 001	(*ein*)tausend*eins*				

1 000—1 000 000 000	
3 022	dreitausendzweiundzwanzig
5 121	fünftausendeinhunderteinundzwanzig
7 415	siebentausendvierhundertfünfzehn
10 000	zehntausend
20 084	zwanzigtausendvierundachtzig
43 005	dreiundvierzigtausendfünf
95 712	fünfundneunzigtausendsiebenhundertzwölf
100 000	(*ein*)hunderttausend
100 007	(*ein*)hunderttausendsieben
200 433	zweihunderttausendvierhundertdreiunddreißig
307 000	dreihundertsiebentausend
434 010	vierhundertvierunddreißigtausendzehn
1 Mio. (1 000 000)	*eine* Million
1,5 Mio. (1 500 000)	*eins* Komma fünf Millionen
1 Mrd. (1 000 000 000)	*eine* Milliarde
4,9 Mrd. (4 900 000 000)	vier Komma neun Milliarden

Übungen

1. Hören und schreiben Sie bitte die Zahlen!

a)   b)   c)   d)   e)   f)   g)

h)   i)   j)   k)   l)   m)   n)

2. Rechnen Sie bitte!

Man schreibt: $16 + 6 = 22$

Man spricht: Sechzehn plus sechs *ist*
                  gleich zweiundzwanzig.

Beispiel:

* ✻ Wie viel ist sechzehn plus sechs?
* + Sechzehn plus sechs *ist gleich*
    zweiundzwanzig.

+ plus	− minus
• mal	: durch
= ist (gleich)	

a) $1\,001 + 5\,438 =$　　　　　　b) $56\,500 - 1\,300 =$

c) $46 \cdot 3 =$　　　　　　　　　d) $333 : 3 =$

e) $7\,822 - 2\,178 =$　　　　　　f) $6\,349 + 644 =$

g) $5\,500 \cdot 2 =$　　　　　　　h) $625 : 5 =$

i) $4\,208 - 808 =$　　　　　　　j) $1\,956 + 204 =$

3. Lesen und beantworten Sie bitte die Fragen! *Wie viel?　Wie viele?*

Beispiele:

∗　*Wie viel* Milch brauchst du?

+　Nur eine Flasche.

∗　*Wie viele* Kinder hast du?

+　Ich habe ein Kind, eine Tochter.

a) Wie viele Studenten sind in Ihrer Klasse?

b) Wie viele Personen hat Ihre Familie?

c) Wie viele Studenten hat Ihre Universität?

d) Wie viele Übungen machen Sie heute?

e) Wie viele Bilder sind im Klassenzimmer?

f) Wie viel Geld haben Sie in der Tasche?

g) Wie viele Menschen leben in China? Und in Deutschland?

h) Wie viele Menschen leben in Shanghai? Und in Hamburg?

i) Wie viele Menschen leben in Beijing? Und in Berlin?

j) Wie viele Menschen leben in Hangzhou? Und in Bonn?

Wortschatz V

A Das Geld

Geldscheine

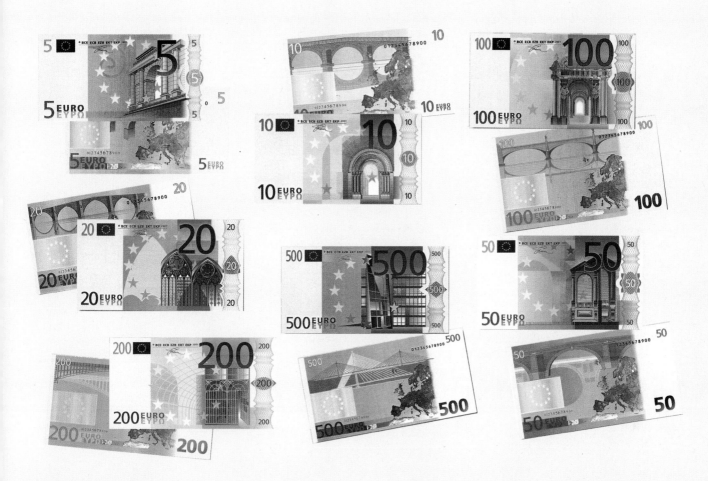

Geldstücke/Münzen

B Preise

Lesen Sie bitte die Preise!

a)	1	Euro(€)	ein Euro (= 100 Cent)
b)	4,30	Euro(€)	vier Euro dreißig (Cent)
c)	0,70	Euro(€)	siebzig Cent
d)	12,99	Euro(€)	zwölf Euro neunundneunzig (Cent)
e)	658,09	Euro(€)	sechshundertachtundfünfzig Euro neun (Cent)

Übungen

1. Lesen Sie bitte die Zeitungsanzeige!

Brot, Stück	1,80		Tomaten, Kilo	2,66
Butter, Packung	1,39		Blumenkohl, Stück	2,09
Käse, 100 g	–,99		Kartoffeln, Beutel	2,29
Joghurt, Glas	–,49		Huhn, Stück	4,19
Bier, Dose	0,39		Schweinefleisch, Pfd.	2,98
Saft, Flasche	1,69		Eier, 6 er Packung	1,18

2. Lesen Sie die Fragen und beantworten Sie sie!

a) Wie viel kostet ein Beutel Kartoffeln?

b) Wie viel kosten 250 g Schweinefleisch?

c) Wie viel kosten drei Flaschen Saft?

d) Wie viel kosten 300 g Käse?

e) Wie viel kosten 12 Eier?

f) Was kostet ein Pfund Tomaten?

3. Hören und ergänzen Sie bitte die Preise!

a) Drei Marker kosten _____ Euro.

b) Ein Locher kostet _____ Euro.

c) Ein Taschenrechner kostet _____ Euro.

d) 10 Hefte kosten _____ Euro.

e) Ein Füller kostet _____ Euro.

f) Fünf Kugelschreiber kosten _____ Euro.

Hören

1. Hören Sie bitte den Text einmal!

Was kauft Wang Dali? Kreuzen Sie bitte an!

☐ Gemüse

☐ Fisch

☐ Obst

☐ Fleisch

☐ Getränke

2. Hören Sie bitte den Text noch einmal und beantworten Sie die Frage!

Wie viel bezahlt er bei der Gemüsefrau?

Lesen

Text E

1. Lesen Sie bitte den Text in 5 Minuten und finden Sie eine Überschrift!

_____

In Deutschland kaufen viele Familien im Supermarkt. Nach der Arbeit fahren sie mit dem Auto zum Supermarkt. Sie kaufen zum Beispiel Nahrungsmittel, wie Brot, Butter, Fleisch, Käse, Obst und Gemüse oder Getränke, z. B. Milch, Wasser, Saft und Bier.

Die meisten Menschen kaufen gern im Supermarkt, denn es ist oft billig. Der Supermarkt hat am Wochenende oft billige Angebote. Beim Fleischer, im Tante-Emma-Laden oder auf dem Markt ist es oft teuer. Aber die Lebensmittel sind immer frisch.

2. Lesen Sie bitte den Text genau und beantworten Sie die Fragen!

a) Was kaufen die Leute im Supermarkt?

b) Welchen Vorteil und welchen Nachteil hat der Supermarkt?

Hören

Text F   Eine Durchsage

1. Hören Sie bitte den Text einmal und beantworten Sie die Frage!

Wo spielt der Hörtext?

2. Hören Sie bitte den Text noch einmal und ergänzen Sie die Tabelle!

Produkte	Menge	Preis
Rindfleisch	100 g	
Blumenkohl aus Frankreich		
Wein „Süffig"		
Bier „Hopfenbräu"		
Kinderschokolade		

Sprechen

1. Lesen Sie bitte die Angebote!

Angebote aus Ihrem Supermarkt

milchfrisch		marktfrisch		preiswert	
Goldblume Frischmilch 3,5% Fett 1-Liter-Packung	0,49 €	Deutsche Speisekartoffeln 1,5 kg-Beutel	1,49 €	Zucker 1 kg-Packung	1,79 €
Bauer Fruchtjoghurt 3,5/5% Fett versch. Sorten, jeder 250/200-g-Becher	0,49 €	Holland Cocktail-Tomaten 1 kg	5,96 €	Ritter-Sport Schokolade versch. Sorten, jede 100-g-Tafel	0,55 €
		Holländische/ Französische Gurken Stück	0,49 €	Nimm 2 Bonbons 400 g Packung	1,95 €
Butter 250 g-Packung	1,69 €	Blumenkohl Stück	1,15 €	Jacobs Kaffee Flasche	5,89 €
Oldenburger Butterkäse Scheiben, 45%Fett 200 g PK	1,89 €	Salat Stück	0,89 €	Milchreis 500 g	0,48 €
		Neuseeländische Zwiebeln 1,5 kg Netz	1,49 €		
frisch		Getränke		Fleisch	
Orangen 2 kg-Beutel	3,79 €	Wodka Gorbatschow 0,7-Liter-Flasche	5,99 €	Rindergulasch 1 kg	4,49 €
Wassermelone Stück	5,-€	Hardthof Orangensaft 5×0,25 1 Packung	1,25 €	Frische Dicke Rippe vom Schwein 1 kg	2,79 €
Frz. Tafeläpfel „Pink Lady" 1 kg	1,59 €	Pils Bier 24×0,33/20×0,51, je Kasten	9,99 €	Schinkenwurst 75 g Packung	0,99 €
Bananen 1 kg	1,19 €				

2. Bilden Sie bitte zu zweit Dialoge mit Hilfe von „Angebote aus Ihrem Supermarkt"!

∗ Was kostet *ein 1,5kg-Beutel deutsche Speisekartoffeln*? / Was kosten 1,5kg *Kartoffeln*?

+ ... Euro... .

* Das ist aber teuer / billig. Und was kostet / kosten... ?

\+ ... Euro... Sonderangebot.

* Das ist teuer / billig.

3. Bilden Sie bitte zu zweit Dialoge auf dem Markt!

* Ich möchte... .   Was kostet / kosten... ?   \+ ... Euro... .

* Ist / Sind... frisch?   \+ Aber natürlich.

* Gut, dann nehme ich... .

* Und noch... bitte. Wie viel kostet / kosten... ?   \+ ... Euro. Sonst noch was?

* Augenblick/Moment bitte. Haben Sie

hier... ?   \+ Nein, ...

* Na gut, das ist alles.   \+ Das macht... .

* ... bitte.

4. Situative Fragen

a) Sie sind im Supermarkt. Sie möchten Zwiebeln kaufen, finden sie aber nicht.

b) Sie möchten einen Taschenrechner kaufen. Sie fragen nach dem Preis.

c) Sie möchten eine Party machen. Was sollen Sie kaufen? Sie fragen Ihren Freund.

Phonetische Übung   I

Hören und sprechen Sie bitte nach!

● [iː] — [i]; [yː] — [y]

vier – vierzehn – vierzig – vierundvierzig – vierhundertvierzig

fünf – fünfzehn – fünfzig – fünfundfünfzig – vierundfünfzig

Miller – Müller   ihnen – innen   Liter – Liste   Milch – München

üben – üppig   Stück – Geflügel   müssen – Gemüse

● [ø:] — [œ];[o:] — [ø:];[ɔ] — [œ]

Öl – öffnen	hören – Hölle	möchten – mögen	schön – können
Ofen – Öfen	schon – schön	können – konnte	möchte – mochte

Phonetische Übung Ⅱ

Hören und sprechen Sie bitte nach!

a) Sie gehen auf den Fischmarkt.

   Wang Dali geht auf den Wochenmarkt.

   Er geht auf den Flohmarkt.

   Wir gehen auf den Blumenmarkt.

b) Kannst du etwas für mich kaufen?

   Kannst du etwas für sie machen?

   Kannst du etwas für uns tragen?

   Kannst du etwas für Hans holen?

c) Was, du gehst schon wieder einkaufen?

   Was, du isst keinen Käse?

   Was, du brauchst noch eine Packung Salz?

d) Ich möchte sehr gern Schokolade essen.

   Sie möchten sehr gern Cola trinken.

   Wir möchten sehr gern Bananen kaufen.

   Susi möchte sehr gern einkaufen gehen.

e) Möchte er ein Brot mit Butter essen?

   Möchten Sie Cola trinken?

   Möchtest du Bananen kaufen?

   Möchte Susi einkaufen gehen?

f) Was möchten Sie trinken, Cola oder Fanta?

   Wo möchtet ihr wohnen?

   Wie viele Eier möchte Susi kaufen?

   Warum möchte Adam mit Eva tanzen?

g) Herzlich willkommen in unserem Supermarkt ,,Alles Gut"!

   Herzliche Gratulation zu deinem Geburtstag!

   Herzliche Grüße an Maria!

   Herzlichen Glückwunsch zu Ihrer Hochzeit!

h) Wie wär's mit dem Rotwein aus Spanien?

   Wie wär's mit dem Käse aus Holland?

   Wie wär's mit dem Jasmintee aus China?

   Wie wär's mit dem Hopfenbräu aus München?

   Wie wär's mit der Pizza aus Italien?

Phonetische Übung Ⅲ

Hören und sprechen Sie bitte nach!

a) * Du, ich mache morgen eine Prüfung.

+ Na, dann wünsche ich dir viel Erfolg!

* Danke schön.

b) * Hallo, Wang Dali, wohin fährst du jetzt?

+ Ich fahre jetzt nach Frankfurt.

* Dann wünsche ich dir eine schöne Reise!

+ Vielen Dank.

c) * Hi, Maria, wohin gehst du jetzt?

+ Hi, Susi, ich gehe jetzt einkaufen.

* Na, dann wünsche ich dir einen angenehmen Einkauf.

+ Danke schön!

d) * Guten Morgen, Herr Peters. Was ist denn los mit Ihnen?

+ Ich bin erkältet und muss zu Hause bleiben.

* Dann wünsche ich Ihnen gute Besserung!

+ Vielen Dank.

e) * Herr Li, ich fahre morgen nach Deutschland.

+ Herzliche Gratulation! Dann wünsche ich Ihnen alles Gute!

* Danke!

f) * Morgen ist Gottseidank wieder Samstag.

+ Ja, ich wünsche dir ein schönes Wochenende!

* Danke, ebenfalls!

+ Danke.

Zitate

Wer Geld hat, kann sich vom
Teufel bedienen lassen.

Aus Japan

Wer Geld hat, ist ein Drache,
wer keines hat, ein Wurm.

Aus China

Lektion 5
Termine

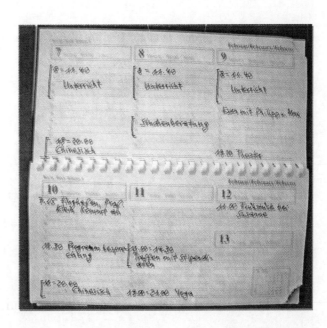

Hören und Lesen

Text A　Eine Verabredung

1.　Hören Sie bitte den Text und beantworten Sie die Fragen!

a) Warum hat Sabine keine Zeit?

b) Wann hat Sabine Zeit?

2.　Hören Sie bitte den Text noch einmal und fügen Sie die fehlenden Wörter ein!

Wang Dali:	Hallo Sabine!
Sabine:	Hallo Wang Dali!
Wang Dali:	_____ geht's?
Sabine:	Danke _____. Und dir?
Wang Dali:	_____ gut. Trinken _____ eine Tasse Kaffee zusammen?
Sabine:	Entschuldige, Wang Dali, ich habe leider keine _____. Ich muss zu Professor
	Müller _____. Wir müssen meine Hausarbeit _____.
Wang Dali:	Ach so. Weißt du, ich habe eine _____.
Sabine:	_____ gibt's denn?
Wang Dali:	Ich habe ein _____. Wann hast du ein bisschen Zeit?

Sabine:	Heute geht es nicht. Geht es morgen um _____?
Wang Dali:	Morgen um _____? Ja, da kann ich _____.
Sabine:	Gut, dann bis morgen, hier _____ Unicafé.

3. Lesen Sie bitte den Text mit Ihrem Nachbarn und achten Sie auf Ihre Aussprache!

Wortschatz Ⅰ

A   Uhrzeiten (offiziell und inoffiziell)

* *Wie viel Uhr ist es?*	+ Es ist drei Uhr.
* *Wie spät ist es?*	+ Es ist fünfzehn Uhr.
	+ Es ist drei.

	offizielle Uhrzeit	*inoffizielle Uhrzeit*
1:00	Es ist ein Uhr.	Es ist eins.
10:00	Es ist zehn Uhr.	Es ist zehn.
14:00	Es ist vierzehn Uhr.	Es ist zwei.
20:00	Es ist zwanzig Uhr.	Es ist acht.
	_____	
8:30	Es ist acht Uhr dreißig.	Es ist **halb** neun.
6:30	Es ist sechs Uhr dreißig.	Es ist **halb** sieben.
18:30	Es ist achtzehn Uhr dreißig.	Es ist **halb** sieben.

Übung

Bitte üben Sie die offiziellen und inoffiziellen Uhrzeiten!

a)   b)   c)   d)

e)   f)   g)   h)

i)   j)   k)   l)

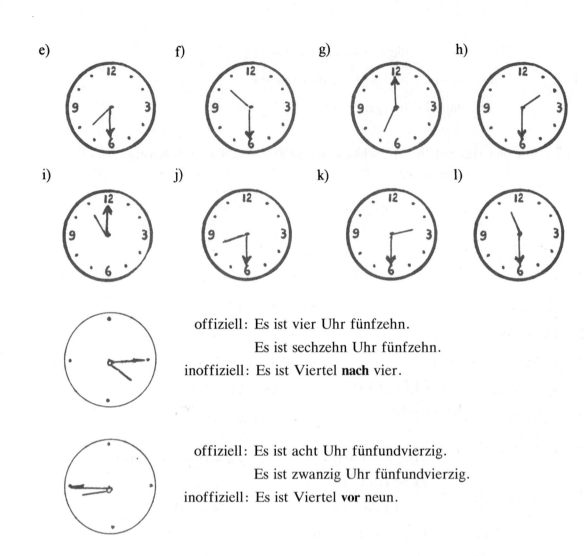

offiziell: Es ist vier Uhr fünfzehn.
Es ist sechzehn Uhr fünfzehn.
inoffiziell: Es ist Viertel **nach** vier.

offiziell: Es ist acht Uhr fünfundvierzig.
Es ist zwanzig Uhr fünfundvierzig.
inoffiziell: Es ist Viertel **vor** neun.

Übung

Bitte üben Sie die offiziellen und inoffiziellen Uhrzeiten!

a) `11:45`   b) `4:15`   c) `19:45`   d) `6:15`   e) `17:45`   f) `3:45`   g) `21:15`

h)   i)   j)   k)

l)   m)   n)   o)

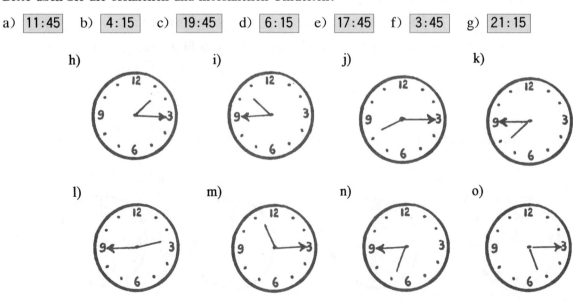

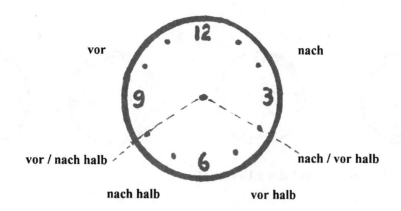

	vor	nach	
vor / nach halb			nach / vor halb
nach halb			vor halb

	offizielle Uhrzeit	*inoffizielle Uhrzeit*
20:01	Es ist zwanzig Uhr eins.	Es ist eins nach acht.
8:08	Es ist acht Uhr acht.	Es ist acht nach acht.
5:50	Es ist fünf Uhr fünfzig.	Es ist zehn vor sechs.
10:23	Es ist zehn Uhr dreiundzwanzig.	Es ist sieben **vor halb** elf.
16:35	Es ist sechzehn Uhr fünfunddreißig.	Es ist fünf **nach halb** fünf.
17:43	Es ist siebzehn Uhr dreiundvierzig.	Es ist siebzehn vor sechs.
23:40	Es ist dreiundzwanzig Uhr vierzig.	Es ist zwanzig vor zwölf.
		oder: Es ist zehn **nach halb** zwölf.
1:20	Es ist ein Uhr zwanzig.	Es ist zwanzig nach eins.
		oder: Es ist zehn **vor halb** zwei.

Übung

1. Üben Sie bitte die offiziellen und inoffiziellen Uhrzeiten!

a) 8:19　b) 9:25　c) 3:58　d) 6:31　e) 0:04　f) 17:35　g) 14:14

h)　　　　　　i)　　　　　　j)　　　　　　k)

l)　　　　　　m)　　　　　　n)　　　　　　o)

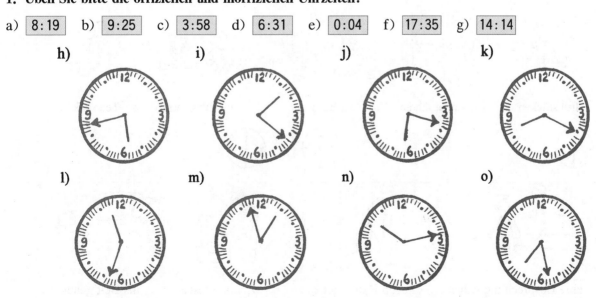

p)   q)   r)   s)

2. Lesen Sie bitte die Uhrzeiten (inoffizielle Uhrzeit)!

a) 9.17   b) 10.40   c) 3.25   d) 2.33   e) 5.53

f) 1.00   g) 0.00   h) 11.14   i) 19.06   j) 12.55

k) 23.20   l) 17.01   m) 17.38   n) 18.05

3. Hören und schreiben Sie bitte (offizielle Uhrzeit)!

a)   b)   c)   d)   e)   f)   g)

h)   i)   j)   k)   l)   m)   n)

B   Uhrzeitangabe

* **Wann** geht Kai zum Unterricht?   + **Um** halb acht.

* **Um wie viel Uhr** geht Lea ins Büro?   + **Um** zehn nach sieben.

1. Wann macht Bernd was? Fragen und antworten Sie bitte!

frühstücken   zur Arbeit fahren   im Büro sein   zu Mittag essen   Tee trinken

eine Besprechung haben   nach Hause gehen   Zeitung lesen   ins Bett gehen

2. Sprechen Sie bitte über den Zeitplan von Zheng Hua!

Montag	
7.50	zum Unterricht gehen
8.10	Lesetext wiederholen
8.25	Hörübung machen
8.45	Sprechübung machen
9.15	Grammatikregeln lernen
9.40	Pause machen
10.00	Dialoge machen
10.35	eine Schreibübung machen
11.00	einen Test schreiben
11.45	nach Hause gehen

Grammatik

Imperativ in Befehl, Aufforderung, Bitte und Vorschlag

A Imperativ (formell)

Herr Pöppelmann sagt zu Wang Dali: ,, **Kommen Sie** bitte herein!"

Frau Maus sagt zu den Studenten: ,, **Bilden Sie** bitte einen Satz!"

Aussagesatz			Imperativ		
I	II	III	I	II	III
Sie	kommen	nicht.	Kommen	Sie	!
Sie	arbeiten	nicht fleißig.	Arbeiten	Sie	fleißig!
Sie	sehen	nicht.	Sehen	Sie	mal!
Sie	fahren	zu schnell.	Fahren	Sie	bitte nicht zu schnell!
Sie	haben	keine Geduld.	Haben	Sie	doch Geduld!
Sie	werden	nicht Lehrer.	Werden	Sie	doch Lehrer!
Sie	sind	nicht ruhig.	*Seien*	Sie	bitte ruhig!

Vergleichen Sie bitte Aussage- und Imperativsatz!

Übung

Formulieren Sie bitte Anweisungen!

Was sagt Ihr Deutschlehrer oft im Unterricht?

a) das Buch öffnen

　　Beispiel：Öffnen Sie bitte das Buch!

b) den Text laut lesen

c) den Text hören

d) Notizen machen

e) die Fragen beantworten

f) einen Dialog machen

g) laut sprechen

h) den Fehler verbessern

i) das Wort buchstabieren

j) die Übung machen

k) einen Aufsatz schreiben

l) die Wörter auswendig lernen

m) das Buch schließen

n) die Grammatik zu Hause wiederholen

B　Imperativ (informell)

Herr Krause sagt zu Stefan: „*Komm* bitte herein!"

Katja sagt zu Lukas und Margit: „*Kommt* bitte herein!"

Aussagesatz			Imperativ	
I	II	III	I	II ...
			du-Form：	
Du	komm*st*	nicht.	Komm(e)	bitte!
Du	arbeite*st*	nicht fleißig.	Arbeite	fleißig!
Du	sieh*st*	nicht.	Sieh	mal!
Du	fähr*st*	zu schnell.	Fahr(e)	bitte nicht zu schnell!
Du	*hast*	keine Geduld.	*Hab*(e)	doch Geduld!
Du	*wirst*	nicht Lehrer.	*Werd*(e)	doch Lehrer!
Du	*bist*	nicht ruhig.	*Sei*	bitte ruhig!
			ihr-Form：	
Ihr	kommt	nicht.	Kommt	bitte!
Ihr	arbeitet	nicht fleißig.	Arbeitet	fleißig!
Ihr	seht	nicht.	Seht	mal!
Ihr	fahrt	zu schnell.	Fahrt	bitte nicht zu schnell!
Ihr	habt	keine Geduld.	Habt	doch Geduld!
Ihr	werdet	nicht Lehrer.	Werdet	doch Lehrer!
Ihr	seid	nicht ruhig.	Seid	bitte ruhig!

Übungen

1. Machen Sie bitte Vorschläge!

Christine und Thomas möchten schlank werden und ihr Freund macht folgende Vorschläge:

a) viel Gemüse essen

   Beispiel: Esst viel Gemüse!

b) nicht so viel Fett essen

c) nicht immer Auto fahren

d) viel Sport treiben

e) jeden Tagjoggen

f) oft schwimmen

g) zu Fuß ins Büro gehen

h) nicht zu viel schlafen

2. Formulieren Sie höfliche Bitten!

Mein(e) Freund(in) und ich besuchen jetzt zusammen einen Deutschkurs. Er/Sie hat immer viele Bitten und sagt:

a) Ich verstehe den Satz nicht. (den Satz mal erklären)

   Beispiel: Erkläre mir bitte mal den Text!

b) Ich verstehe den Text nicht. (den Text mal übersetzen)

c) Ich kann dich nicht verstehen. (laut sprechen)

d) Ich möchte jetzt einen Spaziergang machen. (mich mal begleiten)

e) Es regnet. (mir deinen Regenschirm geben)

f) Ich liege krank im Bett. (zu mir kommen und mich ins Krankenhaus bringen)

g) Ich möchte am Wochenende meinen Geburtstag feiern. (einen Raum im Restaurant bestellen)

h) Ich möchte morgen um 6,00 Uhr aufstehen. (mich mal wecken)

i) Ich habe so viele Bitten. (freundlich sein)

3. Formuliern Sie bitte Aufforderungen!

Frau Yan hat eine Tochter. Sie ist eine strenge Mutter und sagt zu ihrer Tochter:

a) täglich ein Bild zeichnen

   Beispiel: Zeichne täglich ein Bild!

b) jede Woche sieben Stunden Klavier üben

c) wöchentlich einen Roman lesen

d) jeden Monat 30 Aufsätze schreiben

e) jeden Tag 100 neue Wörter auswendig lernen

f) täglich eineinhalb Stunden Grammatik wiederholen

g) kein Taxi nehmen

h) mit dem Bus fahren

i) morgens eine Stunde laufen

j) täglich anderthalb Pfund Gemüse essen d) das eigene Zimmer selbst sauber machen

4. Wie bitte?

Beispiel: zu dem Lehrer gehen

* Wang Dali, *geh* doch bitte zu dem Lehrer!

+ Wie bitte? Was soll ich machen?

* Du sollst zu dem Lehrer gehen.

+ Ja, mache ich! / Ja, OK! / Ja, gerne!

a) die Tür öffnen   b) das Buch schließen   c) vorsichtig sein

d) ein Taxi nehmen   e) an die Tafel gehen   f) langsam prechen

5. Ergänzen Sie und benutzen Sie die angegebenen Verben bitte!

a) _____ nicht so schnell! Du fährst schon 180 km/h. (fahren)

b) Ich kann dich nicht hören. _____ bitte lauter! (sprechen)

c) Sie sind zu müde. _____ Sie nach Hause! (gehen)

d) Peter und Susi, _____ doch zum Essen! (kommen)

e) * Oh, schon zehn Uhr. Ich muss gehen.

     + Ach, _____ doch noch ein bisschen! (bleiben)

f) * _____ mal, das Auto! (sehen)

     + Wo?

g) * _____ mal, wie komme ich zum Flughafen? (sagen)

     + Ganz einfach! _____ ein Taxi! (nehmen)

h) * _____ mal, wen soll ich heiraten? (sagen)

     + _____ mich! (heiraten)

     * Gut, dann _____ meine Eltern! (fragen)

     + OK, dann _____ doch einen Termin! (machen)

6. Was sagen die Leute?

a) Der Zollbeamte möchte Ihren Koffer kontrollieren. Er sagt: „...!"

b) Klaus ist krank. Der Arzt sagt: „...!"

c) Die Kinder lesen nicht den neuen Text. Der Lehrer sagt: „...!"

d) Es regnet. Du kannst meinen Regenschirm nehmen. Ich sage: „...!"

e) Ich verstehe den Satz nicht. Ich sage zum Lehrer: „...!"

f) Das Kind möchte das Gemüse nicht essen. Die Mutter sagt: „...!"

g) Dein Freund kommt zu Besuch. Du sagst: „...!"

h) Du kommst zu spät zum Unterricht. Du sagst zu dem Lehrer „ . . . !"

i) Du sprichst zu leise und der Lehrer kann dich nicht verstehen. Der Lehrer sagt: „ . . . !"

Hören

Text B   Im Unicafé

Hören Sie bitte den Text und beantworten Sie die Fragen!

a) Wo war Wang Dali eben?

b) Was möchte Sabine im Café trinken?

c) Was möchte Wang Dali benutzen?

d) Warum möchte Wang Dali ihn benutzen?

e) Warum ist Sabine heute Abend nicht zu Hause?

f) Um wie viel Uhr kann Wang Dali morgen zu Sabine kommen?

Hören und Lesen

Text C   Einen Termin verschieben

1. Schauen Sie sich bitte das Bild an und beantworten Sie die Frage!

Was ist Dr. Lehmann von Beruf?

2. Hören Sie bitte den Text und beantworten Sie die Fragen!

a) Mit wem telefoniert Liu Aiping? Warum?

b) Wann möchte Liu Aiping einen Termin haben? Geht das?

c) Wann kann sie zum Zahnarzt kommen?

3. Hören Sie bitte den Text noch einmal und fügen Sie die fehlenden Wörter ein!

Arzthelferin: Guten Tag. _____ Praxis Dr. Lehmann.

Liu Aiping: Guten Tag. Mein Name ist Liu Aiping.

Arzthelferin: Was kann ich für Sie _____ , Frau Liu?

Liu Aiping: Ich habe einen _____ bei Dr. Lehmann, am Donnerstag _____ 15.15 Uhr.

Arzthelferin: Moment _____ . Ach ja. Donnerstag, Viertel nach drei.

Liu Aiping: Ich muss den Termin _____ absagen. Ich habe am Donnerstag _____ keine Zeit.

Arzthelferin: Ach so. Gut. Wollen Sie einen neuen Termin _____ ?

Liu Aiping: Ja. Geht es vielleicht am Freitag _____ ?

Arzthelferin: Nein. Freitag geht es überhaupt _____ . Am Freitag hat Dr. Lehmann _____

                Sprechstunde. Geht es am _____ , um 10.30 Uhr?

Liu Aiping: Montag, _____ elf? - Nein, da habe ich Unterricht.

                Aber am Nachmittag nach 14.00 Uhr habe ich Zeit.

Arzthelferin: Gut, dann kommen Sie am Montag um 15.00 Uhr.

Liu Aiping: Schön. _____ dann bis Montag um drei. Vielen Dank.

Arzthelferin: Nichts zu danken. Auf Wiederhören.

Liu Aiping: Auf Wiederhören.

4. Lesen Sie bitte den Text mit Ihrem Nachbarn und achten Sie auf Ihre Aussprache!

Wortschatz II

A Die Tageszeiten

Die Tageszeiten sind: der *Morgen*, der *Vormittag*, der *Mittag*, der *Nachmittag*, der *Abend* und *die Nacht*.

am

Was mache ich am Montag?

am Morgen, am...

Am Morgen stehe ich um 6.00 Uhr auf.

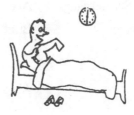

Am Vormittag habe ich Unterricht.

Am Mittag spiele ich Karten.

Am Nachmittag spiele ich Volleyball.

Am Abend besuche ich meinen Kommilitonen und wir üben zusammen Deutsch.

In der Nacht schlafe ich.

morgens (*jeden Morgen*); *vormittags* (*jeden Vormittag*); *mittags* (*jeden Mittag*); *nachmittags* (*jeden Nachmittag*); *abends* (*jeden Abend*); *nachts* (*jede Nacht*)

Morgens trinke ich Milch.
Jeden Morgen trinke ich Milch.

Aber *heute Morgen* trinke ich keine Milch.

Vormittags habe ich Unterricht.
Jeden Vormittag habe ich Unterricht.

Aber *heute Vormittag* habe ich frei.

Ich trinke *mittags* eine Tasse Tee.
Ich trinke *jeden Mittag* eine Tasse Tee.

Aber *heute Mittag* trinke ich eine
Tasse Kaffee.

Nachmittags mache ich einen Spaziergang.
Jeden Nachmittag mache ich einen
Spaziergang.

Aber *heute Nachmittag* muss ich einen
Brief schreiben.

Abends lese ich Zeitung.
Jeden Abend lese ich Zeitung.

Aber *heute Abend* höre ich Musik.

Nachts schlafe ich.
Jede Nacht schlafe ich.

Aber *heute Nacht* spiele ich Karten.

Übungen

1. Bitte beantworten Sie die Fragen!

a) Was machen Sie morgens?

b) Was machen Sie vormittags?

c) Wie viele Unterrichtsstunden haben Sie jeden Vormittag?

d) Wohin gehen Sie mittags?

e) Was möchten Sie heute Mittag essen?

f) Was machen Sie gern nachmittags?

g) Wo sind Sie heute Nachmittag?

h) Was machen Sie abends?

2. Machen Sie bitte Dialoge!

Wann ...?

Beispiel:

* Wann essen Sie zu Mittag?   + Ich esse um 11. 30 Uhr zu Mittag. / Um 11. 30 Uhr esse ich zu
                                   Mittag.

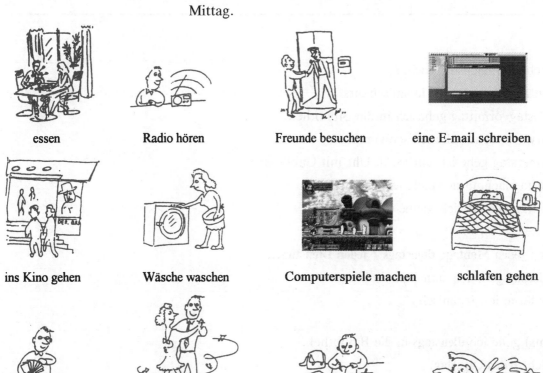

| essen | Radio hören | Freunde besuchen | eine E-mail schreiben |

| ins Kino gehen | Wäsche waschen | Computerspiele machen | schlafen gehen |

| Karten spielen | tanzen | Hausaufgaben machen | schwimmen gehen |

einen Spaziergang machen

Fußball spielen

singen

?

B Die Wochentage

Eine Woche hat sieben Tage. Die Wochentage heißen: **Montag, Dienstag, Mittwoch, Donnerstag, Freitag, Samstag / Sonnabend** und **Sonntag.**

Wochenende ist Samstag und Sonntag.

Montag	Dienstag	Mittwoch	Donnerstag	Freitag	Samstag	Sonntag
Japanisch-kurs	Bibliothek		18.00 Uhr mit Gabi essen	Kino	Tennis	Oma und Opa besuchen
		20.00 Uhr schwimmen		19.30 Uhr		
MO	DI	MI	DO	FR	SA	SO

am

Was mache ich nächste Woche?

Am Montag gehe ich zum Japanischkurs.

Am Dienstagvormittag gehe ich in die Bibliothek.

Am Mittwochabend gehe ich schwimmen.

Am Donnerstag gehe ich um 18.00 Uhr mit Gabi essen.

Am Samstagnachmittag spiele ich Tennis.

Am Sonntag besuche ich meine Großeltern.

montags / jeden Montag; dienstags / jeden Dienstag, ...

Jeden Montag gehe ich zum Japanischkurs.

Montags lerne ich Japanisch.

Manchmal gehe ich **dienstags** in die Bibliothek.

Aber nicht **jeden Dienstag.**

Gehst du **jeden Mittwoch** schwimmen?

Gehst du **mittwochs** schwimmen?

Am Donnerstagabend esse ich mit Gabi.

Jeden Donnerstagabend gehe ich chinesisch essen.

Am Freitagabend gehe ich ins Kino. Es läuft ein französischer Film.

Am Samstagnachmittag spiele ich Tennis.

Jeden Samstagnachmittag bin ich nicht zu Hause.

Sonntags habe ich keinen Unterricht.

Am Sonntag besuche ich meine Großeltern.

Übungen

1. Fragen Sie bitte Ihren Nachbarn!

a) Was machst du am Montagvormittag?

b) Was machst du heute Abend?

c) Was machst du abends?

d) Was machst du gern am Wochenende?

    ...

2. Schreiben Sie einen Text über Ihren Tagesablauf am nächsten Montag!

Hören

Text D   Termine

Hören Sie bitte den Text und füllen Sie das Schema aus!

	Worum geht es?	Wann?
1. Dialog		
2. Dialog		
3. Dialog		

Lesen

Text E Bekanntmachungen

Verkaufe 3 Karten. 20 Euro pro Karte

morgen, 19.30 Uhr,

Konzert

Das Shanghaier
Symphonieorchester spielt

**J. S. Bach: „ Brandenburgische
Konzerte"** in der Konzerthalle
Schillerstraße 15.

Tel: 65669821

Aushang 1

Samstag

von 22 . 00 Uhr bis ?

Mitternachtsdisco

im „ Tanzschuppen"

Eintritt : 5 , 00 Euro

Aushang 2

---

1. Lesen Sie bitte Aushang 1 und Aushang 2!

a) Worum geht es?

b) Aushang 1 interessiert Sie! Was können Sie machen?

c) Interessiert Sie Aushang 2? Warum (nicht)?

2. Machen Sie bitte Dialoge!

a) Sie möchten mit Ihrem Partner ins Konzert oder in die Disco gehen.
Fragen Sie ihn bitte!

* Sag mal, möchtest du in   \+ Ja. Wann ? / Wo? / Wie teuer?
ein Konzert gehen?

* ...   \+ ... ?

Lieber Klaus,

Gabi möchte Dich sprechen.
Du sollst sie sofort anrufen !!

Stefan

---

3. Lesen Sie bitte die Information!

a) Wer informiert wen?

b) Machen Sie bitte einen Dialog mit
Ihrem Partner! Informieren Sie
ihn bitte!

**4. Schreiben Sie Ihre Tagesordnung fürs nächste Wochenende und vereinbaren Sie dann mit Ihrer / Ihrem
Nachbarin / Nachbarn einen Termin für einen gemeinsamen Theaterbesuch!**

Wortschatz III

Zeitangabe

Punkt — kurz vor — kurz nach — gegen

* Wann hast du einen Termin beim Arzt?
\+ **Punkt** elf.
* Wann gehst du zum Arzt?
\+ **Kurz vor** elf.

* Wann untersucht dich der Arzt?
\+ **Kurz nach** elf.
* Und wann bist du fertig?
\+ **Gegen** halb zwölf.

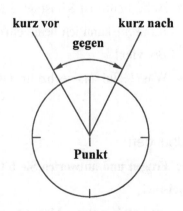

Übungen

1. Fragen und antworten Sie bitte!

15.28	* Wie spät ist es?

+ *Kurz vor* halb vier.

a) 8.57   b) 2.34   c) 15.00   d) 23.58   e) 17.31   f) 10.33   g) 12.00

h) 15.56   i) 18.03   j) 10.29   k) 11.04   l) 21.27   m) 6.02   n) 9.03

2. Bitte beantworten Sie die Fragen!

a) Um wie viel Uhr klingelt Ihr Wecker morgens?

b) Wann beginnt der Unterricht?

c) Wann machen Sie eine Pause?

d) Wann frühstücken Sie?

e) Wann essen Sie zu Mittag?

f) Wann essen Sie Abendbrot?

g) Um wie viel Uhr öffnet die Mensa morgens?

h) Wann gehen Sie ins Bett?

i) Wann beginnt ein neuer Tag?

* *Von wann bis wann... ?*   + *Von... bis*

* *Bis wann... ?*   + *Bis...*

* *Von wann bis wann* hat Dr. Lehmann Sprechstunde?

+ *Von* Montag *bis* Donnerstag.

* *Bis wann* hat er *von* Montags *bis* Donnerstag Sprechstunde?

+ *Bis* zwölf.

Dr. Lehmann
Zahnarzt

Sprechstunden

Mo — Do   8.00 — 12.00 Uhr

---

* Ach, heute ist Samstag. Sag mal, *bis wann* kann ich heute einkaufen?

+ *Bis* vier!

* Was?! Nur *bis* sechzehn Uhr!

Alles billig — Supermarkt

Öffnungszeiten

MO — FR   9.00 — 18.30

SA   9.00 — 16.00

Langer Donnerstag   9.00 — 20.30

Übungen

1. Fragen und antworten Sie bitte!

Beispiel:

Wann hat Yingying Mathematik-Unterricht ?

Von wann bis wann hat Yingying am Dienstag Algebra-Unterricht?

Bis wann hat Yingying Mittagspause?

Stundenplan von Yingying

Zeit	Mo	Di	Mi	Do	Fr
8.00—9.30	Deutsch	Deutsch	Physik	Deutsch	Deutsch
10.00—11.30	Logistik	Chemie	Mathematik	elektrische Meßtechnik	Mechanik
13.30—15,00	Philosophie	Lineare Algebra	Mechatronik	Logistikma-nagement	Informatik
15.30—17.00	Mathematik	Englisch	Sport	Englisch	

2. Bitte lesen Sie den Text und stellen Sie Fragen zu den unterstrichenen Teilen!

Beispiel:

Wann haben wir Unterricht?

Von wann bis wann …?

Bis wann …?

Jeden Vormittag haben wir Unterricht. Er beginnt Punkt acht. Alle kommen kurz vor acht und der Lehrer kommt kurz nach acht. Von halb zehn bis zehn haben wir Pause. Dann haben wir bis halb zwölf Unterricht. Gegen zwölf essen wir in der Mensa. Nachmittags haben wir keinen Unterricht. Wir schlafen bis kurz nach zwei. Gegen drei machen wir unsere Hausaufgaben.

3. Fragen Sie bitte Ihren Nachbarn!

a) Wann haben Sie Unterricht?

b) Wann können Sie in die Bibliothek gehen?

c) Von wann bis wann machen Sie Hausaufgaben?

d) Bis wann können Sie abends im Klassenzimmer lernen?

e) Bis wann können Sie abends in der Mensa essen?

…

4. Bitte spielen Sie den Dialog mit Ihrem Nachbarn!

Ein Zahnarzttermin

a) Heute ist Montag. Es ist 8.00 Uhr. Wang Dali hat Zahnschmerzen. Er muss zum Zahnarzt gehen. Jetzt möchte er einen Termin machen.

Terminkalender von Wang Dali

Mo	Di	Mi	Do	Fr	Sa	So
10.00 zu Frau Braun gehen Seminar 15.00	11.00 Sprechstunde Prof. Belke	Bibliothek (Bücher bestellen)	Essen mit Martin 12.00 (Mensa)	*Ausflug nach* MÜNCHEN		

Sprechstunden von Dr. Sommer

> **Dr. Sommer**
> *Zahnarzt*
>
> Mo — Fr   8.00 — 12.00 *Uhr*
>
> Mo, Di, Do   15.00 — 17.00 *Uhr*

Arzthelferin: Guten Tag. Hier Praxis ...

Wang Dali: Guten Tag. Mein Name ist ... Ich habe .... Wann ...?

Arzthelferin: Einen Moment bitte. Können Sie ... ?

Wang Dali: Am Vormittag oder am Nachmittag?

Arzthelferin: ...

Wang Dali: Ja. Um wie viel Uhr ...? / Nein. Das geht leider nicht.

                         Kann ich ... kommen?

Arzthelferin: Um ... / Ja. Geht es um ...?

Wang Dali: Das geht. Also dann bis ... um ... Vielen Dank.

Arzthelferin: Bitte. Auf Wiederhören.

Wang Dali: Auf Wiederhören.

b) Wang Dali muss seinen Termin verschieben. Er hat eine Prüfung. Bitte spielen Sie mit Ihrem Partner den Dialog!

> Ich muss den Termin verschieben. Am ... habe ich eine Prüfung.   Hier Praxis Dr ....
>
> Wann können Sie denn kommen?   Auf Wiederhören.
>
> Kann ich am ... kommen?   Mein Name ist ...   Guten Tag.
>
> Können Sie am ...?   Geht es am ...?   Also dann bis...
>
> Geht es ein bisschen früher / später?
>
>   Am ... haben wir leider keinen Termin mehr frei.
>
> Am Nachmittag oder am Vormittag?   Am ... haben wir noch einen Termin frei.
>
> Ja. das geht.   Um wie viel Uhr?   Ich habe einen Termin am ...

Hören

Text F Ein Ausflug nach Marburg

1. Hören Sie den Text bitte einmal und kreuzen Sie die richtige Antwort an!

Wer spricht im Dialog?

☐ ein Wissenschaftler und ein Student

☐ zwei chinesische Studenten

☐ ein chinesischer Student und ein deutscher Student

2. Hören Sie bitte den Text noch einmal und beantworten Sie die Fragen!

a) Wohin möchten die beiden gehen?

b) Wie spät ist es (im Text)?

c) Wann machen die Studenten einen Ausflug nach Marburg?

d) Warum kann der eine nicht mitfahren?

Phonetische Übung I

Hören und sprechen Sie bitte nach!

● [ai]

nein – dein – sein – mein – Wein – eins – heiß – weiß – weißt – Reis – Preis – preiswert – Preisliste – Ei – Eier – Arbeit – Uhrzeit – Tageszeit – Zeitung – fleißig – heiraten – vereinbaren – beide – Fleisch – Fleischer – Schwein – leider – Reihe – bleiben – Heimat – Geldschein – Anzeige – meist – Vorteil – Nachteil – Freitag – gleich – zeichnen – schreiben – Bleistift – Einwohner – vielleicht – einmal – heißen – Kleidung – Kleid – Frankreich

● [au]

auf – aus – Aushang – Ausflug – Haus – Haustür – Hausaufgaben – Hausarbeit – Hausmeister – Kaufhaus – Krankenhaus – Frau – Ehefrau – Hausfrau – überhaupt – laufen – kaufen – verkaufen – Augenblick – brauchen – brauche – brauchst – braucht – auch – Auto – Hauptstadt – Pause

● [ɔy]

heute – freundlich – freuen – Beutel – Verkäufer – teuer – neu – Europa – euer – Deutschland – Deutsch – Deutscher – Leute – Flugzeug – Betreuer

Phonetische Übung II

Hören und sprechen Sie bitte nach!

a) Wie geht es dir?

Wie geht es Ihnen?

b) Trinken wir eine Tasse Kaffee zusammen?

Trinken wir eine Tasse Tee zusammen?

Trinken wir ein Glas Bier zusammen?

c) Geht es morgen um eins?

Geht es heute um zwei?

Geht es übermorgen um drei?

d) Hier Praxis Dr. Heimann.

Hier Firma Siemens.

Hier Max Pöppelmann.

Hier Monika.

e) Freitag geht es überhaupt nicht.

Montag geht es überhaupt nicht.

Vor 14.00 Uhr geht es überhaupt nicht.

f) Also dann bis Montag um 15.00 Uhr.

Also dann bis Dienstag um 8.00 Uhr.

Also dann bis Sonntag um 20.00 Uhr.

g) Ich gehe Mittag essen.

Ich gehe Fußball spielen.

Wir gehen tanzen.

Wir gehen schwimmen.

h) Sie hat am Freitag Geburtstag.

Ich habe am Montag Geburtstag.

Herr Pöppelmann hat am Mittwoch Geburtstag.

Mein Vater hat am Donnerstag Geburtstag.

Phonetische Übung Ⅲ

Hören und sprechen Sie bitte nach!

a) * Wie geht es dir?

  + Danke, gut. Und dir?

  * Auch gut.

b) * Trinken wir eine Tasse Kaffee zusammen?

  + Gut. Gehen wir.

c) * Geht es morgen um zwölf?

  + Morgen geht es überhaupt nicht. Wie wäre es übermorgen um zwölf?

  * OK.

d) * Guten Tag, Hier Praxis Dr. Lehmann.

  + Guten Tag. Hier spricht Ye.

e) * Was kann ich für Sie tun, Frau Ye?

  + Ich habe einen Termin bei Dr. Lehmann, am Montagabend.

  * Moment bitte. Ach ja. Um Dreiviertel acht.

f) * Ich möchte den Termin auf Dienstag verschieben, Geht das?

  + Ja, das geht.

g) * Hallo, wohin gehst du denn?

  + Ich gehe zum Unterricht.

h) * Du kennst doch meinen Freund Kai?

  + Ja, und ...?

  * Er hat übermorgen Geburtstag und möchte am Sonntag zu Hause eine Party geben.

Zitate

In seinem Hause ist selbst

der Arme ein Fürst.

Talmud

Am Abend schätzt man erst

das Haus.

Goethe

Wo ich lebe, ist es am schönsten.

Aus Japan

Lektion 6
Auf der Post

Hören und Lesen

Text A   Auf der Post

1. Hören Sie bitte den Text und beantworten Sie die Fragen!

a) Ein Brief per Luft kostet 1,70 Euro. Bis wie viel Gramm?

b) Wie kann man ein Paket nach China schicken?

c) Warum sagt Wang Dali „Waaaas"?

2. Hören Sie bitte den Text noch einmal und fügen Sie die fehlenden Wörter ein!

Gestern war _____ . Wang Dali war am _____ auf der Post .

Angestellte: Guten Tag.

Wang Dali: _____ _____ . Entschuldigen Sie bitte, was _____ ein Brief _____
China?

Angestellte: Bis 20 g _____ Euro.

Wang Dali: So _____? Ein Brief bis _____ kostet _____ Euro? Und wie lange _____ ____ ein Brief?

Angestellte: Ungefähr _____ Tage.

Wang Dali: Und noch eine Frage, was kostet ein Paket nach _____?

Angestellte: Luftpost, Landweg oder Seeweg?

Wang Dali: _____.

Angestellte: Bis 2 Kilo _____ Euro.

Wang Dali: Waaaas? Ich bin _____ und ...

3. Lesen Sie bitte den Text mit Ihrem Nachbarn und achten Sie auf Ihre Aussprache!

Wortschatz I

Auf der Post

das Paket, -e

die Postkarte, -n

der Brief, -e

das Fax, -e

das Päckchen, -

das Briefpapier

die Telefonkarte, -n

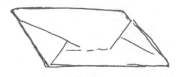

der Briefumschlag, ¨ e

die Briefmarke, -n

Übung

Machen Sie bitte Dialoge mit Ihrem Nachbarn!

Beispiel: * Kunde: Ich möchte *das Paket nach China schicken*.

+ Postangestellter: Per Luftpost, per Schiff oder per DHL?

* Kunde: *Per Luftpost*.

+ Postangestellter: Gut. *Ihr Paket* wiegt *fünf Kilo*.

+ Kunde: Wie viel kostet das?

* Postangestellter: *40,00 Euro*.

+ Kunde: Hier sind 40,00 Euro. Wie lange dauert das?

* Postangestellter: Ungefähr *5 Tage*.

a) Brief   nach China   schicken

   20 Gramm

   1,70 Euro

   eine Woche

b) Paket   nach Amerika   senden

   per DHL

   7,5 Kilo

   45,00 Euro

   6 Tage

c) Brief   nach Amerika   schicken

   350 Gramm

   3,45 Euro

   8 Tage

d) Päckchen   nach Frankreich   schicken

   per Bahn

   2 Kilo

   8,60 Euro

   3 Tage

e) Brief   nach London   schicken

   1 500 Gramm

   16,90 Euro

   4 Tage

f) Paket   in die Türkei   schicken

   per DHL

   22 Kilo

   45,00 Euro

   3 Tage

Grammatik I

Präteritum von „*haben*" und „*sein*"

Beispiele: Wang Dali <u>ist</u> heute zu Hause. (Präsens)

Er *war* gestern auf der Post. (Präteritum)

Ich <u>habe</u> heute frei. (Präsens)

Ich *hatte* gestern keine Zeit. (Präteritum)

	haben	sein
ich	**hatte**	**war**
du	hattest	warst
er sie es	**hatte**	**war**
wir	hatten	waren
ihr	hattet	wart
sie	hatten	waren
Sie	hatten	waren

Übungen

1. Ergänzen Sie die Verben *haben* und *sein* und beachten Sie bitte die Zeitformen!

Gestern _____ ich keinen Unterricht. Das Wetter _____ schön. Ich _____ in Heidelberg. Gegen 13 Uhr _____ ich da. Ich _____ großen Hunger, denn es _____ schon spät. Viele Restaurants _____ keinen Platz mehr. Aber ich _____ Glück. Das Bahnhofsrestaurant _____ noch Plätze. Nach dem Essen _____ ich am Neckar und in der Altstadt. Das _____ wirklich ein schöner Tag. Und jetzt _____ ich wieder zurück und _____ Arbeit, Arbeit und Arbeit ...

2. Bilden Sie bitte Dialoge!

Beispiel: Sie   keine Zeit haben

* Warum *waren* Sie gestern nicht im Unterricht?

+ *Ich hatte keine Zeit*.

a) Andrea   krank sein

b) du   keine Lust haben

c) Peter   kein Fahrrad ...

d) Susanne   Geburtstag ...

e) ihr   eine Verabredung ...

f) Sie   Zahnschmerzen ...

g) Klaus   einen Termin ...

h) Franz   kein Auto ...

i) Herr Peters   in München ...

j) Frau Schumann   zu Hause ...

k) Babara   beim Arzt ...

3. **Machen Sie Sätze zu den folgenden Bildern und verwenden Sie bitte die Verben** *haben* **und** *sein* **im Präteritum oder im Präsens!**

Pablo Picasso (1881 — 1973)
4 Kinder, Spanier, Maler

Benedict XVI (1927 —   )
ledig, Deutscher, Papst

Heinrich Böll (1917 — 1985)
verheiratet, drei Söhne,
Deutscher, Schriftsteller

Song Qingling (1892 — 1981)
verheiratet mit Sun Yatsen,
zwei Schwestern, drei Brüder,
Chinesin, keine Kinder

Angela Merkel
(1954 —   ), verheiratet,
Deutscher, Politikerin

Charlie Chaplin (1889 — 1977)
Schauspieler, verheiratet,
Engländer, Kinder

Mei Lanfang (1894 — 1961)
Schauspieler / Sänger,
Chinese, Sohn: Mei Baojiu,
auch Schauspieler

Ich ...

4. Was passt zusammen?

Wo		gestern Geburtstag.
Ich		deine Eltern von Beruf?
Er		keinen Durst.
Warum	**warst**	plötzlich krank.
Wie	hatte	die Party gestern?
Herr Li	wart	ihr zu Haus?
Wir	hattet	hungrig.
Was	war	ihr keine Lust?
Gestern	waren	früher Postangestellte.
Maria		**du gestern?**
Wann		Wang Dali nicht da.
		der Film gestern?

Ordnen und schreiben Sie bitte die Sätze!

a) Wo _____

b) Ich _____

c) Er _____

d) Warum _____

e) Wie _____

f) Herr Li _____

g) Wir _____

h) Was _____

i) Gestern _____

j) Maria _____

k) Wann _____

l) Wie _____

Wortschatz II

vorgestern – gestern – heute – morgen – übermorgen

Vorgestern war _____.

Gestern war _____.

Heute ist _____.

Morgen ist _____.

Übermorgen ist _____.

Übungen

1. Ralf Wichtig hat viele Termine. Wann ist er wo? Schauen Sie bitte auf seinen Terminkalender! Erzählen Sie bitte!

Heute ist Mittwoch. Heute ist Ralf in ...

MO	Köln	DO	Wien
DI	Weimar	FR	Hamburg
MI	München	SA	
		SO	

2. Beantworten Sie bitte die Fragen!

a) * Welcher Tag ist heute?   + Heute ist ...

b) * War gestern Sonntag?   + Ja / Nein. Gestern war ...

c) * Welcher Tag ist morgen?   + ...

d) * Ist heute Freitag?   + ...

3. Welcher Tag ist heute?

Vorgestern war nicht Montag und auch nicht Mittwoch. Heute ist nicht Wochenende. Morgen ist nicht Mittwoch. Gestern war nicht Sonntag. Welcher Tag ist heute?

Heute ist _____. MO DI MI DO FR SA SO

Hören

Text B   Susanne auf der Post

1. Sehen Sie sich bitte die Bilder an!

eine Telefonkarte
zu 20 Euro kaufen

ein Fax schicken

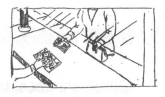

Briefmarken kaufen

ein Paket, 3,5 kg, schicken
per Landweg

ein Päckchen, 2,5 kg, schicken
per Luftpost

2. Hören Sie bitte den Text und beantworten Sie die Fragen!

a) Was schickt und kauft Susanne auf der Post? Kreuzen Sie bitte an!

b) Wie viel muss sie auf der Post insgesamt bezahlen?

Hören und Lesen

Durchschreibesatz! Beim Ausfüllen mit Kugelschreiber bitte fest aufdrücken.
Zum Abziehen des Haftetiketts Trennleiste nach hinten knicken.

Absender

Klaus Frankenstein

Alt - Stralau 15

10245 Berlin

(Postleitzahl)   (Ort)

R a u m   f ü r   I d e n t c o d e - L a b e l

B i t t e   n i c h t   b e s c h r i f t e n !

Vorausverfügungen

R a u m   f ü r   K l e b e z e t t e l

B i t t e   n i c h t   b e s c h r i f t e n !

Empfänger

Li Ming

Vermerke über Zusatzleistungen usw.

☐ Unfrei   ☐ Eigenhändig   ☐ Rückschein

☐ Sperrgut   ☐ Eingeschriebene
Blindensendung-Schwer

☐ _____

Langer Graben 60

(Straße und Hausnummer)

53175 Bonn

(Postleitzahl)   (Bestimmungsort)

1. Hören Sie bitte den Text und beantworten Sie die Frage!

Wer ist der Empfänger und wer ist der Absender?

2. Hören Sie bitte den Text noch einmal und fügen Sie die fehlenden Wörter ein!

Li Ming: Wang, schau mal, ich möchte dieses _____ an Klaus schicken. Ich musste diese

_____ ausfüllen. Ist das so richtig?

Wang: Warte, ich lese _____ mal:

Empfänger: Li Ming

Langer Graben _____

53175 _____

Absender: Klaus Frankenstein

                Alt-Stralau _____

                10245 _____

Li Ming: _____ kostet das _____ ungefähr, was glaubst du?

Wang: Keine Ahnung. Es wiegt ungefähr _____ kg. Vielleicht _____ Euro.

Li Ming: Gut. Ich gehe jetzt zur _____ .

Wang: _____ ! Zeig mir noch mal die _____ .

Li Ming: Hier. Warum?

Wang: So _____ es falsch.

Li Ming: _____ ?

Wang: Du _____ das Paket an _____ , d. h. Klaus bekommt das Paket. Richtig?

Li Ming: Ja.

Wang: Dann _____ du die Paketkarte noch mal _____ ...

3. **Lesen Sie bitte den Text mit Ihrem Nachbarn und achten Sie auf Ihre Aussprache!**

4. **Schreiben Sie bitte jetzt eine neue Paketkarte für Li Ming!**

Durchschreibesatz! Beim Ausfüllen mit Kugelschreiber bitte fest aufdrücken.
Zum Abziehen des Haftetiketts Trennleiste nach hinten knicken.

Absender

_____

_____

(Postleitzahl)   (Ort)

R a u m f ü r K l e b e z e t t e l

B i t t e n i c h t b e s c h r i f t e n !

Vermerke über Zusatzleistungen usw.

☐ Unfrei ☐ Eigenhändig ☐ Rückschein

☐ Sperrgut ☐ Eingeschriebene Blindensendung-Schwer

☐ _____

R a u m f ü r I d e n t c o d e - L a b e l

B i t t e n i c h t b e s c h r i f t e n !

Vorausverfügungen

Empfänger

_____

_____

(Straße und Hausnummer)

_____

(Postleitzahl) (Bestimmungsort)

Wortschatz Ⅲ

A Absender – Empfänger

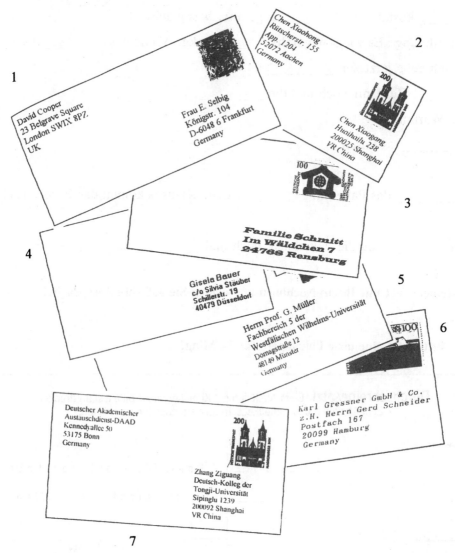

Übung

Beantworten Sie bitte die Fragen mit Hilfe der Briefe!

a) Wie heißt der Empfänger in Brief 5?

b) Wer ist der Empfänger in Brief 3?

c) Wer ist der Absender in Brief 7?

B Adresse – Anschrift

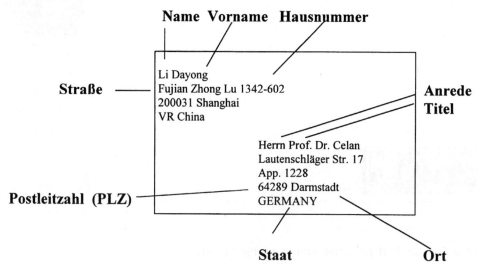

Abkürzungen:

Str.	– Straße	z.H. (z.Hd.)	– zu Händen (für)
c/o	– bei (care of)	Zi.	– Zimmer
App.	– Appartement		

Übungen

1. Beantworten Sie bitte die Fragen mit Hilfe der Briefe auf Seite 161!

a) Wie ist die Postleitzahl von Prof. Müller in Brief 5?

b) Wo wohnt der Absender in Brief 2?

c) Wer ist der Empfänger in Brief 4?

d) In welcher Stadt wohnt der Empfänger in Brief 6?

2. Sie erhalten einen Brief von Professor Dr. Müller. Was steht auf dem Briefumschlag? Bitte beschriften Sie den Umschlag!

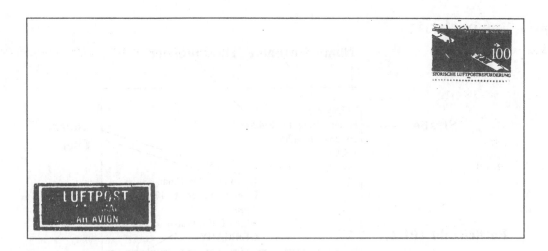

3. **Lesen Sie bitte die Anschriften! Hier gibt es einige <u>Fehler</u>.**

   Bitte suchen Sie die Fehler!

a) Herrn Paul Frei
   Wilhelm-Pitz-Str.
   Frankfurt

b) Thomas
   Domplatz 5
   01097 Dresden

c) Anna Strauch
   65187 Wiesbaden
   App. 34
   Friedrich-Ebert-Straße 30

d) Li Dapeng
   Tongji-Universität
   Vier Ebenen Straße 1239
   Shanghai 200092
   VR China

Grammatik Ⅱ

Modalverben im Präteritum

Beispiel: Er kann heute die Bücher nicht nach China schicken.（Präsens）

Er *konnte* gestern die Bücher auch nicht nach China schicken.（Präteritum）

	wollen（möchten）	müssen	dürfen	können	sollen
ich	**wollte**	**musste**	**durfte**	**konnte**	**sollte**
du	wolltest	musstest	durftest	konntest	solltest
er **sie** **es**	**wollte**	**musste**	**durfte**	`konnte	**sollte**
wir	wollten	mussten	durften	konnten	sollten
ihr	wolltet	musstet	durftet	konntet	solltet
sie	wollten	mussten	durften	konnten	sollten
Sie	wollten	mussten	durften	konnten	sollten

Übungen

1. Was *konnten, durften, sollten, wollten, mussten* Sie gestern (nicht) machen? Fragen und antworten Sie bitte!

Beispiel: * Was *wollten* Sie (gestern) machen?

        + *Ich wollte ...*

nach Hause fahren	tanzen
Hausaufgaben machen	im Klassenzimmer rauchen
gut essen	Wäsche waschen
Karten spielen	einen Brief schreiben
nach Deutschland fahren	einen Ausflug machen
arbeiten	schlafen

2. Ergänzen Sie bitte die passenden Modalverben im Präteritum!

a) Am Sonntag _____ Hans und Christian einen Ausflug machen. Aber sie _____ nicht. Das Wetter war sehr schlecht. Sie _____ in Darmstadt bleiben. Was _____ sie tun? Hans hatte eine Idee. Er _____ ins Kino gehen, aber Christian _____ nicht. Er _____ tanzen gehen. Dann waren sie in der Diskothek. Dort _____ sie trinken, tanzen und Musik hören. Aber rauchen _____ sie nicht. Um 22.00 Uhr _____ Hans und Christian nach Hause, denn sie _____ am Montag früh zur Uni gehen.

b) Ankunft in Frankfurt

Chen Ming _____ durch die Zollkontrolle gehen. Aber er _____ noch nicht, er _____ seinen Koffer öffnen, denn der Zollbeamte _____ ihn kontrollieren. Danach _____ er den Koffer wieder einpacken.

Dann _____ er durch die Zollkontrolle gehen. Er _____ mit dem Bus zum Bahnhof fahren, aber er _____ nicht, denn der Bus war weg. Er _____ ein Taxi nehmen.

Vom Bahnhof _____ er mit dem Zug gleich weiter fahren. Aber leider _____ er nach der Ankunft in Darmstadt in einem Hotel schlafen, denn es war schon Mitternacht. Er _____ nicht einschlafen.

Hören

Text D Entschuldigungen oder Ausreden?

1. Sehen Sie sich bitte die Bilder an! Was sehen Sie?

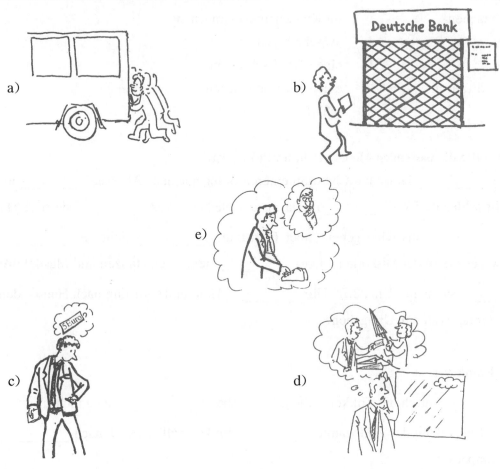

2. Hören Sie bitte den Text zweimal und lösen Sie die Aufgaben!

a) Ordnen Sie die Bilder!

b) Glaubt Herr Brückner die Geschichte von Herrn Maier?

c) Beantworten Sie bitte die Überschrift!

3. Erzählen Sie bitte die Geschichte von Herrn Maier!

Schreiben

1. Lesen Sie bitte die Postkarte!

HEIDELBERG
Blick vom Philosophenweg
View from the Philosophers' Path
Vue du chemin des Philosophes

Heidelberg, 3.2.2012

Lieber Hans,

schon zwei Tage bin ich hier, denn ich habe eine Woche Ferien. Heute Morgen war ich am Neckar. Da war es sehr schön. Es geht mir gut. Wie geht es dir?
Ich möchte noch drei Tage hier bleiben. Besuchst du mich am Donnerstag?

Viele Grüße
  Dein Dali

Kunstverlag Edmund von König, Heidelberg V Gesetzlich geschützt
Verlag 6909 Dielheim, Postfach 1027, Tel. 06222 / 72018

Hans Müller
Schloßberg 11
40479 Dortmund

2. Beantworten Sie bitte die Fragen!

a) Wer ist der Absender?

b) Wer ist der Empfänger?

c) Wo und wann schreibt Wang Dali die Postkarte?

3. Sie sind jetzt in _____. Schreiben Sie bitte eine Postkarte an Ihren Freund!

Grammatik Ⅲ

Ja – Nein – Doch

＊ Kommst du heute Abend?	＋ *Ja*, ich komme.
	＋ *Nein*, ich komme *nicht*.
＊ Kommst du heute Abend *nicht*?	＋ *Doch*, ich komme. Vielleicht ein bisschen später.
	＋ *Nein*, ich komme *nicht*. Ich habe keine Zeit.
＊ Haben wir heute Unterricht?	＋ *Ja*, natürlich haben wir Unterricht.
	＋ *Nein*. Heute haben wir *keinen* Unterricht. Heute ist Sonntag.
＊ Haben wir heute *keinen* Unterricht?	＋ *Doch* , aber nur am Nachmittag.
	＋ *Nein*. Heute ist Sonntag.

Übungen

1. Bitte beantworten Sie die Fragen mit einem Satz!

a) Kann ich den Brief nach China nicht per Luftpost schicken?

b) Waren Sie gestern nicht im Unterricht?

c) Haben Sie heute keine Hausaufgaben?

d) Haben Sie kein Heft?

e) Können Sie den Lehrer nicht verstehen?

f) Haben Sie heute Nachmittag Zeit?

g) Gehen Sie am Samstagabend nicht tanzen?

h) Haben Sie keinen Bruder?

i) Kommen Sie nicht aus Shanghai?

j) Kommen Sie aus Beijing?

k) Möchten Sie nicht nach Deutschland fahren?

2. Setzen Sie *ja , nein, doch* bitte ein!

Vor dem Kino

* Hallo Andreas.

+ Hallo Bettina. Warum kommst du so spät? Konntest du nicht früher kommen?

* _____ , mein Fahrrad war kaputt. Ich musste mit dem Bus fahren. Wartest du schon lange?

+ _____ , schon eine halbe Stunde.

* Tut mir Leid. Hast du schon die Karten?

+ _____ .

* Warum nicht? Hast du kein Geld?

+ _____ , aber ich wollte die Karten noch nicht kaufen. Ich wollte auf dich warten.

* Gut, dann kaufen wir jetzt die Karten.

3. Bilden Sie bitte Fragen oder Antworten!

a) * Trinken die Deutschen Kaffee?

 + _____ .

b)

 * _____ ?

 + Doch, die Chinesen trinken auch Kaffee. Aber nicht so viel.

c) * Essen Sie in China Erdbeeren?

 + _____ .

d) * Essen die Deutschen keine Kartoffeln?

 + _____ .

e) * _____ ?

 + Ja, natürlich essen wir in China Reis.

f) * Essen Sie gern Fisch?

 + _____ .

Lesen

Text E   Rund ums iPhone

Lesen Sie bitte den Text! Welche Frage passt zu welchem Abschnitt?

1. Wie kann man die SMS-Zentralnummer beim iPhone abfragen / ändern? (   )

2. Wo kann ich das iPhone kaufen? (   )

3. Wie bekomme ich die richtige SIM-Karte für das iPhone 4? (   )

4. Welche iPhone-Modelle bietet Vodafone an? (   )

5. Wann und wie bekomme ich ein neues Handy? (   )

6. Welche Sprachen unterstützt das iPhone? (   )

1. _____

Nach dem Tarifbuchen mit einer Laufzeit von 24 Monaten wie zum Beispiel die Vodafone SuperFlat Internet können Sie alle 24 Monate ein neues vergünstigtes Handy bestellen.

Das genaue Datum finden Sie im Bereich "Mein Vodafone" auf der Vodafone-Homepage. Ganz einfach einloggen und unter "Mein Status" das nächste Datum zur Vertragsverlängerung finden. Besuchen Sie uns auch im Online-Shop. Dort finden Sie alle verfügbaren Handy-Modelle inklusive Preise und Beschreibungen.

2. _____

Sie können das iPhone（3GS 8MB；4G 16/32MB）ab dem 27. 10. 2010 in allen Vodafone Shops bekommen oder im Internet unter www. vodafone. de. Eine Übersicht von Vodafone Shops in Ihrer Nähe，finden Sie unter http://www. vodafone. de/shopadressen/index. html.

3. _____

Vodafone hat die folgenden Modelle：

● iPhone 3 GS mit 8 GByte

● iPhone 4 G mit 16 GByte

● iPhone 4 G mit 32 GByte

Alle iPhones sind ausschließlich in schwarz erhältlich.

4. _____

Sie können eine SIM-Karte（MicroSIM）für das iPhone 4 automatisch per Post oder im Shop bekommen.

Achtung: Aktivieren Sie die neue MicroSIM zunächst unter der Nummer 12229! Die Anleitung hierzu finden Sie in der Post zur SIM-Karte. Der Versand der SIM-Karte und des Gerätes erfolgen per Post. Es können vielleicht einige Tage dauern. Wir werden Ihnen die SIM-Karte an Ihre Adresse versenden.

5. _____

Menü→Einstellungen→Allgemein→Landeseinstellungen→Sprache

Das iPhone unterstützt folgende Sprachen: Deutsch, Englisch, Französisch, Italienisch, Chinesisch, Nederlands, Italiano, Espanol, Portugues, Dansk, Suomi, Norsk, Svenska, Polski, Türkce, Hrvatski, Cestina, Romana, Slovencina, Bahasa Indonesia, Bahasa Melayu（und Sprachen die Aufgrund von Schriftzeichen nicht zugeordnet werden können, hier wendet sich der Kunde bei Fragen bitte an den Hersteller）→ Stand Juni 2009

6. _____

Zum Abfragen der SMS-Zentrale am iPhone, geben Sie folgende Kombination über das Nummernfeld ein:

＊＃5005＊7672＃ grüne Hörertaste

Zum Ändern oder Eintragen der SMS-Zentrale nutzen Sie folgende Kombination:

＊＊5005＊7672＊＋491722270000＃ grüne Hörertaste oder ＊＊5005＊7672＊＋491722270333＃ grüne Hörertaste

Änderung nach: http://www.vodafone.de/privat/apple/iphone-faqs.html

Zusammenfassende Übungen

1. Fragen und antworten Sie bitte!

Beispiel:　＊ Wer ist das?

　　　　　　＋ Das ist *Mao Zedong*. *Er* war *Chinese*.

　　　　　　＊ Was war *er*?

　　　　　　＋ *Er* war *Politiker*.

Mao Zedong

R. F. Kennedy

Johann Sebastian Bach

Li Shizhen

| Lu Xun | Marie Curie | Konfuzius |

| Chemikerin Politiker Komponist Arzt Lehrer Schriftsteller |

2. Ergänzen Sie bitte *haben* und *sein* im Präteritum oder im Präsens!

a) Am Samstag _____ ich keinen Unterricht. Ich _____ den ganzen Tag zu Hause.

b) Sein Großvater _____ Arzt. Er _____ viele Jahre in Frankreich.

c) Wo _____ du gestern? Ich wollte mit dir ins Kino gehen, aber du _____ nicht zu Hause.

d) Wir _____ früher kein Geld und _____ hungrig. Aber heute _____ wir viel Geld und _____ satt.

e) Vorgestern _____ Herr Müller in Hamburg. Er _____ dort eine Besprechung. Gestern _____ er in Bremen. Er _____ eine Vorlesung.

3. Ergänzen Sie bitte die Modalverben im Präteritum!

a) Dino _____ Monika zum Abendessen einladen. Aber sie _____ nicht kommen, sie _____ Deutsch lernen.

b) * _____ Stefan Lehrer werden? + Nein, er _____ Arzt werden.

c) Frau Schumann _____ in Japan arbeiten. Aber sie _____ kein Japanisch sprechen. Sie _____ Japanisch lernen.

d) Es war spät, das Kind _____ noch weiter spielen. Aber es _____ nicht mehr spielen. Es _____ sofort schlafen.

e) Wang Dali _____ nur am Wochenende kochen. An den Wochentagen _____ er viel arbeiten.

4. Bitte ergänzen Sie *ja, nein* oder *doch*!

a) * Arbeiten Sie nicht fleißig?   + _____, ich arbeite nicht fleißig.

b) * War der Film interessant?   + _____, er war langweilig.

c) * Hat er keine Post?   + _____, er hat einen Brief.

d) * Kann Wang Dali Deutsch sprechen?

    + _____, er kann gut Deutsch sprechen.

5. Bilden Sie bitte Fragen!

a) * _____? + Nein, er kommt aus Korea.

b) * _____? + Doch, per Luftpost geht es sehr schnell.

c) * _____? + Ja.

Schreiben

Schreiben Sie bitte: Was wollten Sie gestern machen, konnten es aber nicht machen?
Was mussten Sie dann machen?

Sprechen

**Sie möchten Bücher / Briefe / Päckchen nach China schicken. Machen Sie bitte
einen Dialog auf dem Postamt!**

Hören

Text F

1. Hören Sie den Text einmal und beantworten Sie bitte die Frage!

Worum geht es in dem Text?

2. Hören Sie den Text noch einmal und beantworten Sie bitte die Fragen!

a) Warum konnte Wang Dali gestern nicht auf die Party gehen?

b) Wie lange bleibt Wang Dalis Vater noch in Deutschland?

c) Ist Wang Dalis Vater zum ersten Mal in Deutschland?

Phonetische Übung I

Hören und sprechen Sie bitte nach!

● [b] — [p]

Post – Boss	packen – backen	Brief – Priester	Lob – lobe	Bombe – Plombe
Bein – Pein	Oper – Ober	Ebbe – eben	Paar – Bar	Ballett – Palette

● [d] — [t]

Daten – Taten	Tom – Dom	runde – bunte	toll – doll	Dieb – Trieb
Leiten – leiden	Seite – Seide	Deich – Teich	Made – Matte	

● [g] — [k]

Weg – Wege   Paket – Bagger   kosten – Gotik   gelte – Kälte   Mantel – Mandel

tanken – danken   Dackel – Tage   Marke – Magen   Kranz – Gans   Steg – Stege   lecken – legen

Graben – Kragen   Tag – Tage   krank – Kranke

Phonetische Übung II

Hören und sprechen Sie bitte nach!

a) Ich möchte das Paket schicken.

　　Ich möchte das Paket an Klaus schicken.

　　Ich möchte das Paket an Klaus nach Berlin schicken.

　　Ich möchte das Paket an Klaus per Luftpost nach Berlin schicken.

　　Ich möchte heute das Paket an Klaus per Luftpost nach Berlin schicken.

　　Ich möchte heute Nachmittag das Paket an Klaus per Luftpost nach Berlin schicken.

b) Wie viel kostet das?

　　Wie viel kostet das Päckchen?

　　Wie viel kostet das Päckchen nach Leipzig?

　　Wie viel kostet das Päckchen nach Leipzig per Bahn?

Lektion 7
Die Einladung

Hören und Lesen

Text A _____

1. Hören Sie bitte den Text und beantworten Sie die Fragen!

a) Worum geht es im Text?

Es geht um   ☐ eine Einladung ins Konzert.

                          ☐ eine Einladung ins Kino.

                          ☐ eine Einladung ins Theater.

b) Wer lädt wen ein?

c) Wann und wo findet das Konzert statt?

d) Wer holt wen ab?

2. Hören Sie bitte den Text noch einmal und fügen Sie die fehlenden Wörter ein!

Wang Dali: Guten Tag, Herr Pöppelmann. Wie geht es _____?

Pöppelmann: Ah, guten Tag, Herr Wang. _____, gut. Und Ihnen?

Wang Dali:	Danke, auch gut. Herr Pöppelmann, ich möchte Sie gern in ein _____ einladen.
Pöppelmann:	Oh, schön! Was gibt es _____?
Wang Dali:	Klassische chinesische _____. Die Musiker kommen alle aus _____.
Pöppelmann:	Prima. Ich komme gern. Wann findet denn das _____ statt?
Wang Dali:	Am Freitag um _____. In der Oper. Bitte kommen Sie mit _____ Frau.
Pöppelmann:	Ah, da muss ich erst mal _____. Moment, ich rufe sie an.

Herr Pöppelmann geht zum Telefon und ruft seine Frau an. Nach ein paar Minuten kommt er wieder zurück.

Pöppelmann:	Herr Wang, meine Frau kommt sehr _____. Sie hat auch _____ am Freitagabend.
Wang Dali:	Gut! Dann bestelle ich gleich die _____.
Pöppelmann:	Danke. Um halb acht holen wir Sie zu Hause ab. _____?
Wang Dali:	Ja. Also dann _____ Freitag. Auf Wiedersehen.
Pöppelmann:	Vielen Dank. Tschüss. Bis _____. Moment. Wann? Freitag um halb acht. Das muss ich sofort _____.

3. Lesen Sie bitte den Text mit Ihrem Nachbarn und achten Sie auf Ihre Aussprache!

Grammatik I

Trennbare und untrennbare Verben

Beispiele: * Herr Wang, ich **ver**'stehe das Wort immer noch nicht.

+ Na gut, dann schreibe ich es **auf**.

* Können Sie Herrn Müller '**an**rufen?

+ Ja, ich rufe ihn **an**.

1. '**auf**schreiben ist ein trennbares Verb. Andere trennbare Verben sind:

'**ab**fahren, '**an**rufen, '**ein**laden, '**frei**haben, '**mit**kommen, '**nach**fragen,

'**statt**finden, '**wieder**sehen, '**zu**hören, '**zurück**kommen, ...

2. **ver**'stehen ist ein untrennbares Verb. Andere untrennbare Verben sind:

be'stellen, **ge**'hören, **emp**'fehlen, **ent**'schuldigen, **er**'klären, **unter**'schreiben,

wieder'holen, ...

Übungen

1. Suchen Sie bitte alle trennbaren Verben in Text A! Tragen Sie bitte die Verben in die Tabelle ein!

trennbare Verben	untrennbare Verben

2. Ergänzen Sie bitte die Verben in richtiger Form!

a) * Herr Wang, heute Abend gibt es ein chinesisches Konzert. Darf ich Sie _____ (einladen)?

  + Prima. Wann _____ das Konzert _____ (beginnen)?

  * Um acht. _____ Ihre Frau _____ (mitkommen)?

  + Keine Ahnung. Ich _____ mal _____ (nachfragen). Moment, ich _____ sie __ _____ (anrufen).

b) * Kann ich ein Küchenmesser nach Deutschland _____ (mitnehmen)?

  + Moment, ich muss erst mal _____ (nachfragen).

c) * _____ Sie den Satz _____ (verstehen)?

  + Nein, _____ Sie ihn bitte _____ (wiederholen).

  * Gut, ich _____ ihn noch einmal _____ (erklären).
    Sie müssen diesmal gut _____ (zuhören).

  + Ich _____ ja schon gut _____ (zuhören), aber ich kann Sie nicht _____ (verstehen). Können Sie den Satz _____ (aufschreiben)?

d) * Ich gehe heute Abend mit Anna essen. _____ du _____ (mitkommen)?

  + Sehr gern. Soll ich einen Tisch _____ (bestellen)?

  * Nein.

  + Sag mal, soll ich Wang Dali _____ (einladen)?

  * OK, _____ ihn doch mal _____ (anrufen)!

  + Gut, mache ich. Bis dann.

  * Bis heute Abend.

Wortschatz I

Redewendungen

Übungen

1. Was passt zusammen? Schreiben Sie bitte die Redewendungen in die Bilder!

1. Komm gut nach Hause!

2. Gute Besserung!

3. Herzlichen Glückwunsch!

4. Viel Erfolg!

5. Viel Spaß!

6. Gesundheit!

7. Guten Appetit!

8. Entschuldigung!

9. Ich gratuliere!

2. Was sagen Sie?

a) Ein Freund geht tanzen.

_____

b) Der Unterricht ist zu Ende.

_____

c) Sie besuchen einen Freund im Krankenhaus.

_____

d) Ihre Schwester macht eine Reise.

_____

e) Sie kommen zu spät zu einem Termin.

_____

f) Ihr Nachbar hat Geburtstag.

_____

g) Sie essen mit Kollegen zusammen.

_____

h) Ihr Lehrer niest.

_____

i) Morgen hat ihr Bruder Prüfung.

_____

j) Ihre Freunde gehen Fußball spielen.

_____

k) Sie haben eine Frage und sprechen eine Person auf der Straße an.

_____

l) Es ist 17.00 Uhr. Alle Kollegen gehen nach Hause.

_____

m) Ein Kommilitone ist krank.

_____

Grammatik II

Dativ

A   Personalpronomen im Dativ (D)

Personalpronomen		
N	**A**	**D**
ich	mich	**mir**
du	dich	**dir**
er	ihn	**ihm**
sie	sie	**ihr**
es	es	**ihm**
wir	uns	**uns**
ihr	euch	**euch**
sie	sie	**ihnen**
Sie	Sie	**Ihnen**
wer?	wen?	**wem?**

Beispiele: Josef braucht Hilfe! Wer <u>hilft</u> *ihm*?

    * *Wem* <u>gehört</u> das Buch?
    + Das Buch <u>gehört</u> *mir*.

Verben mit einem Dativobjekt sind z. B. :

helfen, danken, gratulieren, gefallen, antworten, gehören, schmecken, passen usw.

Außerdem:

* Wie <u>geht es</u> *Ihnen* / *dir*?   + Danke, *mir* <u>geht es</u> gut.
* Meine Mutter ist krank.   + Oh, das <u>tut</u> *mir* <u>Leid</u>.

Übung

Setzen Sie das richtige Pronomen ein!

a) * _____ gehört der Koffer? Gehört er _____ ?

  + Nein, _____ nicht.

b) * Wie gefällt _____ das Kleid?

　　+ Es gefällt _____ sehr, aber passt _____ überhaupt nicht.

　　* Das tut _____ Leid.

c) * Wie geht es _____?

　　+ _____ geht es schlecht.

　　* Oh, das tut _____ Leid.

d) Ich danke _____ für eure Geschenke.

e) * Entschuldigen Sie bitte, können Sie _____ helfen? Wir suchen das Hotel „Garten".

　　+ Tut _____ Leid, ich kann _____ nicht helfen.

f) Wer kann _____ helfen? Er ist sehr krank.

g) * Wem gehören die 500 Euro?

　　+ Das kann ich _____ nicht sagen. _____ nicht.

　　* Schön, dann gehören sie jetzt _____.

h) * Schmecken _____ die Nudeln?

　　+ Ja, die Nudeln schmecken _____ gut.

B　Bestimmter und unbestimmter Artikel im Dativ (D)

	unbestimmter Artikel	bestimmter Artikel
(m)	Wir helfen einem Mann. (keinem)	Wir helfen dem Mann.
(n)	Ich antworte einem Kind. (keinem)	Ich antworte dem Kind.
(f)	Sie dankt einer Frau. (keiner)	Sie dankt der Frau.
(Pl.)	Das Auto gefällt (/) Kindern. (keinen)	Das Auto gefällt den Kindern.

aber:　　　　die Autos (N)　　　　den Autos (D)

　　　　　　die Frauen (N)　　　　den Frauen (D)

Übungen

1. Wem helfen / gratulieren / danken Sie?

Ich helfe _____

die Frau, ein Kind, ein Freund, die Großeltern, eine Studentin,
das Mädchen, der Mann

2. Ergänzen Sie bitte!

a) Morgen helfen wir _____(die Lehrer).

b) ＊ Wem gehört das Haus?

    ＋ _____(der Mann) dort.

c) Alle gratulieren _____(das Geburtstagskind) recht herzlich zum Geburtstag. Es

    dankt _____(die Gäste).

d) Gefällt _____(die Kinder) das Spielzeug?

e) Der Schüler antwortet _____(die Lehrerin). Aber die Antwort ist falsch. Die

    Lehrerin hilft _____(der Schüler).

C   Possessivpronomen im Dativ (D)

m/n			f			Plural(Pl.)		
mein	– em	Sohn / Kind	mein	– er	Tochter	mein	– en	Kinder n/
dein	– em		dein	– er		dein	– en	Studentinnen
sein	– em		sein	– er		sein	– en	
ihr	– em		ihr	– er		ihr	– en	
sein	– em		sein	– er		sein	– en	
unser	– em		unser	– er		unser	– en	
eur	– em		eur	– er		eur	– en	
ihr	– em		ihr	– er		ihr	– en	
Ihr	– em		Ihr	– er		Ihr	– en	

Beispiele: ＊ Wem gratulieren Sie?   ＋ Ich gratuliere mein**em** Freund.

          ＊ Wem gehört das Buch?   ＋ Das Buch gehört mein**er** Freundin.

Übungen

1. Sie sind Max Pöppelmann. Wem gehören die folgenden Sachen?

Beispiel: ＊ Wem gehört *das Geld*?

      ＋ *Das Geld* gehört *meiner Frau*.

2. Ergänzen Sie bitte!

a) * Wie geht es _____ (Ihr Bruder)?

    + Danke, _____ (mein Bruder) geht es gut.

b) * Musst du oft _____ (deine Eltern) helfen?

    + Nein.

c) * Gehört _____ (eure Kinder) das Spielzeug?

    + Ja, warum?

    * Es ist kaputt.

d) Sag nichts _____ (meine Frau)! Es ist ein Geschenk.

e) Antworte _____ (dein Vater)!

3. Ergänzen Sie bitte die Pronomen!

Frauengespräch

* Was gehört _____ (dein Mann)?

+ _____ (Mein Mann) gehört nichts. _____ (Ich) gehören das Auto, unser Geld und die

Wohnung. _____ (Er) gehört nur die Hausarbeit.

4. Überlegen Sie! Wem müssen Sie bald schreiben/gratulieren/danken/helfen? Schreiben Sie bitte 4 Sätze!

a) _____

b) _____

c) _____

d) _____

Hören

1. Hören Sie bitte den Text einmal und beantworten Sie die Fragen!

a) Wo sind Herr und Frau Pöppelmann und Wang Dali?

b) Gefällt ihnen der Abend?

2. Hören Sie bitte den Text noch einmal und beantworten Sie die Fragen!

a) Welches Instrument spielt der Vater von Wang Dali?

b) Kann Wang Dali das Instrument auch spielen?

c) Wohin lädt Frau Pöppelmann Wang Dali ein?

Hören und Lesen

Text C

1. Hören Sie bitte den Text und beantworten Sie die Fragen!

a) Worüber sprechen Frau Wu und Herr Pöppelmann?

b) Geben Sie mit Hilfe von Antwort a) dem Text eine Überschrift!

c) Ergänzen Sie bitte die Tabelle!

Vorschläge von Frau Wu
–
–
–
Vorschlag von Herrn Pöppelmann
–

2. Hören Sie bitte den Text noch einmal und fügen Sie die fehlenden Wörter ein!

Herr Pöppelmann: Frau Wu, Herr Li hat bald _____ .

Frau Wu: Oh, _____ wissen Sie das?

Herr Pöppelmann: Das _____ in seinen Bewerbungsunterlagen. Hat er einen _____? Was
                   können wir ihm _____?

Frau Wu: _____ eine Torte.

Herr Pöppelmann: Eine Torte?? — Das geht nicht in _____. Das ist zu _____.

Frau Wu: Vielleicht _____?

Herr Pöppelmann: Nein, das geht auch nicht. Was halten Sie _____ Eintrittskarten für das
                   Theater oder die Oper?

Frau Wu: Eintrittskarten für die Oper? Das ist in China nicht _____ — zu einfach.

Herr Pöppelmann: Ach so. Aber in Deutschland sind gute Eintrittskarten sehr _____, ungefähr
                   50 Euro.

Frau Wu: Ach so. Vielleicht schenken _____ ihm etwas für das _____, ein Buch
                   zum Beispiel.

Herr Pöppelmann: Ja, das ist eine gute _____. Ich gehe heute in die Stadt. Vielleicht _____
                   ich ein gutes Buch für ihn.

3. Lesen Sie bitte den Text mit Ihrem Nachbarn und achten Sie auf Ihre Aussprache!

Wortschatz II

Sprechen Sie bitte nach!
Geschenke

das Seidentuch, ¨ er   der Wein   die VCD, -s   das Buch, ¨ er   das Porzellan

das Fotoalbum, ...ben   der Tabak   das Spielzeug   das Obst   der Schmuck

die Kalligraphie, -n   die Blume, -n   die Tischdecke, -n   die Torte, -n   die Zigarette, -n

der Scherenschnitt, -e   der Tee   die Kleidung   der Füller, -   die Krawatte, -n

die Konzertkarte, -n   die CD, -s   das Rollbild, -er   die Uhr, -en   die Schokolade

Übungen

1. Was schenken Chinesen und Deutsche zum Geburtstag? Ordnen Sie die Geschenke zu!

a) Chinesen schenken Deutschen:

_____   _____   _____

_____   _____   _____

_____   _____   _____

_____   _____   _____

_____   _____   _____

_____   _____   _____

b) Deutsche schenken Chinesen:

_____   _____   _____

_____   _____   _____

_____   _____   _____

_____   _____   _____

_____   _____   _____

_____   _____   _____

2. Was schenken Sie? Was sagen Sie?

a) Ihr Freund ist krank. Sie besuchen ihn.

_____

b) Eine deutsche Freundin möchte Sie zum Essen einladen.

_____

c) Ein Freund feiert seinen 20. Geburtstag.

_____

Grammatik Ⅲ

Stellung von Dativ- und Akkusativobjekt (Nomen und Personalpronomen)

Ein Ehepaar

Sie: Liebst du mich?

Er: Natürlich liebe ich dich.

Sie: Dann zeig **mir** _deine Liebe_!

Er: Wie soll ich _sie_ **dir** zeigen?

Sie: Kauf **mir** _Kleider_ und _Schmuck_ und _ein Auto_!

Er: Ich kann **dir** aber _kein Auto, keine Kleider_ und _keinen_

　　Schmuck kaufen. Ich habe kein Geld.

Sie: Also liebst du mich nicht.

Er: Doch, ich liebe dich sehr, und ich schenke **dir** jeden Tag _mein Herz_, aber ich kann **dir** _kein Auto_

　　schenken.

I	II	III	IV
Er	zeigt	**seiner Frau**	_seine Liebe_.
Er	zeigt	**ihr**	_seine Liebe_.
Er	zeigt	_sie_	**seiner Frau.**
Er	zeigt	_sie_	**ihr.**

Übungen

1. Bilden Sie bitte Sätze!

a) er / ihr / ein Kleid / kaufen.

b) geben / uns / du / dein Fahrrad?

c) können / reparieren / sie / es / ihm.

d) wir / das Paket / sollen / eurer Tochter / schicken?

e) ihre Tochter / meinem Sohn / zeichnen / ein Bild.

f) seine Frau / schenken / ihm / ihn.

g) sie / zeigen / mein Vater / Ihnen.

h) ihr / kochen / Tee / uns.

i) einen Brief / seine Kinder / ihm / schreiben?

j) du / kaufen / deiner Frau / Blumen.

2. Korrigieren Sie bitte die Sätze!

a)

Er bringt seinen Blumen die Freundin.

_____

b)

Die Eltern schenken einem Hund ihren Sohn.

_____

c)

Sie gibt der Krawatte einen Mann.

_____

d)

Er kauft seiner Wohnung eine Frau.

_____

e)

Ich repariere der Uhr meinen Großvater.

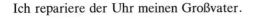

3. Fragen und antworten Sie bitte mit Hilfe der Tabelle!

wer		wem	was
			Postkarte
Peter		Vater	Uhr
Hans	bringen	Sohn	DVD
Sie	leihen	Mutter	Seidentuch
Die Kinder	schenken	Eltern	Blumen
Er	geben	Frau	Schmuck
Wir	kaufen	Freund	Bücher
Die Mutter	schreiben	Töchter	Spielzeug
Die Großeltern	zeigen	Kinder	Schuhe
Reiner	empfehlen	Renate	Karte
Die Chinesen		Deutschen	Porzellan
Die Deutschen		Chinesen	iPad/iPhone 4
Wang Dali		Christian	Kalligraphie
		Pöppelmann	Brief
			Parfüm

Beispiel: * **Wem** schenkt Peter *ein iPad*?

+ Er schenkt **seinem Freund** *ein iPad* .

* **Was** schenkt Peter *seinem Freund*?

+ Er schenkt *seinem Freund* **ein iPad.**

4. Machen Sie Dialoge bitte!

Beispiel: Michael   DVD

* Du, *Michael* lädt mich zum Geburtstag ein. Sag mal, was soll ich *ihm* schenken?

+ Schenk *ihm* doch *eine DVD*!

a) mein Freund, Bild   b) Hanna, Seidentuch

c) sein Onkel, Wein   d) der Lehrer, Buch

e) Herr Holz, Tabak

f) meine Zwillingssöhne, Pullover

g) meine Freundin, Tee

h) meine Frau, Schmuck

i) mein Vater, Uhr

j) Sabine, Fotoalbum

k) Hans, Konzertkarte

l) Max, Krawatte

Hören

Text D Eine Einladung zum . . .

Hören Sie bitte den Text und beantworten Sie die Fragen!

a) Wer macht wann eine Party? Warum?

b) Susanne und Wang Dali kaufen ein Geschenk. Was kaufen sie?

Lesen

Text E Eine Geburtstagsfeier in Deutschland

1. Lesen Sie bitte den Text!

Klaus hat am Mittwoch Geburtstag. Aber er feiert erst am Samstag. Dann können alle Gäste lange feiern. Sie müssen am Sonntag nicht arbeiten. Vor dem Geburtstag kann er nicht feiern. Das ist in Deutschland nicht üblich.

Die Gäste kommen nach 20.00 Uhr. Sie gratulieren Klaus. Er packt alle Geschenke sofort aus und dankt den Gästen. Dann nehmen die Gäste im Wohnzimmer oder in einem anderen Zimmer Platz. Einige Gäste sitzen auf dem Fußboden, andere stehen. In der ganzen Wohnung sind Gäste. Sie unterhalten sich, trinken Bier, Wein, Wasser oder Salt und Klaus mixt für alle Cocktails. Auf dem Tisch sind verschiedene Salate, Kuchen, Pizza, Chips usw. Ein richtiges Essen gibt es nicht. Es ist ein schöner Abend und später gehen alle vielleicht noch in eine Disco und tanzen bis morgen früh.

2. Beantworten Sie bitte die Frage!

Welche Unterschiede und Ähnlichkeiten gibt es zwischen einer chinesischen und einer deutschen Geburtstagsfeier?

	Geburtstagsfeier in Deutschland	Geburtstagsfeier in China
Unterschiede:	– –	– –
Ähnlichkeiten:	– – – –	– – – –

Grammatik Ⅳ

n -Deklination

Nominativ	Akkusativ	Dativ
der/ein Polizist	den/einen Polizisten	dem/einem Polizisten
der/ein Pessimist	den/einen Pessimisten	dem/einem Pessimisten
der/ein Optimist	den/einen Optimisten	dem/einem Optimisten
der/ein/mein Student	den/einen/meinen Studenten	dem/einem/meinem Studenten
der/ein Assistent	den/einen Assistenten	dem/einem Assistenten
der/ein Dozent	den/einen Dozenten	dem/einem Dozenten
der/ein/mein Junge	den/einen/meinen Jungen	dem/einem/meinem Jungen
der/ein/mein Kollege	den/einen/meinen Kollegen	dem/einem/meinem Kollegen
der/ein/ Chinese	den/einen Chinesen	dem/einem Chinesen
der/ein/mein Herr	den/einen/meinen Herrn	dem/einem/meinem Herrn
der/ein /mein Nachbar	den/einen/meinen Nachbarn	dem/einem/meinem Nachbarn
der/ein Mensch	den/einen Menschen	dem/einem Menschen

Übung

a) Das Fahrrad gehört _____ (der Junge).

b) Das Buch gefällt _____ (Herr Holz und sein Kollege).

c) Die Kinder zeigen _____ (der Herr) den Weg zum Bahnhof.

d) Sie schenkt _____ (kein Mensch) etwas.

e) Ich öffne _____ (mein Nachbar) die Tür.

f) Der Lehrer hilft _____ (sein Student).

g) Jiaozi schmecken _____ (der Nordchinese) gut.

h) Frau Mayer gratuliert _____ (ihr Nachbar) zum Geburtstag.

i) Ein Optimist schenkt _____ (der Pessimist) eine CD.

j) Das Mädchen dankt _____ (der Polizist) für die Hilfe.

Sprechen

1. Sie wollen in eine Oper von Mozart gehen. Sie möchten Ihren Freund einladen. Bitte spielen Sie den Dialog mit Ihrem Partner!

Wolfgang Amadeus Mozart
„Die Hochzeit des Figaro"

Do., Fr., Sa. und So.
19.00 Uhr
Im Opernhaus

Karten: 8 Euro und 16 Euro
Schüler/Studenten: 4 Euro und 8 Euro

Sie:	Hallo, ...
Freund:	...
Sie:	... einladen.
Freund:	Oh! Was ... ?
Sie:	...
Freund:	Sehr schön. Wann ... ?
Sie:	Am ...
Freund:	... schon eine Verabredung. Aber ... Zeit.
Sie:	Gut. Dann gehen wir am ... Ich ... die Karten.
Freund:	Wo ... ?

Sie:	...
Freund:	Und um wie viel Uhr ... ?
Sie:	...
Freund:	Dann hole ... ab. Einverstanden?
Sie:	Gut. Also bis ...
Freund:	...

2. Situative Fragen

a) Ihr Nachbar möchte Sie ins Kino einladen. Aber Sie finden ihn unsympathisch. Lehnen Sie die Einladung höflich ab.

b) Ihre Freundin möchte mit Ihnen in die Oper gehen. Aber Sie möchten lieber ins Theater gehen.

Schreiben

Sie geben eine Party und laden Ihren Freund ein. Sie schreiben ihm eine E-Mail.

In der Einladung sollten Sie Ihren Freund über folgende Punkte informieren:

— Warum feiern Sie?

— Wann feiern Sie (Datum, Wochentag und Uhrzeit)

— Wo findet die Feier statt? (Im Restaurant, bei Ihnen zu Hause? Draußen im Garten oder im Haus?)

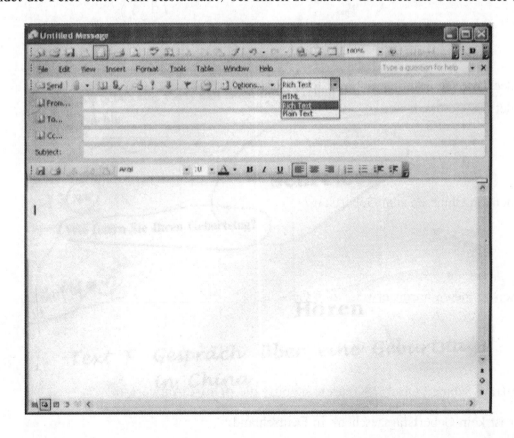

Hören

Hören Sie den Text und beantworten Sie bitte die Fragen!

a) Wo findet das Gespräch statt?

b) Was schenken Chinesen zum Geburtstag?

c) Was essen Chinesen normalerweise zum Geburtstag?

d) Warum fragt Sabine: „Obst" ? Kreuzen Sie bitte die richtige Antwort an!

☐ Obst ist kein Geburtstagsgeschenk in Deutschland.

☐ Sie kann schlecht hören.

Phonetische Übung I

Hören und sprechen Sie bitte nach!

● [m]

mitkommen – mitbringen – aufmachen – ankommen – mitnehmen – ausmachen – nachahmen – mitgehen – aufnehmen – mitfahren – vornehmen – vorbeikommen

● [n]

stattfinden – abnehmen – nachdenken – ansehen – anfangen – abheben – nachholen – hinausgehen – nachsprechen – wiedersehen – nachgeben

● [l]

einladen – umleiten – zusammenlaufen – einfallen – abmelden – nachschlagen – zusammenleben – vorbeilaufen – ausfallen – nachlassen – ablenken – abholen

● [r]

zurückgehen – anrufen – freihaben – umformen – eintragen – zurückkommen – umdrehen – fernsehen – nachfragen – aufräumen – aufschreiben – zuhören

Phonetische Übung II

Hören und sprechen Sie bitte nach!

a) Ich möchte meinen Freund gern in ein Konzert einladen.

　Er möchte seine Eltern in ein Restaurant einladen.

　Maria möchte ihre Freundin morgen ins Theater einladen.

　Wir möchten unseren Gast zum Kaffee einladen.

　Peter möchte seinen Lehrer ins Kino einladen.

　Martin möchte Anna auf seine Geburtstagsparty einladen.

b) Wann findet denn das Konzert statt?

　Wann hole ich dich von der Schule ab?

　Wann rufst du mich an?

　Wann sehen wir uns wieder?

　Wann hast du frei?

　Wann fährt der Zug ab?

　Wann kommt Wang Dali zurück?

c) Hol Sabine von der Schule ab!

　Ruf ihn bitte mal an!

　Komm bitte nicht zu spät zurück!

　Bring mir morgen das Buch mit!

Hör im Unterricht gut zu!

Nimm mich nach Deutschland mit!

Phonetische Übung III

Hören und sprechen Sie bitte nach!

a) * Guten Tag, Herr Pöppelmann.

　+ Guten Tag, Wang Dali.

　* Ich möchte Sie ins Konzert einladen. Haben Sie Zeit?

　+ Ja, wann findet denn das Konzert statt?

　* Am Freitagabend, um 19 Uhr.

　+ Gut, vielen Dank für Ihre Einladung.

b) * Hallo, Sabine. Wohin gehst du?

　+ Hallo, Susanne. Ich gehe einkaufen.

　* Was, du gehst schon wieder einkaufen?

　+ Ja, Klaus hat Geburtstag. Ich möchte ihm eine CD kaufen.

　* Ich möchte ihm auch etwas zum Geburtstag
　　schenken.

　+ Wollen wir zusammengehen?

c) * Wang Dali, wie findest du die Geburtstagsfeier von Klaus?

　+ Toll! Es ist ein wunderschöner Abend.

　* Sag mal, welche Geschenke machen die Chinesen dem Geburtstagskind?

　+ Wir schenken ihm Fotoalben, Blumen, Bücher, Torten oder Geld.

　* Geld?

　+ Ja, Geld. Das ist in China sehr üblich.

Lektion Essen und Trinken 8

Hören und Lesen

1. Hören Sie bitte den Text und beantworten Sie die Fragen!

a) Wen möchte Susanne treffen?

b) Was bestellt Wang Dali für seine Freunde?

c) Was erfahren Sie im Text über Kim?

—

—

—

—

—

2. Hören Sie bitte den Text noch einmal und fügen Sie die fehlenden Wörter ein!

Wang Dali: Es ist schon _____ . Wir wollten uns um vier mit Susanne treffen.

Klaus: Sei nicht so ungeduldig! Sie kommt bestimmt gleich.

Wang Dali: Gut, gut. Wir _____ noch fünf Minuten.

Klaus: _____ mal, da kommt Susanne ja!

Susanne: Entschuldigt, bitte! Aber ich musste noch mit Kim telefonieren. Wir _____ noch etwas besprechen. Sie kommt auch gleich.

Klaus: Wer ist Kim?

Susanne: Das ist eine Freundin von mir. Sie ist _____ .

Wang Dali: Nun, was möchtest du _____ ?

Susanne: Ich möchte eine Tasse Kaffee und ein Stück _____ .

Wang Dali: Möchtest du noch etwas trinken, Klaus?

Klaus: Ich _____ einen Erdbeer-Shake.

Wang Dali: Was ist denn das?

Klaus: Das ist ein _____ aus Milch, _____ und Erdbeeren.

Wang Dali: Oh, ich _____ auch einen.

Susanne: Da kommt Kim. Hallo Kim. Darf ich vorstellen: Kim, das ist Klaus.

Klaus: Hallo.

Kim: Hallo.

Susanne: Und Wang _____ du ja schon.

Kim: Hallo Wang.

Wang Dali: Hallo Kim. Kim, was möchtest du trinken?

Kim: Ich weiß nicht. Kann ich mal die _____ sehen? Mhm ... ich trinke eine _____ schwarzen Tee.

Kellner: Sie _____ ?

Wang Dali: Wir _____ einen schwarzen Tee, eine Tasse Kaffee, zwei Erdbeer-Shake und ein _____ Apfelkuchen.

Klaus: Kim, studierst du auch hier?

Kim: Nein, ich schreibe meine _____ über Clara Schumann.

Klaus: Über Clara Schumann! Bist du Musikerin?

Kim: Nein, ich bin _____ , aber ich kann _____ spielen.

Klaus: Und in Korea arbeitest du als Musikwissenschaftlerin?

Kim: Ja, in Seoul an meiner _____ .

Klaus: Und wo wohnst du?

Susanne: Klaus, sei doch nicht so neugierig!

Klaus: Entschuldigung!

Wang Dali: Ah, da kommt ja unsere _____ .

3. Lesen Sie bitte den Text mit Ihrem Nachbarn und achten Sie auf Ihre Aussprache!

Wortschatz

Im Café

Übungen

1. Ordnen Sie bitte zu!

Beispiel: *ein Glas* Rotwein;   **oder:** *eine Flasche* Rotwein

der Wein	Rotwein
	Weißwein
das Bier	

das Glas, ::er
die Flasche, -n

der Saft	Apfelsaft
	Tomatensaft
	Orangensaft

die Cola
das Mineralwasser

der Kaffee   *mit / ohne Zucker*   **die Tasse, -n**

der Tee	schwarzer Tee
	grüner Tee
	Jasmintee

das Kännchen, -

der Kuchen	Obstkuchen
	Apfelkuchen
	Schokoladenkuchen

das Stück, -e

mit / ohne Sahne

das Eis	Schokoladeneis
	Bananeneis
	Erdbeereis

der Becher, -

2. Sie sind mit Ihrem Freund im Café und möchten bestellen. Machen Sie bitte Dialoge!

Beispiel: * Ich nehme *eine Flasche Mineralwasser*. Und du?

+ Ich nehme *eine Tasse Kaffee* und *ein Stück Kuchen*.

* Gut, *eine Flasche Mineralwasser* und ...

3. Sie sind im Café. Die Kellnerin bedient Sie. Spielen Sie bitte die Szene mit Ihrem Nachbarn!

Beispiel: Kellnerin: Sie wünschen?

Gast:　　　Eine Tasse Tee bitte!

Kellnerin: Möchten Sie schwarzen Tee, grünen Tee oder Jasmintee?

Gast:　　　...

Kellnerin: Ja. Möchten Sie sonst noch etwas?

Gast:　　　Ein Stück Kuchen, bitte.

Kellnerin: ... oder ...?

Gast:　　　...

Kellnerin: Mit oder ohne Sahne?

Gast:　　　...

Kellnerin: Einen Moment bitte. / Kommt sofort.

Grammatische Wiederholung I

Modalverben

Setzen Sie bitte Modalverben ein!

a) Auf der Straße _____ die Kinder nicht Fußball spielen.

b) Er ist Tennisspieler von Beruf. Er _____ gut Tennis spielen.

c) Gestern war ich krank. Ich _____ zum Arzt gehen.

d) Die Eltern _____ morgen nach Köln fahren. Aber ihre Tochter Ulrike _____ nicht mitfahren. Sie _____ ihre Freundin besuchen.

e) Am Montag _____ Klaus ins Kino gehen. Aber er _____ nicht ins Kino gehen. Er hatte kein Geld.

f) Kaffee oder Tee? Was _____ Sie trinken?

g) Monika war gestern nicht in der Disco. Sie _____ gerne in die Disco gehen, aber sie _____ nicht gehen.

h) Der Arzt sagt: ,, Frau Braun, Sie _____ nicht zum Unterricht gehen. Sie _____ drei Tage im Bett bleiben. "

Frau Braun fragt: ,, _____ ich lesen? _____ ich viel Wasser trinken?"

i) Gabi hat Zahnschmerzen. Sie _____ für Mittwochnachmittag einen Termin machen. Der Arzt hat keine Zeit. Sie _____ erst am Donnerstag zum Zahnarzt kommen.

j) * Sag mal, _____ du diesen Text lesen?

+ Nein. Ist das Deutsch?

k) Er _____ nicht Deutsch sprechen und verstehen. Er _____ nicht in Deutschland studieren.

l) * Mein Vater sagt, ich _____ Deutsch lernen. Meine Mutter sagt, ich _____ Japanisch lernen. Was _____ ich lernen?

+ Was _____ du denn lernen?

* Ich weiß nicht, aber ich _____ eine Fremdsprache lernen.

Sprechen

1. Machen Sie bitte Dialoge!

Beispiel 1:

A: Herr Wang, darf ich vorstellen /

bekannt machen: Frau Schön.

W: Guten Tag, Frau Schön.

S: Guten Tag, Herr Wang.

Beispiel 2:

A: Darf ich vorstellen / bekannt

machen: Maria, Hans.

H: Hallo Maria.

M: Hallo Hans.

a) Sabine   –   Frank   b) Herr Perters   –   Herr Li

c) Monika   –   Wang Dali   d) Frau Schmidt   –   Herr Zhang

e) Susanne   –   Michael   f) Christian   –   Stefan

2. Stellen Sie bitte Ihrem Nachbarn eine Person auf den Bildern vor!

Beispiel: Das ist *Shakespeare*. Er war *Engländer*. Er war *Schriftsteller*.

Shakespeare

R. F. Kennedy

Albert Einstein

Ludwig van Beethoven

Lu Xun

Sun Yat-sen

3. Raten Sie mal!

Stellen Sie bitte einen Kommilitonen vor (Herkunft, Beruf, ...), aber <u>nicht</u> Ihren Nachbarn! Nennen Sie nicht den Namen!

Beginnen Sie mit: *Meine Person ist ...*

Schreiben

Bitte stellen Sie sich und Ihre Familie vor!

Hören

Text B

1. **Hören Sie bitte den Text einmal und geben Sie dem Text eine Überschrift!**

2. **Hören Sie den Text noch einmal und beantworten Sie bitte die Fragen!**

a) Wann hat Klaus Zeit und wann Kim?

b) Was machen sie gemeinsam am Freitag?

Hören und Lesen

Text C „Zum Ross"

1. Hören Sie bitte den Text und beantworten Sie die Fragen!

a) Welche Unterschiede gibt es beim Essen in China und Deutschland?

b) Wie viel Trinkgeld bekommt der Kellner?

2. Hören Sie bitte den Text noch einmal und fügen Sie die fehlenden Wörter ein!

Einige Kollegen machen mit Frau Wu am Sonntag einen Ausflug in die Umgebung von Darmstadt. Zu

Mittag essen sie in einem _____ in einem kleinen Dorf.

Herr Freier: Frau Wu, hier ist die _____. Ich nehme Rinderbraten mit Rotkohl und _____.

Frau Meisen: Ich nehme auch Rinderbraten mit Rotkohl und Kartoffeln.

Wu Aiping: Warum bestellen Sie _____ Rinderbraten?

Frau Meisen: Ich möchte _____ Rinderbraten essen.

Wu Aiping: Ja, aber Herr Freier hat schon Rinderbraten. Den Rinderbraten essen wir

doch _____.

Frau Meisen: _____ _____?

Herr Freier: Ah, jetzt verstehe ich. In China bestellt ein _____ viele Gerichte und alle Gäste essen

alle _____ zusammen.

Wu Aiping: Genau.

Frau Meisen: Ach so. In Deutschland bestellt _____ Gast ein Essen und das isst er dann _____ .

Wu Aiping: Ach so. Dann nehme ich ein Hähnchen _____ Pommes frites.

Herr Freier: Schön. Ich nehme als _____ einen grünen Salat.

Wu Aiping: Ich nehme lieber eine _____ als Vorspeise.

Herr Freier: Gut. Was möchten Sie trinken?

Wu Aiping: Ich trinke ein Glas Bier.

Frau Meisen: Ich nehme eine Flasche _____ .

Herr Freier: Ich trinke auch ein Glas Bier.

Der Kellner kommt. Herr Freier _____ . Nach dem Essen bezahlt er die Rechnung.

Kellner: Zwei Rinderbraten, ein Hähnchen, eine Suppe, ein Salat, zwei Glas Bier und eine

Flasche Mineralwasser. Das macht 27, 80 Euro.

Herr Freier: 27, 80 Euro. Hier sind 30 Euro, bitte. Stimmt so.

Kellner: Danke. Auf Wiedersehen.

3. Lesen Sie bitte den Text mit Ihrem Nachbarn und achten Sie auf Ihre Aussprache!

Wortschatzwiederholung I

Zahlen – Rechnen – Preise – Uhrzeiten

Übungen

1. Rechnen Sie bitte!

   $+$ (plus) $-$ (minus) $\cdot$ (mal) $:$ (durch)

Beispiele:

Man schreibt:	**Man spricht:**
$6 + 4 = 10$	Sechs *plus* vier ist gleich zehn.
$10 - 5 = 5$	Zehn *minus* fünf ist gleich fünf.
$3 \cdot 8 = 24$	Drei *mal* acht ist gleich vierundzwanzig.
$21 : 3 = 7$	Einundzwanzig *durch* drei ist gleich sieben.

a) $128+26=$ b) $55 \cdot 4=$ c) $5\,816+100\,001=$ d) $66\,220 \colon 20=$

e) $90\,300 \cdot 2=$ f) $97-14=$ g) $66+11+40=$ h) $769-412+0=$

i) $88 \colon 11=$ j) $4\,812 \colon 4=$ k) $33 \cdot 2 \cdot 2\,000=$ l) $97+13-5 \cdot 15=$

2. Kettenrechnung

Beispiele:

1. Student: $8+5=?$ 2. Student: $13 \cdot 2=?$ 3. Student: $26-7=?\ldots$

3. Fragen Sie bitte Ihren Nachbarn nach den Preisen!

Beispiel: ∗ Was / Wie viel kosten *die Schuhe*?

+ *Die Schuhe* kosten 90 *Euro*.

4. Bitte schauen Sie sich die Anzeigen an und machen Sie Dialoge!

Beispiele: ∗ Kann ich *am Vormittag um 10.00 Uhr* ins China-Restaurant *gehen*?

+ Nein, das geht leider nicht. Sie können nur *von 12.00 bis 15.00 Uhr und von 18.00 bis 24.00 Uhr essen*.

∗ Wann kann ich *ins China-Restaurant gehen*?

+ ...

a)

扬 州 酒 店
China Restaurant
Yangzhou
Geschäftszeiten: tägl. 12–15 u. 18–24 Uhr
Unser Chefkoch aus Yangzhou kocht
für Sie original chinesische Gerichte,
auch zum Mitnehmen.

b)
> **Museum am Ostwall**
>
> Ostwall 7
>
> Öffnungszeiten
> täglich 10 –20 Uhr
> außer montags

ins Museum gehen

c)

Zoo
Mo – Fr   9.30 – 17.00
Sa u. So 10.00 –18.00
Eintritt: 5 Euro
Kinder unter 14 Jahre: 3 Euro
Jahreskarte: 30 Euro / 15 Euro

den Zoo besuchen

d)

TRAUMLAND –
REISEBÜRO

Geschäftszeiten
mo – fr 10.00 –16.30

ins Reisebüro gehen

e)

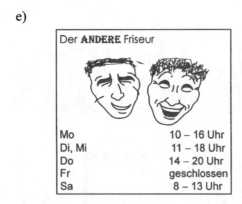

Der **ANDERE** Friseur

Mo	10 – 16 Uhr
Di, Mi	11 – 18 Uhr
Do	14 – 20 Uhr
Fr	geschlossen
Sa	8 – 13 Uhr

zum Friseur gehen

f)

Deutsche Bank

Geschäftszeiten:
Mo – Fr   9.00 – 16.00
Donnerstags bis 17.30
Sa   9.30 – 12.00

auf die Bank gehen

g)

Bibliothek am Markt

Mo	14.00 – 17.30
Di, Do	8.00 – 17.00
Mi, Fr	9.00 – 21.00
Sa	8.30 – 13.00

in der Bibliothek arbeiten

h)

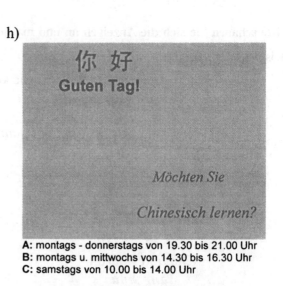

你 好
Guten Tag!

Möchten Sie

Chinesisch lernen?

A: montags - donnerstags von 19.30 bis 21.00 Uhr
B: montags u. mittwochs von 14.30 bis 16.30 Uhr
C: samstags von 10.00 bis 14.00 Uhr

Wir bieten auch Einzelunterricht an!

Chinesisch lernen

Grammatische Wiederholung II

A Bestimmter Artikel, unbestimmter Artikel, Nullartikel

Bitte ergänzen Sie den bestimmten und unbestimmten Artikel oder Nullartikel!

a) Ingrid: Hallo, kommt bitte rein! Nehmt bitte _____ Platz!

   Was trinkt ihr?

   Karin: Ich trinke _____ Kaffee. Und du, Maria?

   Maria: _____ Dose Cola, bitte.

   Andrea: Ich möchte gern _____ Flasche Milch.

   Fritz: Für mich bitte _____ Glas Bier.

   Jutta: Gut, komme gleich.

b) Das ist _____ Herr Hartmann. Er ist _____ Chemiker und seine Frau ist _____ Ärztin. Sie

   leben in München.

c) Das ist _____ Gabi Müller. Sie ist _____ Schulkind. Sie hat _____ Kugelschreiber,

   _____ Bücher, _____ Fahrrad und _____ Ball. Gabi hat jetzt _____ Hunger und

   _____ Durst. Aber sie darf nicht essen und trinken, denn sie hat jetzt _____ Unterricht.

d) Frau Beck ist _____ Lehrerin. Sie hat _____ Tochter und _____ Sohn. _____ Kinder

   sind noch klein, sie besuchen _____ Schule.

e) _____ Eltern haben _____ Kind. _____ Kind hat _____ Buch. _____ Buch ist

   schön. _____ Mutter hat _____ Auto. _____ Auto ist aus Japan. _____ Vater hat

   _____ Computer. _____ Computer ist neu.

f) _____ Heidelberg ist _____ Stadt in Deutschland. _____ Hauptstadt von Deutschland ist

   _____ Berlin.

g) * Peter, was machst du hier?

   + Ich lese _____ Zeitung.

   * Wie heißt _____ Zeitung?

   + China Daily.

h) Wang Dali bekommt morgen _____ Gäste. Er möchte chinesisch kochen. Heute geht er einkaufen. Er will _____ Obst, _____ Fleisch, _____ Fisch und _____ Gemüse

kaufen. Er braucht auch _____ Milch, _____ Stück Butter, _____ Mineralwasser,

_____ Flasche Wein und _____ Packung Kaffee.

B   Possessivpronomen

1. Unterhalten Sie sich bitte mit Ihrem Nachbarn über Ihre Lieblingssachen und Lieblingspersonen!

Beispiel: * Was ist *dein Lieblingsgetränk?*

　　　　　　+ *Mein Lieblingsgetränk* ist *Tee*.

das Lieblingshobby	der Lieblingssportler
die Lieblingsspeise	die Lieblingssportlerin
der Lieblingsberuf	der Lieblingssänger
die Lieblingszeitung	die Lieblingssängerin
das Lieblingslied	der Lieblingsschauspieler
die Lieblingsstadt	die Lieblingsschauspielerin

2. Bilden Sie bitte Sätze!

Beispiel: Mein Freund ist krank. (Freund / besuchen)

　　　　　Ich will meinen Freund besuchen.

a) Sie hat eine Frage. (Lehrer / fragen)　　　　　　Sie ...

b) Unsere Freunde sind erkältet. (Arzt / besuchen)　　Sie ...

c) Du, ich kann morgen nicht kommen.　　　　　　　Wir müssen ...
　　(Termin / verschieben)

d) Wir essen im Restaurant. (Essen / bezahlen)　　　Jeder ...

e) Heute Nachmittag kommt Tante Olga aus Wien.　　Ihr ...
　　(Tante / abholen)

f) Meine Kinder lernen sehr fleißig.　　　　　　　　Sie ...
　　(Hausaufgaben / machen)

g) Sein Kind liebt ihn.　　　　　　　　　　　　　　Er ...

h) Das Kind liebt seine Mutter.　　　　　　　　　　Die Mutter ...

C Imperativ

Bitte bilden Sie Imperativsätze!

a)   **REIS KOCHEN**

	formeller Imperativ	informeller Imperativ
- Reis waschen - Wasser kochen - Reis ins Wasser geben - Reis 20 Min. kochen		

b)   **DEUTSCH LERNEN**

	formeller Imperativ	informeller Imperativ
- viele Texte hören - viel sprechen - nicht immer das Wörterbuch benutzen - viel fragen - wenig in der Muttersprache sprechen - jeden Tag wiederholen		

c) Ein guter oder schlechter Vater?

Herr Meier erzieht seinen Sohn. Er sagt zu seinem Sohn: ,, ... !"

a) viele Hausaufgaben machen

b) Mutter helfen

c) immer freundlich zum Lehrer sein

d) nicht weinen

e) viel Sport machen

f) Vater nicht beim Fernsehen stören

g) keine Süßigkeiten essen

h) immer nur leise spielen

i) die Eltern achten

j) wenig fragen

k) das Taschengeld sparen

l) nicht zu Freunden gehen

Sprechen

1. Sie sind mit Ihrem Partner im Restaurant. Machen Sie bitte Dialoge!

a) *Schauen Sie sich bitte die Speise-karte an! Was möchten Sie bestellen?*

Beispiel:

* Was möchtest du trinken?

+ Ich möchte ... / Ich nehme ...

* Und was isst du?

+ Ich möchte ...

b) *Der Kellner kommt an den Tisch. Sie bestellen Getränke und Essen.*

Beispiel:

K: Guten Tag. Was möchten Sie bitte?

G: ...

K: Möchten Sie eine Nachspeise?

G: Ja. Ich möchte ... / Nein, danke.

Der Kellner bringt Getränke / Essen.

K: Hier ist ... , bitte. / Einmal ... , bitte.

G: Danke.

K: ...

c) *Nach dem Essen:*

Beispiel:

G: Zahlen bitte!

K: Getrennt oder zusammen?

G: ...

K: Das macht zusammen ... / ...

G: Hier sind ... (Stimmt so.)

K: Danke schön. Auf Wiedersehen.

Speisekarte

Getränke

Mineralwasser, 0,2 l	1,40 Euro
Coca-Cola, 0,2 l	1,70 Euro
Orangensaft, 0,2 l	1,80 Euro
Schwarzer Tee, Tasse	1,10 Euro
Kaffee, Tasse	1,50 Euro
Kaffee Kännchen	2,90 Euro
Bier, 0,3 l	1,70 Euro
Rotwein, Weißwein, 0,2 l	2,55 Euro

Suppen

Hühnersuppe mit Brot	2,55 Euro
Tomatensuppe mit Brot	2,55 Euro
Gemüsesuppe	3.10 Euro

Kalte Speisen

Kleiner Salatteller mit Brot	3,10 Euro
Großer Salatteller mit Brot	4,30 Euro

Warme Speisen

Gemüseteller	5,80 Euro
Nudeln mit Tomatensoße	5,20 Euro
Backfisch, Kartoffeln/Pommes frites und Salat	6,30 Euro
Schweinebraten mit Kartoffeln und Gemüse	7,30 Euro
Gulasch (vom Rind) mit Reis und Salat	8,30 Euro
Hähnchen, Pommes frites, Getränke und Salat	7,60 Euro

Nachspeisen

Eis (Schokolade, Erdbeere, Orange)	2,80 Euro
Apfelkuchen	1,80 Euro
Apfelkuchen mit Sahne	2,10 Euro
Obstsalat	2,10 Euro
Obstsalat mit Sahne	2,30 Euro

2. Gruppenarbeit (Je 3 — 5 Teilnehmer)

Eine Studentin spielt die Kellnerin, die anderen sind Gäste im Restaurant. (Jeweils zwei Gäste können auch zusammen kommen.)

Bitte machen Sie Dialoge: Auswahl, Bestellung, Bedienung, Zahlen!

Was möchtest du?   Die Karte bitte!   Was möchten Sie bitte?

Was möchten Sie trinken?   Sag mal, was ist ... ?

Kann ich mal die Karte sehen?   Haben Sie Fisch?   Haben Sie ... ?

Ich möchte mal ... probieren.   Möchten Sie eine Nachspeise?

Mit oder ohne Sahne?   Eine Tasse oder ein Kännchen?   Ich möchte ...

Bitte.   Ich nehme ...   Guten Appetit.   Danke.

Zahlen bitte!   Getrennt oder zusammen?   Das macht zusammen ...

Stimmt so.   Danke.

Hören

Text D   Was essen die Deutschen?

1. Lesen Sie bitte die Namen der Gerichte und ihre Beschreibungen!

a) Gemischter Salat   Nudeln, Tomatensoße mit Rindfleisch und Käse

b) Spaghetti Bolognese   Suppe mit viel Gemüse, Rindfleisch oder Schweinefleisch

c) Forelle „Müllerin Art"   Kartoffeln mit Ei und Gemüse backen

d) Ungarischer Gulasch   Tomaten, grüner Salat und Gurken, Öl, Salz und Pfeffer

e) Auflauf   Fisch, in Butter braten

f) Eintopf   Rind- und Schweinefleisch mit Paprika kochen

2. Hören Sie jetzt den Text und ordnen Sie bitte zu!

Lesen

Text E

An den Wochentagen muss Wang Dali schon um halb sieben aufstehen. Aber heute kann er lange schlafen. Um zehn Uhr frühstückt er: Er isst Reissuppe, ein Ei, zwei Scheiben Brot mit Butter und Marmelade. Wurst mag er nicht. Nach dem Frühstück liest er Zeitung und trinkt noch eine Tasse Jasmintee. Dann geht er schnell in den Supermarkt, denn heute schließen alle Geschäfte um zwei.

Morgen will er ein richtiges chinesisches Essen für seine Freunde kochen. Er kauft 500 g Rindfleisch, 500 g Schweinefleisch, einen Chinakohl, eine Packung Eier, ein Pfund Tomaten, drei Zwiebeln, zwei Gurken und Getränke. Das kostet zusammen 21,59 Euro. Xianggu, Muer, Salz und Pfeffer, Glutamat usw. hat er zu Hause. Er braucht noch ein Stück Doufu, eine Dose Bambussprossen und 500 g Glasnudeln. Das kauft er im Chinaladen. Das macht zusammen 6,29 Euro.

Am Nachmittag schläft er noch eine Stunde. Dann geht er in die Küche. Er will das Essen vorbereiten. Er macht eine Füllung mit Chinakohl, Schweinefleisch, Muer ...

1. Lesen Sie bitte den Text in fünf Minuten und kreuzen Sie die passende Überschrift an!

☐ Wang Dali in Deutschland

☐ Das Leben von Wang Dali

☐ Ein Samstag von Wang Dali

2. Lesen Sie den Text noch einmal und beantworten Sie bitte die Fragen!

a) Welches Gemüse kauft Wang Dali?

b) Wie viel zahlt er zusammen?

Sprechen

Diskutieren Sie bitte:

1. Wang Dali macht eine Füllung. Was möchte er vorbereiten?
2. Was möchte Wang Dali kochen? Machen Sie bitte einen Speiseplan!

a) _____

b) _____

c) _____

...

Grammatische Wiederholung Ⅲ

A Verben mit Dativ- und Akkusativobjekt

Ergänzen Sie bitte!

a) * Hallo. Wie geht es _____?

+ Hallo. _____ geht es gut. Weißt du, meine Frau ist jetzt in Berlin.

* Wirklich? Wie gefällt es _____ in Berlin?

+ _____ gefällt Berlin sehr gut.

* Wie oft schreibt _____ _____?

+ Alle zwei Wochen schreibt _____ _____ einen Brief und schickt _____ Eltern eine Postkarte. Aber wir antworten _____ nicht immer sofort, leider.

b) * Kannst du _____ das Photo zeigen (wir)?

+ Ja, gern. Ich zeige _____ _____. Die Leute auf dem Photo feiern den Geburtstag von meinem Bruder. Meine Tochter schenkt _____ _____ (Blumen). Alle gratulieren _____ herzlich (das Geburtstagskind).

c) * Kannst du ein paar Blumen kaufen?

+ Ja, gern. _____ willst du die Blumen schenken?

* _____ _____ (meine Lehrerin). Ich gebe _____ _____ _____ (du, Geld).

d) * Gehört das Wörterbuch _____ _____ (ein Student)?

+ Nein, es gehört _____ _____ (eine Schülerin).

B Trennbare und untrennbare Verben

Ergänzen Sie bitte die Verben!

Prof. Hinz _____ Prof. Zhang zu einer Konferenz nach Deutschland _____ (einladen). Die Konferenz _____ von Montag bis Samstag _____ (stattfinden). Prof. Zhang _____ keine Teilnahmegebühr _____ (bezahlen), denn er ist Gast. Er _____ am Sonntagabend in Frankfurt _____ (ankommen). Auf dem Flughafen _____ er beim Auslandsamt der Universität _____ (anrufen). Das Auslandsamt _____ ihn _____ (abholen). Diesmal _____ Herr Zhang nur wenig Kleidung _____ (mitbringen). Warum? Das _____ wir nicht _____ (verstehen). Vielleicht _____ Sie uns das _____ (erklären).

C Zusammenfassende Übung

Ergänzen Sie bitte den Text!

Ich _____ Chen Wen. Ich _____ Chinesin. Shi Mei _____ mein Freund. _____ ist auch Student. Er _____ Chemie und ich _____ Mathematik. _____ wohnen in Trier. Shi Mei und ich haben drei Tage frei, von Montag _____ _____.

Gestern _____ Montag. Das Wetter _____ sehr schlecht. Wir _____ schwimmen gehen, aber _____ nicht schwimmen, denn es _____ zu kalt. Shi Mei _____ eine gute Idee. Wir _____ im Kino. Der Film _____ interessant.

Heute ist _____. Die Sonne scheint. Am _____ um 9 Uhr gehen wir schwimmen. Am _____ haben wir großen Hunger. Wir gehen in die Mensa. Dort wartet _____ Freund Xiao Li. _____

isst Suppe. Shi Mei _____ Fisch, Reis und Gemüse. Ich _____ einen Salat essen.

Xiao Li fragt uns: „Geht _____ morgen zu Shen Hua? " Shi Mei und ich sagen: „ Natürlich

_____ _____ zu Shen Hua. _____ ist doch _____ Freundin. Gehst _____ nicht zu

Shen Hua?" Xiao Li _____ : „ _____ , ich gehe auch. _____ gehen wir zu Shen Hua?"

_____ sage: „Um acht. _____ bitte pünktlich!"

Am _____ besuchen wir Wang Dali. Die Eltern von Wang Dali _____ in Shanghai. _____

Vater ist Ingenieur. _____ Mutter _____ in einer Grundschule. _____ _____

Chinesisch. Wang _____ zwei Geschwister, eine _____ und _____ Bruder.

Um 19 Uhr gehen wir nach Hause. Ich lerne immer _____ oder zwei Stunden. Shi Mei _____

ein Buch und _____ Tee. _____ 23 Uhr gehen wir schlafen.

Morgen Nachmittag _____ wir in den Park gehen. Am _____ gehen wir zu Shen Hua. Und

_____ , am _____ haben wir leider wieder Unterricht. Schade!

Wortschatzwiederholung II

1. Sun Mei

Sun Mei hat eine Schwester. Ihr Name ist Sun Ping. Sun Ping ist verheiratet. Ihr Mann heißt Zhu Chun. Sie haben einen Sohn. Er heißt Zhu Li.

Die Eltern von Sun Mei und Sun Ping, d. h. die Großeltern von Zhu Li, sind Sun Long und Cheng Shuqing. Die Mutter von Sun Mei hat zwei Schwestern, Chen Shumei und Chen Shili.

Bitte zeichnen Sie einen Stammbaum!

2. Wer ist das?

a) Ihre Großeltern sind auch meine Großeltern. Ihre Eltern sind auch meine Eltern.

_____

b) Ein Kind von meinen Großeltern und eine Schwester von meiner Mutter.

_____

c) Seine Schwester ist auch meine Schwester.

_____

d) Der Bruder von meinem Onkel und der Mann von meiner Mutter.

_____

e) Das Kind von meinen Eltern

3. Welcher Tag ist morgen?

Übermorgen ist nicht Freitag. Heute ist auch nicht Freitag. Vorgestern musste ich arbeiten. (Ich bin Verkäufer in einem Kaufhaus.) Aber es war nicht Freitag. Heute muss ich auch arbeiten. Aber es ist nicht Donnerstag. Auch morgen muss ich arbeiten.

Morgen ist _____.

Übung zum Hören und Sprechen

Im Restaurant

1. Schauen Sie sich bitte das Bild an! Was können die Personen sagen? Bitte machen Sie Dialoge!

2. Hören Sie bitte zweimal die Aussagen! Bitte ordnen Sie die Aussagen den Personen zu und tragen Sie die Nummern ins Bild ein!

Hören

Hören Sie bitte den Text und beantworten Sie die Fragen!

a) Worum geht es im Text?

b) Wann sollten die Gäste kommen? Und wann kommen sie?

c) Was trinken Pöppelmanns?

d) Was sagt man zum Trinken?

e) Was ist die Lieblingsspeise von Herrn Pöppelmann?

f) Was ist neu für Frau Pöppelmann?

Phonetische Übung I

Hören und sprechen Sie bitte nach!

● [v]

was – wer – wie – wo – warum – wohin – Wasser – wieder – wir – woher – Wort – Vase – Visum – Villa – Vulkan – Vokabel – Motive – aktive – Klavier – Vokale

● [f]

erfahren – Dorf – Friseur – laufen – Familie – Lift – Federball – Löffel – Schiff – Vater – aktiv – Motiv – Vetter – Vorspeise – vorn – Photo – Physik – Alphabet

● [z]

sagen – sie – Soße – Suppe – Sahne – so – sind – Hose – Pause – Reise – sehr – suchen – sich – sieben – Seife – Sohn – Gläser – sein – leise – sicher

● [s]

Eis – Photos – Haus – das – Skizze – raus – Maske – was – Glas – essen – besser – isst – Kuss – wissen – Essstäbchen – Fuß – groß – Maß – maßlos

Phonetische Übung II

Hören und sprechen Sie bitte nach!

a) Ich nehme eine Tasse Kaffee.

   Ich nehme ein Stück Kuchen.

   Ich nehme ein Glas Bier.

   Ich nehme lieber eine Suppe als Vorspeise.

   Ich nehme lieber ein Eis als Nachspeise.

b) Warum bestellen wir zweimal Rinderbraten?

   Warum bestellen wir zweimal Lammfleisch?

c) Fisch ist meine Lieblingsspeise.

   Fleisch ist meine Lieblingsspeise.

d) Da kommt unsere Bestellung.

   Da kommt Ihre Bestellung.

Lektion
Lebenslauf
9

Einführung

Schauen Sie sich bitte die Bilder an und ordnen Sie zu!

1)

2)

3)

4)

5)

6)

7)

a) **Name:**		**Sandra Bauer**
b) **Geburtsdatum:**		14. 05. 1970
c) **Schulbildung:**		**von** 1976 **bis** 1989
d) **Studium:**		**Medizin**
e) **Beruf:**		**Ärztin**
f) **Familienstand:**		**verheiratet**, 2 **Kinder**

Wortschatz I

A   Ordinalzahlen

der/die/das	**erste**	(1.)	zwanzigste	(20.)
	zweite	(2.)	einundzwanzigste	(21.)
	dritte	(3.)	... ...	
	vierte	(4.)	neunundneunzigste	(99.)
	fünfte	(5.)		
	sechste	(6.)	hundertste	(100.)
	siebte	(7.)	tausendste	(1000.)
	achte	(8.)		
	neunte	(9.)	hunderterste	(101.)

zehnte	(**10.**)	zweihundertelf**te**	(**211.**)
elf**te**	(**11.**)	dreihundert**dritte**	(**303.**)
zwölf**te**	(**12.**)	achthundertachtundachtzig**ste**	(**888.**)
...		tausend**erste**	(**1001.**)
neunzehn**te**	(**19.**)	tausend**dritte**	(**1003.**)

Übungen

1. Üben Sie bitte die Ordinalzahlen anhand der Bilder!

    Beispiel: Läufer Nr. 5 ist der zweite.

2. Sprechen Sie bitte über die Sitzordnung der Studenten in Ihrer Klasse!

B   Monate / Jahreszeiten

Die zwölf Monate sind:

der Januar / Jan.	(der erste)	der Juli	(der siebte)
der Februar / Feb.	(der zweite)	der August / Aug.	(der achte)
der März	(der dritte)	der September / Sept.	(der neunte)
der April	(der vierte)	der Oktober / Okt.	(der zehnte)
der Mai	(der fünfte)	der November / Nov.	(der elfte)
der Juni	(der sechste)	der Dezember / Dez.	(der zwölfte)

Die vier Jahreszeiten sind: der Frühling, der Sommer, der Herbst und der Winter

Übungen

1. Ordnen Sie bitte die Jahreszeiten den Bildern zu: Welche Jahreszeit ist das?

_____

_____

_____

_____

2. Ordnen Sie bitte die Monate den Jahreszeiten zu!

C Jahreszahlen

Man schreibt:	Man liest:
1632	sechzehnhundertzweiunddreißig
1743	siebzehnhundertdreiundvierzig
1854	achtzehnhundertvierundfünfzig
1976	neunzehnhundertsechsundsiebzig
1987	neunzehnhundertsiebenundachtzig
1998	neunzehnhundertachtundneunzig
2001	*zweitausendeins*
2009	zweitausendneun
2012	zweitausendzwölf
2020	zweitausendzwangzig

Auch: **im Jahr(e) 2002**   **im Jahr(e)** zweitausendzwei

Beispiel: Mao Zedong ist *1893* geboren.

   oder: Mao Zedong ist *im Jahr(e) 1893* geboren.

aber nicht: Mao Zedong ist ~~in 1893~~ geboren.

Übungen

1. Bitte antworten Sie!

a) Wann sind Sie geboren?

b) Wann ist Ihr Vater / Ihre Mutter geboren?

c) Wann ist Ihr Mann / Ihre Frau geboren?

d) Wann ist ... geboren?

2. Fragen und antworten Sie bitte!

Beispiel: ∗ *Der wievielte* ist heute?

    + Heute ist *der erste Mai / der erste fünfte* (**01. 05.**).

a) 28.02.   b) 31.07.   c) 20.03.   d) 12.06.   e) 17.05.   f) 11.11.

g) 01.08.   h) 16.10.   i) 08.09.   j) 25.01.   k) 06.12.   l) 03.04.

3. *Am wievielten ... ?* **Fragen und antworten Sie bitte!**

Beispiel: ∗ Sag mal, **am** wievielten haben wir die Zwischenprüfung?

    + **Am** elf**ten** April. (11.04.)

a) Das Fußball-Länderspiel Deutschland gegen China findet *am 6.* November statt.

b) Die Kursteilnehmer haben *am 10.* Juli Prüfung.

c) Die Winterferien beginnen *am 11.* Januar.

d) Der Deutschkurs endet *am 30.* Juni.

e) Das Sommersemester fängt *am 18.* April an.

f) Monika hat *am 16.* Dezember Geburtstag.

g) Die Deutschen feiern *am 03. Oktober* den Nationalfeiertag.

h) ...

4. Antworten Sie bitte!

a) Wann haben Sie Geburtstag?

b) Wann haben Ihre Eltern Geburtstag?

c) Wann feiern die Chinesen den Nationalfeiertag?

d) Wann ist Weihnachten?

e) Wann ist der Lehrertag in China?

f) Wann ist der Kindertag?

g) Wann ist das Mondfest in China? (nach dem Mondkalender)

h) Wann fängt das Frühlingsfest im nächsten Jahr an? (nach dem Mondkalender)

i) Wann ... ?

5. *Der wievielte oder am wievielten ... ?*

   Bilden Sie bitte zu den unterstrichenen Satzteilen die Fragen!

a) Kai fährt **am 19. Dezember** nach China.

b) Heute ist **der 12. Oktober.**

c) **Am 14. Juli** feiert Peter seinen Geburtstag.

d) **Am 1. Januar** feiern wir das Neujahr.

e) **Der 1. Mai** ist der Internationale Arbeitertag.

f) Herr Bayer kommt **am 25. März** nach Berlin zurück.

g) Frau Dr. Müller kommt **am 31. August** in Shanghai an.

6. *Wann sind Sie geboren?* Spielen Sie bitte im Plenum!

Beispiel: Wang :   Herr Zhang, wann sind Sie geboren?

   Zhang: Ich bin *am 11. Juni 1980* geboren.

   Wang :   Frau Li, wann ist Herr Zhang geboren?

   Li :   *Am 11. Juni 1980.*

   Zhang: Frau Li, wann sind Sie geboren?

   Li :   Ich bin *am 30. Januar 1979* geboren.

   Zhang: Herr Sun, wann ist Frau Li geboren?

   Sun :   *Am 30. Januar 1979.*

   Li :   Herr Sun, wann ...?

Grammatik

Perfekt

Die Form: haben / sein + Partizip Perfect (P. Ⅱ)

A Regelmäßige Verben

Beispiele: Er *feiert heute seinen Geburtstag*. (Präsens)

→   Er *hat* gestern seinen Geburtstag *gefeiert*. (Perfekt)

Ich *wache auf*. (Präsens)

→   Ich *bin aufgewacht*. (Perfekt)

Das Partizip Perfekt (P.Ⅱ)

	Infinitiv	*Partizip Perfekt*
1.	kaufen	*ge*-kauf-*t*
	machen	*ge*-mach-*t*
	lernen	*ge*-lern-*t*
2.	arbei*t*en	*ge*-arbei*t*-*et*
	bil*d*en	*ge*-bil*d*-*et*
	ö*ffn*en	*ge*-ö*ffn*-*et*
	zei*chn*en	*ge*-zei*chn*-*et*
3.	stud*ier*en	stud*ier*-*t*
	funktion*ier*en	funktion*ier*-*t*
	diskut*ier*en	diskut*ier*-*t*
4.	*be*suchen	*be*such-*t*
	*er*zählen	*er*zähl-*t*
5.	*zu*machen	*zu*-*ge*-mach-*t*
	*ein*kaufen	*ein*-*ge*-kauf-*t*
	*zusammen*arbeiten	*zusammen*-*ge*-arbei*t*-*et*
	*vor*bereiten	*vor*-*be*-reit-*et*

Übung

Ordnen Sie bitte die Verben den 5 Gruppen zu und bilden Sie das Partizip Perfekt!

arbeiten	lernen	antworten	lehren
üben	diktieren	danken	erklären
verbessern	wiederholen	ablehnen	studieren
kaufen	besuchen	erreichen	frühstücken

gratulieren	wünschen	verkaufen	leben
wohnen	rechnen	sagen	entschuldigen
freuen	bestellen	hören	einkaufen
lieben	schenken		

Die Stellung

I	II	III IV...	Ende
Ich	**habe**	gestern meinen Geburtstag	**gefeiert.**
Natürlich	**habe**	ich viel Essen	**vorbereitet.**
Susi	**hat**	mir Blumen	**gekauft.**
Leider	**hat**	Maria mich nicht	**besucht.**
Gestern	**hat**	sie Überstunden	**gemacht.**
Wer	**hat**	dir noch Geschenke	**gemacht?**
Hat	Maria	dir etwas	**geschenkt?**

Übungen

1. Bilden Sie bitte die Sätze im Perfekt!

a) habe,   in China,   ich,   die Tasche,   gekauft.

b) zwei Stunden,   sie,   gearbeitet,   hat,   gestern.

c) gemacht,   was,   zu Haus,   Sie,   haben?

d) gestern,   gemacht,   er,   hat,   Hausaufgaben.

e) Wang Dali,   hat,   wen,   letzte Woche,   besucht?

f) Was,   der Lehrer, im Unterricht,   hat,   gesagt?

2. Bilden Sie bitte Sätze mit den regelmäßigen Verben auf Seite 230 im Perfekt!

Beispiel: arbeiten - Ich habe bei Siemens gearbeitet.

3. Ergänzen Sie bitte die Sätze und benutzen Sie das Perfekt!

a) * Bestellen Sie die Karten?

   + Ich _____ sie schon _____ .

b) * Wiederholen Sie bitte Ihre Frage!

   + Ich _____ sie doch schon einmal _____ .

c) * Kann er es Ihnen erklären?

   + Er _____ es mir gestern _____ .

d) * Wollen Sie sich nicht entschuldigen?

   + Ich _____ mich doch schon _____ .

e) Wie lange _____ Sie denn gestern _____ ?

f) * Öffnen Sie bitte das Buch!

   + Ich _____ es schon _____ .

g) * Müssen Sie noch einkaufen?

   + Nein, ich _____ schon _____ .

h) Jetzt repariert er mein Auto, früher _____ ich es selbst _____ .

i) * Studieren Sie noch?

   + Nein, ich _____ schon _____ .

4. Bilden Sie bitte die Sätze im Perfekt!

a) Wang Dali kauft drei Konzertkarten.

b) Wir wiederholen Lektion 7.

c) Meine Eltern leben in Shanghai.

d) Susanne dankt mir.

e) Ich hole meine Tochter von der Schule ab.

f) Ich frühstücke heute um 7.00 Uhr.

g) Herr Schmidt arbeitet in Bochum und wohnt in Essen.

h) Wang Dali gratuliert Herrn Pöppelmann zum Geburtstag und wünscht ihm alles Gute.

i) Frau Pöppelmann macht die Wohnung sauber.

j) Wir schenken ihm ein Seidentuch.

k) Peter verkauft sein Auto.

Hören

1. **Lesen Sie bitte das Formular und klären Sie die vier Punkte im Formular! Nutzen Sie bitte beim Lesen die englischen Übersetzungen!**

Bitte Photo einkleben, nicht heften!

Attach photo please – do not staple!

1. Familienname
(Hauptnamen unterstreichen)
Surname (please underline main name)

Vorname(n)
First name(s)

männlich	weiblich		akad. Titel
Male	*Female*		*Academic title*

Geburtsdatum (Tag/Monat/Jahr)   Geburtsort
Date of birth (day/month/year)   *Place of birth*

Geburtsland
Country of birth

Familienstand	verheiratet	unverheiratet	Zahl der Kinder
Marital status	*married*	*single*	*Number of children*

Land des ständigen Wohnsitzes
Country of permanent residence

2. **Korrespondenzanschrift**, unter der Sie bis zu einem evtl. Stipendienantritt ständig zu erreichen sind
Mailing address, where you may be contacted at any time until taking up a possible scholarship

Straße
Street

PLZ, Ort, Provinz / *Post/Zip code town, county/province/state*

Land   Telefon mit Vorwahl
Country   *Telephone, area code*

3. **Sekundarschule**
Secondary school education

von   bis
from (month/year)   *to (month/year)*

Art des Abschlussexamens
Type of final examination

(bitte Originalbezeichnung)
(Original name of examination)

Erworben am (Tag/Monat/Jahr)   Ergebnis
Awarded on (day/month/year)   *Result(s)*

4. **Hochschulstudium**   von / *from*   bis / *to*   an / *at*   in / *in*
(Universität/Technische Hochschule etc.)
higher education (university or other degree-awarding institution)

---

2. **Hören Sie bitte den Text und ergänzen Sie das Formular!**

Sprechen

1. Machen Sie bitte zu zweit einen Dialog! (In der Visaabteilung)

Beamter/Beamtin:	Student(in):

* Guten Tag!

　　　　　　　　　　　　　　　　　　　　　　+ ...

* Wie ist Ihr Name bitte?

　　　　　　　　　　　　　　　　　　　　　　+ ...

* Gut. Wann und wo sind Sie geboren?

　　　　　　　　　　　　　　　　　+ Ich bin am ... in ... geboren.

* Wie ist Ihr Familienstand?

　　　　　　　　　　　　　　　　　　　　　　+ ...

* Und Ihr Wohnort?

　　　　　　　　　　　　　　　　　　　　　　+ ...

* Herr / Frau ... , was haben Sie studiert?

　　　　　　　　　　　　　　　　　　　　　　+ ...

* Was möchten Sie in Deutschland machen?

　　　　　　　　　　　　　　　　　　　　　　+ ...

* Gut, das war's. Auf Wiedersehen!

　　　　　　　　　　　　　　　　　　+ Auf Wiedersehen!

2. Sprechen Sie bitte über sich selbst! (siehe Einführung)

Wortschatz Ⅱ

Studienfächer

Was wollen Sie studieren?

1. Agrarwissenschaft
2. Medizin
3. Mathematik
4. Maschinenbau
5. Bauingenieurwesen
6. Chemie
7. Biologie
8. Geographie
9. Architektur
10. Elektrotechnik
11. Informatik
12. Wirtschaftswissenschaften

Welches Studienfach passt zu welchem Bild? Ordnen Sie bitte die oben genannten Studienfächer zu!

a)   b)   c)

d)   e)   f)

g)   h)   i)

j)   k)   l)

Übungen

1. Wer hat was studiert? Üben Sie bitte mit Ihrem Partner!

Beispiel: * Was hat der Arzt studiert?

+ Der Arzt hat Medizin studiert.

a) der Architekt	b) der Mathematiker	c) der Chemiker
d) der Biologe	e) der Agrarwissenschaftler	f) die Ärztin
g) die Informatikerin	h) der Wirtschaftswissenschaftler	i) der Geograph
j) der Bauingenieur	k) der Ingenieur für Elektrotechnik	
l) der Psychologe	m) der Soziologe	n) der Politikwissenschaftler

2. Fragen Sie bitte Ihren Nachbarn! (Kettenübung)

Beispiel: * Was haben Sie studiert?

+ Ich habe Medizin studiert.

* Wann haben Sie studiert?

+ Ich habe von 1997 bis 2002 studiert.

Grammatik

B Unregelmäßige Verben

Beispiele: a) Er *schläft* drei Stunden. (Präsens)

→ Er *hat* drei Stunden *geschlafen*. (Perfekt)

b) Er *fährt* nach Hause. (Präsens)

→ Er *ist* nach Hause *gefahren*. (Perfekt)

Partizip Perfekt von einigen unregelmäßigen Verben:

Infinitiv	Perfekt	Infinitiv	Perfekt
beginnen	*begonnen*	schlafen	*geschlafen*
bitten	*gebeten*	schlagen	*geschlagen*
bleiben	*geblieben(s)*	schreiben	*geschrieben*
bringen	*gebracht*	schwimmen	*geschwommen(s)*
denken	*gedacht*	sehen	*gesehen*
essen	*gegessen*	sein	*gewesen(s)*
fahren	*gefahren(s)*	singen	*gesungen*
fallen	*gefallen(s)*	sitzen	*gesessen*
fangen	*gefangen*	sprechen	*gesprochen*
finden	*gefunden*	stehen	*gestanden*
fliegen	*geflogen(s)*	steigen	*gestiegen(s)*
gebären	*geboren*	tragen	*getragen*
geben	*gegeben*	treffen	*getroffen*
gehen	*gegangen(s)*	trinken	*getrunken*
halten	*gehalten*	tun	*getan*
heißen	*geheißen*	verlieren	*verloren*
helfen	*geholfen*	waschen	*gewaschen*
kennen	*gekannt*	werden	*geworden(s)*
kommen	*gekommen(s)*	wissen	*gewusst*
laden	*geladen*	**ab**fahren	*abgefahren(s)*
laufen	*gelaufen(s)*	**be**kommen	*bekommen*
leihen	*geliehen*	**ver**gessen	*vergessen*
lesen	*gelesen*	**ge**fallen	*gefallen*
liegen	*gelegen*	**an**fangen	*angefangen*
mögen	*gemocht*	**ein**laden	*eingeladen*
nehmen	*genommen*	**ein**schlafen	*eingeschlafen(s)*
rufen	*gerufen*	**auf**stehen	*aufgestanden(s)*
		verstehen	*verstanden*

Einige *intransitive* Verben verlangen das Hilfsverb *sein:*

a) **Verben der Bewegung:** *gehen, fahren, fliegen, kommen, laufen, steigen, …*

b) **Verben der Zustandsänderung:** *werden, aufstehen, einschlafen, …*

c) **Ausnahmen:** *sein, bleiben, …*

Übungen

1. Bilden Sie bitte das Partizip Perfekt!

bestehen	wissen	mitnehmen	stehen	vorlesen
aufstehen	verstehen	nehmen	ankommen	schreiben
trinken	rufen	fallen	essen	gefallen
bekommen	halten	gehen	behalten	einladen
lesen	annehmen	anrufen	vergessen	bringen
schlafen	zurückkommen	empfehlen	anbieten	

2. Ergänzen Sie bitte! „sein" oder „haben"?

Letzte Woche _____ Wang Dali einen Ausflug gemacht. Er _____ nach Heidelberg gefahren.

Dort _____ er ein Hotelzimmer gesucht, aber die Hotels waren schon alle voll. Er _____ dann

ein Zimmer bei einer Familie gefunden. Dort _____ es ihm sehr gut gefallen. Er _____ viel

spazieren gegangen und _____ viel gesehen. Das Wetter war schön. Es _____ nicht geregnet.

Am Abend _____ er zu Hause geblieben. Er _____ gelesen und _____ Musik gehört. Der

Ausflug _____ ihm viel Spaß gemacht.

3. Ergänzen Sie bitte Verben im Perfekt!

a) * Wollen Sie die Zeitung lesen?

    + Nein danke, ich _____ sie schon _____ .

b) * Wann bekomme ich das Visum?

    + _____ Sie es noch nicht _____ ?

c) * Geben Sie ihm bitte das Buch!

    + Ich _____ es ihm doch schon _____ .

d) * Wann rufen Sie ihn an? + Ich _____ ihn gestern schon _____ .

e) * Möchten Sie ihn treffen? + Ich _____ ihn schon _____ .

f) * Schreiben Sie den Brief? + Nein, ich _____ ihn schon _____ .

g) * Wollen Sie den Film sehen?

    + Nein danke, ich _____ ihn schon _____ .

h) * Darf ich noch etwas essen, Mutti?

    + Nein, du _____ schon genug _____ .

i) Ich tue so etwas nicht! Wer _____ das denn _____ ?

j) Der Pass liegt nicht mehr hier, aber gestern _____ er noch hier _____ .

k) * Ist Herr Pöppelmann da? + Nein, er _____ nach Hause _____ .

l) * Kommt er bald zurück? + Er _____ doch schon _____ .

m) Heute fährt er nach Darmstadt. Wohin _____ er gestern _____?

n) _____ Sie schon einmal in Deutschland _____?

o) Heute bleiben wir nicht lange in der Disco, denn wir _____ gestern zu lange dort _____.

p) * Fahren Sie mit? + Natürlich, gestern _____ ich doch auch _____.

q) * Wann fahren sie weg? + Sie _____ gestern _____.

r) * Verstehen Sie das jetzt? + Ja, aber vorher _____ ich es nicht _____.

Hören

Text B

a)

Name:
Geburtsdatum: 15.05.1983   5.05.1983   14.05.1983
Schulzeit:
Studienfach:

b)

Name:
Geburtsjahr: 1905   1925   1935
Beruf:
Zahl der Kinder:

c)

Name:
Schulzeit:
Beruf:

1. Hören Sie bitte den Text einmal und beantworten Sie die Frage!

Wie heißen die Personen?

☐ Klaus Schulze   ☐ Claudia Schulze

☐ Cornelia Schmidt   ☐ Claudia Schmidt

☐ Sabine Meier   ☐ Susanne Meier

2. Hören Sie bitte den Text noch zweimal und machen Sie Notizen zu den Personen!

3. Sprechen Sie jetzt mit Hilfe Ihrer Notizen über eine Person!

Sprechen

1. Machen Sie bitte mit Ihrem Nachbarn einen Dialog!

Beispiel: ∗ Wann ist Cai Hong geboren?

+ Sie ist ... geboren.

∗ Wo ist sie geboren?

+ Sie ist ... geboren.

...

Name:	Cai
Vorname:	Hong
Geburtsdatum und -ort:	16.07.1983, Shanghai, China
Familienstand:	verheiratet, eine Tochter
Staatsangehörigkeit:	chinesisch
Adresse:	Shandong Rr. 33, Building 2/802
	200039 Shanghai
Mobiltelefon:	15836789425
E-Mail:	caihong@hotmail.com
Ausbildung	

Studium:	Sept. 2005 – Juli 2008	Aspiranten-Studium an der Fudan-Universität Shanghai Abschluss: Master of science
	Sept. 2001 – Juli 2005	Studium an der Zhejiang-Universität Hangzhou Studienfach: Chemie
	Sept. 2004 – Januar 2005	Studium an der Cambridge Universität in England Abschluss: Bachelor of science

Schule	Sept. 1998 – Juli 2001	obere Mittelschule
	Sept. 1994 – Juli 1998	untere Mittelschule
	Sept. 1989 – Juli 1994	Grundschule
Praktika:	Juli 2003 – Sept. 2003	bei Squibb
	Juli 2006 – Sept. 2006	bei Bayer（China）
	Juli 2007 – Sept. 2007	bei Bayer（China）
Berufstätigkeit:		
	Sept. 2008 – Juli 2010	Assistentin an der Fudan-Universität Shanghai
	seit Mai 2010	Dozentin an der Fudan-Universität Shanghai
Fortbildung:	April 2010 – April 2011	Polymere, TU Darmstadt
Fremdsprachenkenntnisse:		Englisch: sehr gut, Deutsch: gut

2. Schreiben Sie Ihren eigenen Lebenslauf und tragen Sie ihn vor!

Lebenslauf

Name:
Vorname:
Geburtsdatum und -ort:
Familienstand:
Staatsangehörigkeit:
Adresse:
Mobiltelefon:
E-Mail:

Ausbildung
Studium:

Schule

Praktika:

Berufstätigkeit:

Fortbildung:

Fremdsprachenkenntnisse:

Lesen

Text C   Ein Wunderkind

1. Lesen Sie bitte den Text!

Wolfgang Amadeus Mozart ist am 27.01.1756 in Salzburg geboren. Früh hat ihn sein Vater, Leopold Mozart, in Klavier- und Violinenspiel sowie Komposition unterrichtet.

Bereits 1761/62 hat Mozart sein erstes Stück komponiert. Mit sechs Jahren hat Mozart mit seiner Schwester erste Konzerte gegeben. 1767 – 1769 hat er seine erste Oper „La finta semplice" geschrieben. 1769 hat er eine Stelle als Hofkonzertmeister in Salzburg angenommen. Dort ist er bis 1781 geblieben. In dieser Zeit hat Mozart viele Musikstücke (Opern, Sinfonien und Konzerte) geschrieben.

1781 hat Mozart Salzburg verlassen und ist nach Wien gegangen. Dort hat er als freier Künstler gelebt. In Wien hat er 1782 Constanze Weber geheiratet. Sie hatten zwei Söhne. „Die Hochzeit des Figaro" hat Mozart 1786 geschrieben, ein Jahr später die Oper „Don Giovanni". 1791 hat Mozart die Arbeit an seiner Oper „Die Zauberflöte" beendet.

Wolfgang Amadeus Mozart ist am 5.12.1792 in Wien gestorben. Sein Werk „Requiem" konnte er nicht mehr beenden. Der weltberühmte Komponist hat in seinem Leben über 400 Werke geschrieben.

2. Was bedeutet „Ein Wunderkind"?

☐ Das Kind ist wunderschön.

☐ Das Kind zeigt sehr früh außergewöhnliche Fähigkeiten.

☐ Das Kind hat eine Wunde.

3. Versuchen Sie anhand kurzer Notizen über das Leben von Wolfgang Amadeus Mozart mündlich zu berichten!

— Geburtsdatum: — erstes Werk:

— erste Konzerte: — wichtige Opern:

— Ehe: — Tod:

Zusammenfassende Übungen

1. Vervollständigen Sie bitte die folgenden Sätze!

a) * _____ du die Xinmin-Abendzeitung schon _____?

+ Nein, ich lese sie heute Abend.

b) * Muss ich das Essen bezahlen?

+ Nein, Wang Dali _____ es schon _____.

c) * Wo _____ du den ganzen Nachmittag _____?

+ Ich war bei Herrn Pöppelmann.

d) Heute _____ ich meine Brieftasche nicht _____. Hoffentlich finde ich sie morgen.

e) Zuerst _____ es mir in Deutschland nicht _____, aber jetzt gefällt es mir hier sehr gut.

f) * _____ Sie alles _____?

+ Natürlich! Ich notiere immer alles.

g) * _____ du den Lehrer _____?

+ Nein, ich verstehe ihn niemals.

h) Gestern _____ sie keinen Brief _____. Heute muss sie zehn E-Mails schreiben!

i) Meine Freunde _____ ins Kino _____. Aber ich gehe lieber ins Theater.

j) * Peter hat heute Geburtstag. _____ du ihm schon _____?

+ Nein, ich gratuliere ihm jetzt.

k) * Wann gibst du mir meine Kamera zurück?

+ Ich _____ sie dir doch schon vor einer Woche _____.

l) Früher _____ er oft nach dem Abendessen _____. Aber jetzt geht er nicht mehr spazieren.

m) * Willst du Frau Pöppelmann auch einladen?

+ Aber ich _____ sie doch gestern schon _____.

n) Das Buch _____ vor einem Monat nur fünf Euro _____, aber jetzt kostet es zehn Euro.

o) Früher _____ ich das nicht _____, aber jetzt weiß ich es genau.

p) Gestern _____ ich dir _____, aber heute kann ich dir leider nicht helfen.

q) * Rufen Sie bitte Herrn Wang an!

+ Aber ich _____ ihn doch schon _____.

r) * _____ du schon _____?

+ Nein, ich kann im Café telefonieren.

s) * Entschuldigen Sie, ich _____ das _____.

+ Vergessen Sie es das nächste Mal aber nicht mehr!

2. Bilden Sie bitte das Perfekt!

Wang Dali erzählt:

,,Heute ist Samstag. Ich stehe sehr spät auf. Um 10.00 Uhr frühstücke ich. Ich esse eine Reissuppe, ein Ei, zwei Scheiben Brot mit Butter und Marmelade. Nach dem Frühstück lese ich Zeitung und trinke noch etwas Jasmintee. Dann gehe ich schnell in den Supermarkt.

Am Abend koche ich ein richtiges chinesisches Essen. Ich kaufe 500 g Rindfleisch, 500 g Schweinehackfleisch, einen Chinakohl, eine Packung Eier, 500 g Tomaten, drei Zwiebeln, zwei Gurken und Getränke. Das kostet zusammen 25,59 Euro.

Am Nachmittag schlafe ich noch eine Stunde und dann mache ich die Füllung mit Chinakohl, Schweinehackfleisch, Muer ...''

Heute ist Sonntag. Was hat Wang Dali gestern gemacht? Erzählen Sie bitte!

Gestern war Samstag. Wang Dali ...

3. Lesen Sie bitte den Tagesablauf von Frau Ma!

Frau Ma kommt aus China. 2001 hat sie in Marburg Deutsch gelernt. Sie erzählt einer Freundin in China ihren Tagesablauf in Deutschland:

jeden Tag früh aufstehen → zuerst duschen → dann Brötchen kaufen und Kaffee kochen → nach dem Frühstück zur Bushaltestelle fahren → vormittags immer Unterricht haben → in der Mensa Mittag essen → nachmittags in der Bibliothek lesen → manchmal auch Vorlesungen haben → dann nach Haus fahren → danach ...

4. Was hat Frau Weber am Samstag gemacht?

Am Samstag ist Frau Weber sehr spät aufgestanden. Dann hat sie Kaffee getrunken. ...

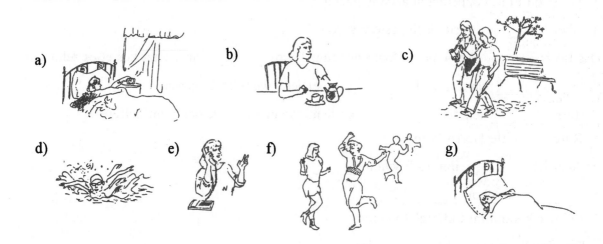

Hören

| Text D |

1. Hören Sie bitte den Text einmal und ordnen Sie die Wörter / Wortgruppen!

☐ promovieren

☐ die Schule besuchen

☐ Chemiestudium in Berlin

☐ arbeiten

☐ Wehrdienst leisten

☐ Studienbeginn in Bonn

☐ heiraten

☐ die Tochter geboren

☐ 1970 geboren

☐ Studium beenden

2. Hören Sie bitte den Text noch einmal und ergänzen Sie die Tabelle!

Zeit	Geschehen	Ort
	geboren	
1976 – 1989		
	Wehrdienst leisten	
		Universität Bonn
	Universität wechseln	
1997		
		Universität Frankfurt
	Arbeit bei der Hoechst AG	
2001		
	Tochter geboren	

3. Berichten Sie über das Leben von Robert Meier!

Phonetische Übung Ⅰ

Hören und sprechen Sie bitte nach!

● [ʃt] — [st]

Studienfach – Fernsteuerung – Stück – studieren – aufstehen – Straße – zuerst – Stunden –fast – husten– Fenster – beste – bestehen – gestern – Schwester

● [ʃp] — [sp]

sprechen – Sprache – Wespe – Sportler – Prospekt – spät – spielen – Aspekt –sparen –knuspern – Spitze – Speise – Respekt – Stadtsparkasse – Obstspeise

Phonetische Übung Ⅱ

Hören und sprechen Sie bitte nach!

a) Wann sind Sie in den Kindergarten gegangen?

　　Von wann bis wann hat Peter die Grundschule besucht?

　　Wie lange hast du die Mittelschule besucht?

　　Wo hat sie das Gymnasium besucht?

　　Wo haben Sie studiert?

b) Ich bin im Jahre 1978 geboren.

　　Er ist am 15.05.1982 geboren.

Susi ist am 24.04.1995 in Hamburg geboren.

Am 30.01.1973 ist unsere erste Tochter geboren.

1981 ist ihr erster Sohn in München geboren.

Wolfgang Amadeus Mozart ist am 5.12.1792 in Wien gestorben.

c) Sabine Meier ist Krankenschwester.

Sabine Meier ist Krankenschwester von Beruf.

Sabine Meier arbeitet als Krankenschwester.

Sabine Meier arbeitet als Krankenschwester in einem Krankenhaus.

Sabine Meier arbeitet als Krankenschwester in einem Krankenhaus in Hamburg.

d) Herr Li hat einen Ausflug gemacht.

Herr Li hat letzte Woche einen Ausflug gemacht.

Herr Li hat letzte Woche einen Ausflug nach Hangzhou gemacht.

Herr Li hat letzte Woche mit seiner Freundin einen Ausflug
nach Hangzhou gemacht.

e) Er ist schon aufgestanden.

Er ist gestern zu Haus geblieben.

Sie sind viel spazieren gegangen.

Der Zug ist schon abgefahren.

Das Flugzeug ist noch nicht angekommen.

f) Ich habe ihm ein Wörterbuch geschenkt.

Gestern habe ich ihr ein Seidentuch gekauft.

Den Füller hat mir meine Tante gegeben.

Die Kollegen haben ihm herzlich zum Geburtstag gratuliert und ihm alles Gute gewünscht.

Phonetische Übung Ⅲ

Hören und sprechen Sie bitte nach!

a) * Möchten Sie das Buch lesen?

+ Nein danke, ich habe das Buch schon gelesen.

b) * Müssen Sie noch einen Brief schreiben?

+ Nein, ich habe schon zehn Briefe geschrieben.

c) * Ist Wang Dali da?

+ Nein, er ist noch nicht gekommen.

d) * Willst du Frau Jäger einladen?

+ Die habe ich gestern schon eingeladen.

e) * Bestellen Sie zwei Theaterkarten!

+ Aber ich habe sie letzte Woche schon bestellt.

f) * Rufen Sie ihn mal an!

+ Aber ich habe ihn schon vor einer halben Stunde angerufen.

g) * Verstehen Sie das jetzt?

+ Ja. Aber ehrlich·gesagt, ich habe es noch nicht ganz verstanden.

h) * Arbeiten Sie schon?

   + Nein, ich habe mein Magisterstudium noch nicht absolviert.

Schwarzer Humor

Witz 1

Es sagte der Vater zu seinem Sohn:

„Das war nun schon die dritte Frau, die einen Heiratsantrag von dir abgelehnt hat. Ich rate dir trotzdem zur Vorsicht, denn nicht immer wirst du soviel Glück haben."

Witz 2

Egon Lehmann ist ein tüchtiger junger Mann, der eine Stellung sucht. Leider stottert er.

Einer seiner Freunde empfiehlt ihn seinem Chef. Als der die guten Zeugnisse sieht, sagt er:

„Sie können nächste Woche bei mir anfangen. Wie war doch Ihr Name?"

„Leh ... Leh ... Lehmann!"

„Merkwürdiger Name. Würde es Ihnen etwas ausmachen, wenn ich Sie nur kurz Lehmann nenne?"

Lektion 10
Kleidung

Einführung

Kleidungsstücke

der Anzug, ⸚e

das Sakko, -s

der Mantel, ⸚

das Kleid, -er

der Pullover, - / der Pulli, -s

die Bluse, -n

das Hemd, -en

das T-Shirt, -s

das Polo-Shirt, -s

die Jacke, -n

die Hose, -n

die Jeans

der Rock, ⸚e

die Unterwäsche

die Krawatte, -n

der (Leder-)Gürtel,-

der Schuh, -e

die Socke, -n

der Strumpf, ⸚e

der Handschuh, -e

der Schal, -s

der Hut, ⸚e

Übungen

1. Was tragen die Leute auf den Bildern?

a)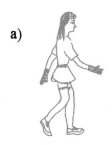

b)

c)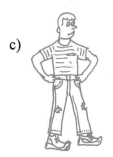

d)

2. Was tragen Sie? Fragen Sie bitte Ihren Nachbarn!

a) Zur Arbeit /zum Unterricht

b) Zur Geburtstagsfeier

c) Zum Spaziergang

d) Zur Hochzeitsfeier

e) Zum Tanzen

f) Zum Fußballspiel

g) Im Frühling

h) Im Sommer

i) Im Herbst

j) Im Winter

Wortschatz I

A Farben

Wichtige Farben sind: rot, gelb, blau, grün, braun, schwarz, weiß, grau.

Andere Farben sind: violett, lila, rosa, orange,...

Viele Farben zusammen sind: bunt

Übungen

1. Fragen und antworten Sie bitte?

Beispiel:

* Welche Farbe hat die Tomate?

+ Die Tomate ist rot.

*Was ist noch rot?

+...

die Erdbeeren, die Milch, der Apfel, der Himmel, die Banane, Die Gurke, die Coca-Cola, der Milchreis, die Butter, das Meer, der Kaffee

2. Das ist eine Ampel.Welche Farben hat sie?

a)

b)

c)

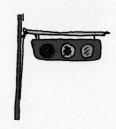

3. Alle Farben kann man mit hell und dunkel verbinden, außer schwarz, weiß .

 Beispiel:

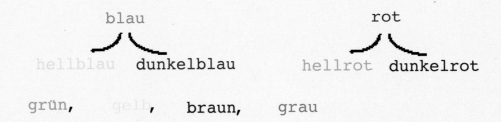

blau   rot

hellblau **dunkelblau**   hellrot **dunkelrot**

grün,   gelb,   **braun**,   grau

B Muster

Die Hose ist *gestreift*.

Der Mantel ist *kariert*.

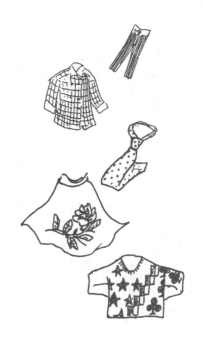

Die Krawatte ist *gepunktet*.

Der Rock ist *geblümt*.

Der Pullover ist *gemustert*.

Übung

Was tragen Ihr Lehrer und Ihre Kommilitonen? Beschreiben Sie bitte!

Beispiel: Unser Lehrer trägt eine Jacke. Die Jacke ist blau.

Grammatik

Adjektivdeklination

A Bei bestimmten und unbestimmten Artikeln und Possessivpronomen

Beispiele:

　　a) Ein Mann ist alt. Ein Pullover ist grau.

→　　Ein alter Mann möchte einen grauen Pullover kaufen.

　　b) Der Vater ist jung. Sein Kind ist klein. Die Geschichte ist lang.

→　　Der junge Vater erzählt seinem kleinen Kind eine lange Geschichte.

Achtung! Manche Adjektive ändern ihre Form!

dunkel:	eine dunkle Hose	die dunkle Hose
teuer:	ein teures Buch	das teure Sakko
hoch:	ein hoher Preis	der hohe Preis

	Singular			Plural
	maskulin	**neutrum**	**feminin**	
Nom.	der　neu-**e**　Hut ein kein　⟩neu-**er** mein	das　neu-**e**　Kleid ein kein　⟩neu-**es** mein	die　neu-**e**　Hose eine keine　⟩neu-**e** meine	die　neu-**en**　Hüte keine　⟩neu-**en** meine
Akk.	den　neu-**en**　Hut einen keinen　⟩neu-**en** meinen	das　neu-**e**　Kleid ein kein　⟩neu-**es** mein	die　neu-**e**　Hose eine keine　⟩neu-**e** meine	die　neu-**en**　Hüte keine　⟩neu-**en** meine
Dat.	dem　neu-**en**　Hut einem keinem　⟩neu-**en** meinem	dem　neu-**en**　Kleid einem keinem　⟩neu-**en** meinem	der　neu-**en**　Hose einer keiner　⟩neu-**en** meiner	den　neu-**en**　Hüten keinen　⟩neu-**en** meinen

Achtung! Manche Adjektive haben keine Deklinationsendung!

rosa:	ein rosa Kleid	das rosa Kleid
lila:	eine lila Bluse	die lila Bluse
prima:	eine prima Idee	die prima Idee

Übungen

1. Formen Sie bitte die Sätze um!

Der Mantel ist lang.	→ Mir gefällt der lange Mantel. (N) → Ich nehme den langen Mantel. (A)
Der Anzug ist blau.	→ →
Das Kleid ist neu.	→ →
Das Hemd ist hellgrau.	→ →
Die Krawatte ist bunt.	→ →
Der Rock ist lang.	→ →
Die Bluse ist rosa.	→ →
Die Schuhe sind dunkelbraun.	→ →

2. Bilden Sie bitte Sätze zuerst mündlich und dann schriftlich!

Mantel	lang	→ *Das ist ein langer Mantel.* (N) → *Ich möchte einen langen Mantel kaufen.* (A)
Rock	kurz	→ →
Bluse	bunt	→ →
Hemd	weiß	→ →

Kleid	lila	→ →	
Hose	lang	→ →	
Jacke	dunkel	→ →	
Pullover	blau	→ →	
T-Shirt	klein	→ →	

3. Bilden Sie bitte Sätze zuerst mündlich und dann schriftlich!

der	alte	Mann	*Helfen Sie dem alten Mann.（D）*
die	alte	Frau	
das	kleine	Kind	
Ihr	deutscher	Freund	
die	guten	Menschen	
der	kleine	Peter	
mein	kranker	Vater	
seine	nette	Kollegin	
unsere	alten	Eltern	
die	neue	Sekretärin	
das	kleine	Mädchen	
der	freundliche	Herr	

4. Was tragen die Personen auf den Bildern? Sprechen Sie bitte!

5. Ergänzen Sie bitte, wenn notwendig!

a) Die Suppe ist kalt _____ . Geben Sie mir bitte ein _____ warm _____ Suppe.

b) * Entschuldigen Sie, d _____ blau _____ Mantel ist mir zu teuer _____ .

    + Das ist ein _____ (teuer) _____ Mantel, aber die Qualität ist sehr gut _____ .

    * Wie ist d _____ grün _____ Mantel da? Der ist billig _____ .

    + D _____ grün _____ Mantel ist billig _____ , aber zu groß _____ für Sie.

c) Wang Dali zeigt d _____ streng _____ Zollbeamtin sein _____ chinesisch _____ Bücher.

d) D _____ schwer _____ Koffer gehört ein _____ alt _____ Dame.

e) Hat Ihr _____ klein _____ Stadt auch ein _____ modern _____ Theater?

f) Helfen Sie bitte d _____ alt _____ Frau da! Sie kann d _____ schwer _____ , schwarz _____ Tasche nicht tragen.

g) Schau mal, d _____ (hoch) _____ Haus dort!

h) Herr Schmidt ist ein _____ gut _____ Chef, aber ein schlecht _____ Vater.

i) * Wie findest du d _____ preiswert _____ Anzug da? Ich möchte mir ein _____ neu _____ Anzug kaufen. Mein _____ grau _____ Anzug gefällt mir nicht mehr.

    + Möchtest du schon wieder ein _____ neu _____ kaufen?

    * Ja, diesmal nehme ich ein _____ ander _____ Farbe.

j) Haben Sie auch ein _____ (dunkel) _____ Regenmantel?

k) Maria hat heute ein _____ rosa _____ Bluse gekauft.

Hören

Text A   Ich brauche . . .

1. Hören Sie bitte den ersten Teil und kreuzen Sie die richtige(n) Antwort(en) an!

a) Wer möchte was kaufen?

☐ Max Pöppelmann möchte ein Hemd kaufen.

☐ Mary Pöppelmann möchte ein Kleid kaufen.

☐ Mary Pöppelmann möchte einen Rock kaufen.

b) Warum? (2 Gründe)

☐ Sein Chef hat das Ehepaar am Montag zum Essen eingeladen.

☐ Ihr Chef hat das Ehepaar am Montag zum Essen eingeladen.

☐ Er hat kein modernes Hemd mehr.

☐ Sie hat kein modernes Kleid mehr.

2. Hören Sie den zweiten Teil und beantworten Sie bitte die Frage!

Warum gefällt Max Pöppelmann schwarz?

☐ Schwarz ist modern.

☐ Schwarz passt zu seinen Haaren.

☐ Schwarz passt zu ihren Haaren.

3. Hören Sie bitte den zweiten Teil noch einmal, kreuzen Sie Ihrer Meinung nach die geeigneteste Antwort an!

Warum findet Max Pöppelmann das Kleidungsstück zu lang?

☐ Denn es ist zu billig.

☐ Denn es ist zu teuer.

☐ Denn seine Frau findet es auch zu lang.

Sprechen

1. Vervollständigen Sie bitte den Dialog!

Im Kleidungsgeschäft

Verkäuferin:	**Kundin:**
* Kann ich Ihnen helfen?	+ Ja, ich suche (ein leichtes Sommerkleid, einen Mantel, eine Hose, ...)
* In welcher Größe bitte?	+ ...
* Hm, in welcher Farbe denn?	+ ... hätte ich ganz gerne.
* ... haben wir leider nicht. Probieren Sie mal ... (Farbe) hier an! Das ist jetzt modern.	+ Aber ... ist doch nicht meine Farbe.
* Vielleicht ... (Farbe)?	+ Oh ja. ... probiere ich mal an.
* Ja, ... steht Ihnen ausgezeichnet und passt auch gut zu Ihren Haaren.	+ Aber ... ist mir zu (eng / lang ...)
* Dann kommen Sie bitte nächste Woche noch mal vorbei. Da bekommen wir neue... in... (Farbe)	+ Na gut. Vielen Dank. Auf Wiedersehen.
* Wiedersehen.	

2. Was trägt Ihr Nachbar heute? (Kleidungsstücke und Farben)

Wortschatz II

A Passt *mir / ihm / ihr / dir / Ihnen ... ?*

zu groß	**zu klein**
zu eng	**zu weit**
zu kurz	**zu lang**

Beispiel:

* **Passt** *dem Mann die Hose*?

+ Nein, *die Hose* **passt** *ihm* nicht. *Sie ist ihm zu weit*.

B   Wie steht *mir / ihm / ihr/ dir / Ihnen ...* ?

  Passt *mir / ihm / ihr / dir / Ihnen ...* ?

Beispiel:

* **Passen** *der linken Frau das T-Shirt und der Minirock*?

+ Ja, *sie* **passen** *ihr* genau, aber *sie* **stehen** *ihr* überhaupt nicht.

* **Passen** *der rechten Frau das T-Shirt und der Minirock*?

+ Ja, *sie* **passen** *ihr* genau und **stehen** *ihr* auch ausgezeichnet.

Übung

Fragen und antworten Sie bitte!

Beispiel: der gestreifte Anzug (zu eng)

  * Wie steht mir *der gestreifte Anzug*?

  + *Er* steht dir gut, aber *er* passt dir nicht. *Er* ist *zu eng*.

a) der bunte Pullover? (zu klein)

b) das gelbe Hemd? (zu groß)

c) die violette Hose? (zu lang)

d) die karierte Bluse? (zu weit)

e) der weiße Rock? (zu kurz)

C   *Passt ... zu ...* ?

  Passt mir / ihm / ihr / dir / Ihnen ... ?

Beispiel: * **Passen** mir die rote Jacke und die grüne Hose?

+ Ja, sie **passen** dir.

* **Stehen** sie mir auch?

+ Ja, sie **stehen** dir auch. Aber die rote Jacke **passt** nicht **zu** der grünen Hose.

Übungen

1. Üben Sie bitte mit Ihrem Nachbarn!

Beispiel: *das blaue Kleid / die lila Strümpfe*

> * Sag mal, passt mir *das blaue Kleid*?
>
> + *Das Kleid* passt dir gut, aber *die lila Strümpfe* passen leider nicht zu *dem blauen Kleid*.

a) der rote Mantel / die Sportschuhe und der hellgrüne Hut

b) der schwarze Anzug / die graue Krawatte und der hellbraune Mantel

c) die violette Hose / die orangen Schuhe

d) die grünen Lederschuhe / die rosa Bluse und der dunkelgraue Rock

e) der bunte Rock / der gelbe Gürtel

f) der grüne Pullover / die violette Jeans

g) die schwarze Jacke / der dunkelblaue Hut

2. Was passt nicht zusammen? Sprechen Sie bitte frei!

Grammatik

B Nullartikel

Beispiele:

a) * Ich möchte Tee trinken.

   + Trinken Sie schwarz**en** Tee oder grün**en** Tee?

   * Grün**en** Tee, bitte.

b) Sie möchte zwei modern**e** Kleider kaufen.

	maskulin	**neutrum**	**feminin**	**Plural**
Nominativ	(der) grün -**er** Tee	(das) warm-**es** Wasser	(die) kalt-**e** Milch	(die) hoh-**e** Preise
Akkusativ	(den) grün-**en** Tee	(das) warm-**es** Wasser	(die) kalt-**e** Milch	(die) hoh-**e** Preise
Dativ	(dem) grün -**em** Tee	(dem) warm-**em** Wasser	(der) kalt-**er** Milch	(den) hoh-**en** Preise**n**

Übung

Ergänzen Sie bitte, wenn notwendig!

a) * Fräulein, ich möchte ein Glas Wein bitte!

   + Möchten Sie deutsch _____ Wein oder chinesisch _____ Wein?

   * Chinesisch _____ Wein, bitte.

   + Rot _____ oder weiß _____?

   * Rot _____, bitte. Weiß _____ Wein schmeckt mir nicht.

b) * Geben Sie mir bitte ein Paar Handschuhe.

   + Braun _____ oder gelb _____?

   * Braun _____ bitte. Gelb _____ Handschuhe gefallen mir nicht.

c) * Susi, ich habe groß _____ Durst. Gib mir etwas Wasser!

   + Kalt _____ oder warm _____?

   * Zuerst kalt _____, dann warm _____.

   + Was?! Willst du krank werden?

   * Ich bin schon krank und habe jetzt (hoch)_____ Fieber.

   + Dann ziehe dir doch warm _____ Sachen an!

d) * Haben Sie hier T-Shirts?

   + Ja. Möchten Sie weiß _____ T-Shirts oder schwarz _____ T-Shirts?

   * Ein weiß _____ T-Shirt.

e) * Wo gibt es hier leicht _____ Sommermäntel?

   + Leicht ____ Sommermäntel haben wir hier nicht. Wir haben nur leicht ____ Sommerjacken.
     Möchten Sie eine kaufen?

   * Oh, entschuldigen Sie, aber leicht _____ Sommerjacken habe ich schon genug zu Hause.

f) * Mutti, ich habe groß _____ Angst!

   + Hab doch keine Angst! Ich komme.

g) * Können Sie mir ein paar Krawatten zeigen?

   + Ja, gestreift _____ oder gepunktet _____ Krawatten?

   * Gestreift _____.   + Gestreift _____?

   * Ja, ich trage gern ein _____ gestreift _____ Krawatte.

h) * Gibt es in China nur japanisch _____ Autos?

   + Nein, wir haben auch amerikanisch _____ und deutsch _____ Autos.

i) * Können Chinesen nur chinesisch _____ und japanisch _____ Fernseher kaufen?

   + Nein, wir können auch koreanisch _____ kaufen.

j) * Rauchen Chinesen gerne amerikanisch _____ Zigaretten?

   + Ja, aber wir rauchen auch gern englisch _____.

k) * Können Sie in China deutsch _____ Schuhe kaufen?

   + Ja, aber deutsch _____ Schuhe sind sehr teuer. Wir kaufen gerne italienisch _____.

l) Helfen Sie bitte klein _____ Kindern und krank _____ Leuten!

C   Fragepronomen für Adjektive:

Welch ... / Was für (ein ...)

	maskulin	neutrum	feminin	Plural
Nominativ	was für ein welcher (der)	was für ein welches (das)	was für eine welche (die)	was für welche (die)
Akkusativ	was für einen welchen (den)	was für ein welches (das)	was für eine welche (die)	was für welche (die)
Dativ	was für einem welchem (dem)	was für einem welchem (dem)	was für einer welcher (der)	was für welchen (den)

Beispiele: *   **Welcher** Rock gefällt dir, **der** blaue oder **der** weiße?

+   Mir gefällt **der** blaue.

*   Hier sind zwei Jacken: **die** hier ist schwarz, **die** da ist dunkelblau.
   Welche möchten Sie?

+   Ich möchte gern **die** dunkelblaue.

*   **Welchen** Leuten möchten Sie helfen?

+   **Den** armen Leuten.

*   Möchtest du **einen** Mann heiraten?

+   Ja.

*   **Was für einen** Mann willst du haben?

+   **Einen** reichen Mann.

*   Haben Sie Zeitschriften?

+   Ja.

*   **Was für** Zeitschriften haben Sie hier?

+   Wir haben hier deutsche Zeitschriften und englische Zeitschriften.

Übungen

1. Ergänzen Sie bitte, wenn notwendig!

a)   *   Was für ein ____ Schal möchten Sie?

   +   Ich möchte ein ____ schön ____ Schal.

b)   *   Was für ein ____ Jacke ist denn das?

   +   Das ist ein ____ modern ____ Jacke.

c)   *   Was für ein ____ Pulli soll ich tragen?

+ Trag doch ein ___ lila ___ Pulli.

d) * Welch ___ Mädchen hast du geholfen?

+ ___ krank ___ Schwester von Peter.

e) * Was für Schuhe möchten Sie?

+ Ich möchte billig ___ Schuhe.

f) * Hast du meine Tasche gesehen?

+ Was für ein ___ Tasche hast du denn?

* Ein ___ schwarz ___ Tasche.

+ Nein, leider nicht.

g) * Welch ___ Handschuhe nehmen Sie?

+ Ich nehme d ___ schwarz ___ Handschuhe.

h) * Welch ___ Krawatte gefällt Ihnen?

+ D ___ bunt ___ Krawatte gefällt mir.

i) * Was für ein ___ Wohnung suchen Sie denn?

+ Ich suche ein ___ klein ___ , aber gemütlich ___ Wohnung.

j) * Hier sind zwei Pullover. D ___ hier ist blau, d ___ da ist grau. Welch ___ nehmen Sie denn?

+ Geben Sie mir bitte d ___ blau ___ .

k) * D ___ weiß ___ Rock ist schön, aber d ___ braun ___ auch. Welch ___ soll ich nehmen?

+ Welch ___ gefällt dir?

* D ___ weiß ___ .

+ Dann nimm doch d ___ weiß ___ !

2. Antworten Sie bitte!

Beispiele: * Was für ein Kleid soll ich anziehen?

+ *Ein helles*. *Das passt zu* deinen schwarzen Haaren.

* Was für eine Jacke soll ich anziehen?

+ *Eine dunkle*. *Die passt zu* deiner Hose.

a) Was für einen Rock soll ich anziehen?

b) Was für ein Hemd soll ich anziehen?

c) Was für eine Bluse soll ich anziehen?

d) Was für einen Anzug soll ich anziehen?

e) Was für einen Pullover soll ich anziehen?

f) Was für Schuhe soll ich anziehen?

g) Was für einen Mantel soll ich anziehen?

3. „Welch..." oder „Was für (ein...)"? Fragen Sie bitte!

a) Ich habe gestern einen blauen Koffer verloren.

b) Die alte Jacke trage ich nicht gern.

c) Ich möchte immer gute Freunde haben.

d) Er hat einem armen Mädchen geholfen.

e) Herr Schmidt möchte immer neue Sachen kaufen.

f) Wir haben eine schöne Reise gemacht.

g) Ich habe nur die letzte Übung nicht gemacht.

h) Geben Sie mir bitte die bunte Krawatte.

i) Mir gefällt der gelbe Pulli nicht.

j) Gute Hemden sind sehr teuer.

k) Susanne liest gerade ein interessantes Buch.

l) Das gestreifte Kleid gefällt mir gut.

Hören

Text B Eine höfliche Verkäuferin?

1. Hören Sie den Text einmal und kreuzen Sie bitte die richtige Antwort an!

Um welches Problem geht es im Text?

☐ Die Frau möchte ein schwarzes Kleid umtauschen.

☐ Die Frau hat ein schwarzes Kleid zu heiß gewaschen.

☐ Die Frau ist zu dick.

2. Hören Sie bitte den Text noch einmal und beantworten Sie die Frage!

a) Welche drei Fragen stellt die Verkäuferin? Kreuzen Sie bitte die Fragen an!

☐ Haben Sie noch die Rechnung?

☐ Gefällt Ihnen das Kleid nicht mehr?

☐ Warum haben Sie das Kleid gekauft?

☐ Haben Sie das Kleid bei uns gekauft?

☐ Haben Sie das Kleid richtig gewaschen? Nicht zu heiß?

☐ Sind Sie dick geworden?

b) Warum kann der Wunsch von der Frau nicht in Erfüllung gehen?

3. Beantworten Sie bitte jetzt die Frage: Ist die Verkäuferin höflich? Begründen Sie Ihre Meinung!

Lesen

Text C   Ein Reklamationsbrief

1. Lesen Sie bitte den Brief und beantworten Sie die Fragen!

a) An wen schreibt Frau Pöppelmann?

Mary Pöppelmann
Hinter-der-Salpeterhütte 5
60576 Darmstadt

„ Moden GmbH"
Bachstraße 13a
60432 *Darmstadt*

Darmstadt, 20. 08. 2011

Sehr geehrte Damen und Herren,

vor einigen Tagen, am Montag, 15. 08. 2011, habe ich in Ihrer Filiale in der Müllerstraße ein Kleid gekauft. Nach dem ersten Waschen ist das Kleid eingelaufen. Es passt mir jetzt nicht mehr. Gestern wollte ich das Kleid in der Filiale umtauschen, aber eine sehr unhöfliche Verkäuferin hat es abgelehnt.

Leider habe ich die Rechnung für das Kleid nicht mehr. Ich habe eine Bitte: Können Sie das Kleid umtauschen oder mir das Geld für das Kleid zurückgeben?

Mit freundlichen Grüßen

Mary Pöppelmann

b) Was möchte Frau Pöppelmann?

2. Was meinen Sie: Wie antwortet der Chef der Firma? Schreiben Sie bitte einen Antwortbrief!

ablehnen: – keine Rechnung

– nicht in seinem Geschäft gekauft

– Kleid zu heiß gewaschen

– zu dick geworden

–

zustimmen: – entschuldigen

– Fehler gemacht

– Kleid umtauschen oder Geld zurückbekommen können

–

Grammatik

D   Bei „alle, einige, viele, manche...“

Beispiel: Ich habe *alle* warm**en** Kleidungsstücke mitgebracht, aber nur *einige* leicht**e** Kleidungsstücke.

— **bei *alle* (wie bei dem bestimmten Artikel: die)**

Nominativ	alle (= die)	neu**en**	Kleider
Akkusativ	alle (= die)	neu**en**	Kleider
Dativ	alle**n** (= den)	neu**en**	Kleidern

Andere Wörter wie „*alle*“ sind z. B. *solche, beide, manche.*

— **bei *einige* (wie bei Nullartikel)**

Nominativ	einige	neu**e**	Kleider
Akkusativ	einige	neu**e**	Kleider
Dativ	einige**n**	neu**en**	Kleidern

Andere Wörter wie „*einige*“ sind z. B. *viele, wenige.*

Achtung: *viel* Wasser, *wenig* Kaffee, *viel* Geld, *wenig* Zeit usw.

Beispiel:

Er trinkt *viel* schwarzen Kaffee. Zu *viel* schwarzer Kaffee ist nicht gesund.

Übungen

1. Ergänzen Sie bitte, wenn notwendig!

a) * Haben Sie noch frisch _____ Äpfel ?

+ Nein, ich habe alle frisch _____ Äpfel verkauft.

b) * Trinken Sie bitte viel _____ warm _____ Wasser!

+ Ich trinke aber kalt _____ Bier.

c) * Ich habe gestern einige neu _____ Bücher gekauft.

+ Dann leihen Sie mir bitte zwei interessant _____ Bücher.

d) * Mutti, ich habe einige schwer _____ Fragen.

+ Nein, solche dumm _____ Fragen will ich überhaupt nicht beantworten!

e) Manche deutsch _____ Freunde trinken auch gern viel _____ grün _____ Tee.

f) Viele neu _____ Studenten studieren sehr fleißig. Sie haben nur wenig _____ frei _____ Zeit.

2. Ergänzen Sie bitte Endungen, wenn notwendig!

a) Viel _____ chinesisch _____ alt _____ Frauen tragen gern dunkl _____ Kleidung. Aber viel _____ deutsch _____ alt _____ Frauen gefällt bunt _____ Kleidung.

b) Jung _____ Frauen gefallen modisch _____ Sachen.

c) Alt _____ Leute haben in ihrem Schrank viele altmodisch _____ Kleider.

d) Alle Schüler in der Grundschule müssen einheitlich _____ Schuljacken tragen.

e) Katja möchte ein leicht _____ Sommerkleid kaufen. Aber alle schön _____ Sommerkleider sind ausverkauft.

f) Die grün _____ Krawatte passt nicht zu dem rot _____ Sakko, dem gelb _____ Hemd und der blau _____ Hose.

g) Das Kaufhaus Nr. 1 ist ein (hoch) _____ weiß _____ Gebäude. Einige ausländisch _____ Gäste kaufen dort viele _____ (teuer) Sachen.

h) Frau Breuer hat ein lila _____ Kleid und eine rosa _____ Bluse gekauft. Beide neu _____ Sachen gefallen ihrem Mann nicht.

i) Wem gehört der schwarz _____ Wintermantel?

j) * Morgen besuche ich meinen alt _____ Professor. Was soll ich anziehen?

+ Zieh doch deinen dunkelblau _____ Mantel, deinen grau _____ Anzug und deine schwarz _____ Schuhe an und trage deine dunkelrot _____ Krawatte!

* Das ist eine prima _____ Idee!

k) Meine Tante hat mir einen orange _____ Pullover geschenkt, aber er ist mir zu eng.

l) Billig _____ Sachen haben keine gut _____ Qualität. Gut _____ Sachen sind leider nicht billig _____ .

Hören

Text D   Was für ein Kleid?

1. Hören Sie den Text einmal und beantworten Sie bitte die Frage!

Wem möchte der Kunde ein Kleid kaufen?

2. Hören Sie den Text noch einmal und beantworten Sie bitte die Fragen!

a) Was für Kleider empfiehlt die Verkäuferin nicht? Warum?

b) Was für ein Kleid kauft der Mann?

3. Sie sind der Kunde aus Text D! Ihrer Frau / Freundin / Mutter gefällt das Kleid nicht. Sie wollen das Kleid umtauschen und ein anderes Kleid nehmen. Spielen Sie bitte mit Ihrem Nachbarn die Szene!

Sprechen

1. Lesen Sie bitte den Dialog!

Im Geschäft

* Kann ich Ihnen helfen?

+ Ja, ich suche *ein modernes Kleid*.

* Wie ist *dieses Kleid*?

+ Hm, *rot* gefällt mir nicht.

* Was für eine Farbe möchten Sie?

+ Ich möchte gern *ein schwarzes Kleid*.

* *Die schwarzen Kleider* sind leider ausverkauft. Möchten Sie *ein blaues Kleid? Es* ist auch schön.

+ Na gut, ich nehme *das blaue*.

Machen Sie bitte einen ähnlichen Dialog! Nutzen Sie bitte die Redemittel!

Was wünschen Sie bitte?

Ich möchte ... kaufen   Ich suche ...

... Farbe ...?

Gefällt Ihnen ...?   Passt Ihnen ...?

Ich nehme ...

2. Ergänzen Sie bitte die Minidialoge!

Einkaufen

* ...

* ... diese Schuhe?

* ...

+ Ich ... ein Paar Lederschuhe für meine Frau.

+ Sehr schön. Und wie viel kosten sie?

+ Gut. Ich ... sie.

Anprobieren

* Ich habe ... für dich gekauft. Sieh mal!

* ... aber schön. Probier doch mal an!

+ Ehrlich?! Das ist aber sehr nett von dir! Oh, ... nicht.

+ Aber nein, ... mir zu eng!

Umtauschen

* ...?

* Passen ... nicht?

* Welche Farbe ... ?

* Tut mir Leid. Wir haben ...

* Das tut mir Leid, dann kann ich Ihnen nicht weiter helfen.

+ Ich möchte ... umtauschen.

+ Doch, ... passen mir, aber ... gefallen mir nicht.

+ Mir gefallen ...

+ Aber ... mir nicht.

Zurückgeben

* Guten Tag! ...?

* Oh, ... haben wir nicht mehr.

* Es tut mir leid. Ich weiß es nicht. Können Sie nächste Woche noch mal kommen? Oder Sie geben ihn / es / sie jetzt zurück.

+ ... hat einen Fleck. ... ihn / es / sie ...

+ Wann bekommen Sie sie / ihn / es wieder?

+ So lange kann ich leider nicht warten. Dann gebe ich ihn / es / sie ... zurück.

3. Situative Fragen

a) Sie sind im Bekleidungsgeschäft und möchten Kleidungsstücke (ein Kleid/ein Hemd/einen Anzug/ eine Bluse, einen Pullover usw.) kaufen. Leider können Sie ... nicht finden.

b) Sie haben vor einer Woche eine Hose gekauft. Nach dem ersten Waschen ist sie eingelaufen/zu klein geworden. Sie sind jetzt im Geschäft und möchten sie umtauschen.

c) Sie möchten eine Krawatte für Ihren Vater kaufen. Eine Krawatte finden Sie besonders schön. Aber die ist leider auch sehr teuer. Sie fragen den Verkäufer, warum die Krawatte so teuer ist.

Schreiben

1. Beschreiben Sie eine Person in Ihrer Klasse. Was trägt sie heute?

— Kleidungsstücke

— Farben

— Muster

2. Sie sind nicht verheiratet:

— Was möchten Sie zu Ihrer Hochzeit tragen? Was soll Ihre Frau / Ihr Mann tragen?

Oder Sie sind verheiratet:

— Was haben Sie und Ihre Frau / Ihr Mann zu Ihrer Hochzeit getragen?

Phonetische Übung I

Hören und sprechen Sie bitte nach!

● [ʃ]

Unterwäsche – Handschuh – Schal – schwarz – schwer – umtauschen – Schulbildung – Zwischenprüfung –
Anschrift – Wirtschaftswissenschaft – Schwester – Brieftasche – duschen – Schal – Unterschied –
Geschäft – Fisch – ungarisch – Scheibe – scheinen – klassisch – Wunsch – schenken – Tisch –
Chance – Chef

● [ç]

leicht – welcher – Frechheit – manche – Architektur – Technik – nächst – Kännchen – Mädchen –
Hähnchen – Essstäbchen – Becher – Gericht – sich – Rechnung – sprechen – recht – möglich – Chinese –
China – ähnlich – herzlich – eigentlich – höflich – köstlich – ungeduldig – neugierig – großartig –
tätig – Süßigkeit

● [x]

sauber machen – Studienfach – Kuchen – kochen – Sache – Buch – Sprache – achten – Nachspeise –
nachfragen – Seidentuch – auch – acht – suchen

Phonetische Übung II

Hören und sprechen Sie bitte nach!

a) Wie gefällt dir der schwarze Rock?

Wie gefällt dir das weiße Kleid?

Wie gefallen dir die braunen Schuhe?

b) Probiere die dunkelbraune Jeans an!

Probiere die grüne Jacke an!

Probiere die gelbe Hose an!

c) Findest du das hellblaue Kleid nicht zu lang?

Findest du das lila Hemd nicht zu dunkel?

Findest du die orange Hose nicht zu hell?

d) Ich habe vor zwei Wochen diesen violetten Pulli gekauft.

Er hat vor zwei Wochen dieses hellgrüne Sakko gekauft.

Sie hat vor zwei Wochen diese braune Bluse gekauft.

e) Ich möchte den Pullover umtauschen.

Ich möchte die Krawatte umtauschen.

Ich möchte das Polo-Shirt umtauschen.

f) Das Kleid passt nicht mehr.

Die Hose passt nicht mehr.

Der Rock passt nicht mehr.

Die Bluse passt nicht mehr.

g) Kann ich Ihnen helfen?

Sie wünschen?

Was kann ich für Sie tun?

Was wünschen Sie?

h) Welches Kleid können Sie mir empfehlen?

Welches Radio können Sie mir empfehlen?

Welche Kamera können Sie mir empfehlen?

Welches Buch können Sie mir empfehlen?

Phonetische Übung Ⅲ

Hören und sprechen Sie bitte nach!

a) * Max, wie gefällt dir der Rock?

+ Nicht schlecht. Er steht dir gut.

b) * Mary, probiere die Schuhe an!

+ Gut, gib mir bitte die Schuhe her, Max.

c) * Findest du die Schuhe nicht zu modern?

+ Überhaupt nicht. Sie gefallen mir sogar sehr.

d) * Sie wünschen?

+ Ja, ich habe vor zwei Wochen diese Schuhe gekauft. Der rechte Schuh hat aber einen Fleck. Ich möchte sie umtauschen.

e) * Kann ich Ihnen helfen?

+ Ich möchte einen Anzug. Welchen könnten Sie mir empfehlen?

* * Den dunkelbraunen da.

Schwarzer Humor

Witz 1

Ein Neger kommt zum Kommissar und meint:

„Wie kommt es, dass meine Frau ein weißes Baby gekriegt hat, wo du doch der einzige Weiße hier im Dorf bist?"

„Schau hier, die Wiese mit den Schafen. Alle sind weiß, nur das eine dahinten ist schwarz ... "

„Schon gut, wenn du nichts weitersagst, dann tue ich es auch nicht!"

Witz 2

„Werden Sie um Hilfe bitten, wenn ich Ihnen den Reißverschluss aufziehe?"

„Wozu? Der geht doch ganz leicht auf!"

Witz 3

„Tragen Gespenster Unterwäsche?"
„Ja, durchsichtige."

Lektion **11**
Vergleich

Einführung

Der Vergleich

Das Kind ist groß.

Die Frau ist größer.

Der Mann ist am größten.

Die Haare sind kurz.

Die Haare sind kürzer.

Die Haare sind am kürzesten.

Die Uhr ist teuer.

Die Uhr ist teurer.

Die Uhr ist am teuersten.

Der Wagen ist schnell.

Der Sportwagen ist schneller.

Der Rennwagen ist am schnellsten.

Wortschatz

Personenbeschreibung

A die Figur

dünn/schmal

schlank

zierlich
(schlank und klein)

vollschlank

dick

kräftig

B die Größe

sehr groß

groß

mittelgroß

klein

Beschreiben Sie bitte die Personen!

Herr Götz

Frau Biermer

Fräulein Schön

Professor Geist

Doktor Gu

Sekretärin Grosser

C　das Gesicht, -er

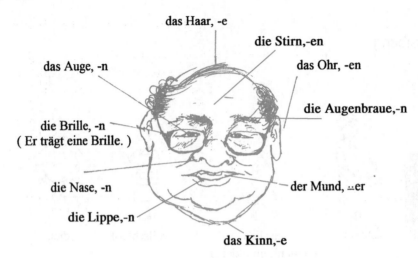

das Haar, -e

die Stirn,-en

das Auge, -n

das Ohr, -en

die Augenbraue,-n

die Brille, -n
(Er trägt eine Brille.)

die Nase, -n

der Mund, ̈-er

die Lippe,-n

das Kinn,-e

1. Welche Haar- und Augenfarbe haben Chinesen?

2. Welche Haar- und Augenfarben kennen Sie noch?

D　die Frisur, -en

lange, glatte Haare　　　　kurze, lockige Haare　　　mittellange, gewellte Haare

Übungen

1. Beschreiben Sie bitte die Bilder (Figur, Gesicht, Frisur)!

2. Beschreiben Sie bitte eine Person in Ihrer Klasse! (Figur, Gesicht, Frisur, Kleidung)

3. Ergänzen Sie bitte den Dialog!

* Kennst du *Hans Bauer?*	Peter Groß, Anna Schmitt, Sabine Schnell . . .
+ Ja, ist das *der große*, *dicke Mann?* *Er* hat *blonde Haare*.	groß, klein, schlank, zierlich . . . schwarz, braun, rot, blond, grau, weiß, lang, kurz, mittellang, glatt, gewellt, lockig . . .
* Genau. *Sein Bruder* ist jetzt in Shanghai.	Schwester, Eltern, Vater, Mutter, Freund, Freundin . . .
+ Wie sieht *sein Bruder* aus?	. . .
* *Er* ist nicht so *groß* und *dick* wie *Stefan*, aber *er* hat auch *blonde Haare*.	. . .
+ Ach, ich habe *ihn* heute auch gesehen.	

Grammatik

Komparation der Adjektive

A   Der Positiv

Beispiele:

a) Herr Fisch ist 20 Jahre alt. Ich bin auch 20 Jahre alt.

→ Er ist *so* alt *wie* ich.

b) Frau Schön hat eine schöne Figur. Frau Hübsch hat auch eine schöne Figur.

→ Frau Schön hat eine *genauso* schöne Figur *wie* Frau Hübsch.

c) Herr Huang spricht gut Deutsch. Ich spreche nicht gut Deutsch.

→ Ich spreche *nicht so* gut Deutsch *wie* er.

	Dieter	arbeitet	*so*	fleißig	*wie*	ich.
oder:	Dieter	arbeitet	*genauso*	fleißig	*wie*	ich.
			(ebenso)			
aber:	Hans	arbeitet	*nicht so*	fleißig	*wie*	Dieter.

Übungen

1. Ergänzen Sie bitte!

a) Isabel ist 1,60 m groß. Andrea ist auch 1,60 m groß. Isabel ist _____ _____ _____ Andrea.

b) Herr Baumann ist ein höflicher Mann. Herr Schäfer ist auch ein höflicher Mann. Herr Baumann ist

ein _____ _____ Mann _____ Herr Schäfer.

c) Der Großvater hat nicht _____ viele Haare _____ San Mao.

d) Max fährt schnell. Hans fährt langsam. Hans fährt nicht _____ _____ _____ Max.

Max fährt nicht _____ _____ _____ Hans.

e) Ich stehe um 5.30 Uhr auf. Nora steht um 6.00 Uhr auf. Nora steht _____ _____ _____

____ auf _____ ich.

f) Sun Wukong isst nicht _____ viel _____ Zhu Bajie, aber Zhu Bajie ist nicht _____

fleißig _____ Sun Wukong.

g) Männer sind gute Fahrer. Frauen sind auch gute Fahrer. Frauen sind _____ _____

Fahrer _____ Männer.

h) Können Sie nicht _____ früh kommen _____ ich?

i) Herr Dong ist _____ stark _____ ein Löwe.

2. Bilden Sie bitte Sätze!

a) Tilmann fährt 160 km/h. Thomas fährt 180 km/h.

Tilmann _____ .

b) Meine Schwester hat viel Obst gegessen. Mein Bruder hat auch viel Obst gegessen.

Meine Schwester _____ .

c) Das Buch ist interessant. Die Zeitung ist auch interessant.

Das Buch _____ .

d) Meine Kamera kostet 500 Euro. Ihre Kamera kostet 650 Euro.

Meine Kamera _____ .

e) Mein Mantel ist nicht schön. Aber meine Hose ist schön.

Mein Mantel _____ .

f) Ich lerne jeden Tag 20 Wörter. Max lernt jeden Tag nur 5 Wörter.

Max _____ .

g) Herr Teller ist freundlich. Herr Schmidt ist auch freundlich.

Herr Teller _____ .

h) Deutsch ist schwer. Aber Englisch ist nicht schwer.

Englisch _____ .

i) Die Schweiz ist 41 288 km^2 groß. Österreich ist 83 849 km^2 groß.

Die Schweiz _____ .

j) In der Schweiz leben 6,33 Millionen Menschen. In Österreich leben 7,5 Millionen Menschen.

In der Schweiz _____ .

k) Deutschland ist 357 000 km^2 groß. Österreich ist 83 849 km^2 groß.

Österreich _____ .

B Regelmäßige Komparation der Adjektive als Prädikativ oder Adverbialbestimmung

Beispiele:

a) Der Hase <u>ist</u> **klein**.

Der Hase <u>ist</u> **kleiner als** das Schwein.

Das Schwein ist **kleiner als** das Pferd.

Der Hase <u>ist</u> **am kleinsten**.

(*als Prädikativ*)

b) Das Schwein läuft **schnell**.

Der Hase läuft **schneller als** das Schwein.

Das Pferd läuft **am schnellsten**.

(*als Adverbialbestimmung*)

Positiv	Komparativ	Superlativ
1. billig	billig-**er**	**am** billig-**sten**
schnell	schnell-**er**	**am** schnell-**sten**
fleißig	fleißig-**er**	**am** fleißig-**sten**
voll	voll-**er**	**am** voll-**sten**
2. lang	läng-**er**	**am** läng-**sten**
jung	jüng-**er**	**am** jüng-**sten**

Positiv	Komparativ	Superlativ
3. alt	**ält-er**	am **ält-e-sten**
heiß	heiß**-er**	am heiß**-e-sten**
kurz	kürz**-er**	am kürz**-e-sten**
hübsch	hübsch**-er**	am hübsch**-e-sten**
4. dunk**el**	dunk**l-er**	am dunkel**-sten**
teuer	teur**-er**	am teuer**-sten**

Aber: groß → größer → **am** größten

Übungen

1. Ergänzen Sie bitte die passenden Adjektive!

a) ＊ Ist der Opel _____ als der VW? (schnell)

　　+ Ja, aber _____ _____ ist natürlich der Mercedes Benz.

b) ＊ Ist das Restaurant hier _____ als das bei der Post? (billig)

　　+ Ja, aber die Pizzeria ist _____ _____ .

c) ＊ Ist Ihr Koffer _____ als mein Koffer? (schwer)

　　+ Ja, aber der Koffer von Max ist _____ _____ .

d) ＊ Ist der rote Pullover _____ als der blaue? (schön)

　　+ Ja, aber _____ _____ ist der grüne da.

e) ＊ Läuft Peter _____ als Max? (schnell)

　　+ Ja, aber Thomas läuft _____ _____ in unserer Klasse.

f) ＊ Ist deine Schwester _____ als dein Bruder? (groß)

　　+ Ja, aber ich bin _____ _____ .

g) ＊ War die Reise nach Berlin _____ ? (interessant)

　　+ Ja. Aber die Reise nach München war _____ _____ .

h) ＊ Ist dein Zimmer _____ als mein Zimmer? (warm)

　　+ Ja, aber das Zimmer von Peter ist _____ _____ .

i) ＊ Ist das weiße Hemd _____ als das blaue? (billig)

　　+ Ja, aber das rote ist noch _____ . _____ _____ ist das graue da, aber die
　　　Qualität ist gar nicht gut.

j) ＊ Mensch, es ist _____ hier! (kalt)

　　+ Ja, es wird immer _____ . _____ _____ ist es im Januar.

k) Christine ist am 18. Februar 1978 geboren. Monika ist am 18. Februar 1979 geboren. Erika ist am
　　24. Mai 1959 geboren. Das heißt, Monika ist ein Jahr _____ als Christine. Erika ist viel _____

_____ als Christine und Monika.

Sie ist _____ _____ . Und Monika ist _____ _____ .

2. Bilden Sie bitte Sätze!

Beispiel: fleißig lernen; ich, Maria, Martin

→ Ich lerne *fleißig*. Maria lernt noch *fleißiger*.

Am fleißigsten lernt aber Martin.

a) teuer: das Hemd, die Hose, der Anzug

b) jung: ich, mein Bruder, meine Schwester

c) billig: der Wein, der Kaffee, das Wasser

d) schnell fahren: der Santana, der Audi, der Mercedes Benz

e) eng: der Pullover, der Rock, die Hose

f) lang: der Mantel, der Rock, das Kleid

g) schlecht kochen: die Großmutter, die Mutter, die Tochter

h) weit: der Weg zum Supermarkt, der Weg zur Universität, der Weg zum Bahnhof

i) interessant: die Zeitung, die Zeitschrift, das Buch

j) laut sprechen: Max, Hans, unser Lehrer

3. Vergleichen Sie bitte!

a)

der Großvater   der Vater   der Sohn

b)

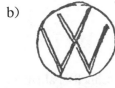

der VW   der Opel   der Mercedes Benz

c)

Shanghai   Beijing   Hangzhou

als Attribut

Beispiele:

a) Tianjin ist eine große Stadt.

   Beijing ist eine größere Stadt als Tianjin.

   Shanghai ist **die** größte Stadt.

b) China hat eine große Fläche.

   Kanada hat eine größere Fläche als China.

   Russland hat **die** größte Fläche.

Übungen

1. Bilden Sie bitte Sätze!

Beispiel: fleißig / Student: Heinz, Karl, Ralf

→ *Heinz* ist ein *fleißiger Student*. *Karl* ist ein *fleißigerer* Student als *Heinz*. *Ralf* ist *der fleißigste Student*.

a) schnell / Auto: der Opel, der Audi, der Mercedes

b) teuer / Uhr: Citizen, Omiga, Rolex

c) kurz / Pause: die Mittagspause, die Frühstückspause, die Zigarettenpause

d) interessant / Buch: „Die Drei Reiche" (San Guo),

                                  „Die Reise nach Westen" (Xi You Ji),

                                  „Traum der Roten Kammer" (Hong Lou Meng)

e) schwer / Tier: das Schaf, der Panda, der Elefant

f) schön / Stadt: Shanghai, Beijing, Suzhou und Hangzhou

g) klein / Land: Holland, Belgien, Luxemburg

h) lang / Fluss: der Li-Fluss, der Gelbe Fluss, der Yangtsekiang

i) alt / Universität: die Universität Zhejiang, die Fudan-Universität, die
                                  Universität Beijing

j) freundlich / Student(in)   Herr ... , Frau ... , Herr ...

2. Ergänzen Sie bitte die passenden Endungen!

a) Das Fahrrad ist ein _____ (schnell) Fahrzeug. Der Bus ist ein noch _____ (schnell) Fahrzeug, aber der Zug ist das _____ (schnell) Fahrzeug.

b) „Duschen" (Xizao) ist ein _____ (interessant) Film, „007" ist ein noch _____ (interessant) Film, aber „Moderne Zeiten" ist der _____ (interessant) Film.

c) Frau Klein hat einen _____ (teuer) Hut. Ihre Schwester hat einen _____ (teuer) Hut als sie. Aber ihre Mutter hat den _____ (teuer) Hut.

d) * Ist das Ihr _____ (alt) Bruder?

   + Nein, das ist mein _____ (jung) Bruder. Und Hans ist mein _____ (jung) Bruder.

e) * Haben Sie noch _____ (billig) Wein?

   \+ Nein, das ist unser _____ (billig) Wein.

f) * Ist das Haus sehr alt? + Ja, es ist das _____ Haus in Shanghai.

g) Das Hemd ist mir zu teuer. Haben Sie kein _____?

h) * Ich verstehe das nicht.

   \+ Was denn?

   * Herr Klug ist der _____ (fleißig) Student in der Klasse, aber er bekommt immer die ____

      _____ (schlecht) Noten.

   \+ Vielleicht hat er die _____ (schlecht) Lernmethode.

i) Wir haben in diesem Jahr einen _____ (heiß) Sommer. Im letzten Jahr hatten wir einen noch

   _____ Sommer. Den _____ Sommer hatten wir aber im Jahre 1998.

j) Ich habe ein _____ (dunkel) Zimmer, Martin hat ein noch _____ (dunkel) Zimmer,

   aber Peter hat das _____ (dunkel) Zimmer.

Königin: *„Spieglein, Spieglein an der Wand, wer ist die schönste Frau im ganzen Land?"*

Spieglein: *„Frau Königin, Sie sind die schönste Frau, aber Schneewittchen, hinter den 7 Bergen, bei den*

7 Zwergen ist tausendmal schöner als Sie."

Hören

Text A   Wer ist wer?

1. Hören Sie den Text einmal und ergänzen Sie bitte die Namen!

Name	Beschreibung	
	Personen（Alter，Figur）	**andere Informationen**
	als Wang	
	als Susanne	
	als Wang	

2. Hören Sie den Text noch einmal und ergänzen Sie bitte die Beschreibungen zu den Namen!

3. Vergleichen Sie bitte die Personen aus dem Text mit Wang Dali oder Susanne!

Sprechen

1. Im Spiegelkabinett

Wie sieht Herr Eitel im Spiegel aus? Beschreiben Sie bitte!

Beispiel:

Herr Eitel ist *im Spiegel* **a)** *größer* als in Wirklichkeit.

a)   b)   c)   d)

2. Rätsel „Wer ist wer?"

Beschreiben Sie eine Person aus Ihrer Klasse. Vergleichen Sie sie bitte mit anderen Personen in der Klasse!

Die Person ist größer / jünger / ... als Herr ... / Frau ...

Grammatik

C   Unregelmäßige Komparation der Adjektive und einiger Adverbien

365 m
Berliner Fernsehturm

468 m
Shanghaier Fernsehturm

553,34 m
Fernsehturm in Toronto

Beispiele: Der Berliner Fernsehturm ist **hoch**.

Der Shanghaier Fernsehturm ist **höher** als der Berliner Fernsehturm.

Der **höchste** Fernsehturm ist aber in Toronto.

Positiv	Komparativ	Superlativ
gut	besser	am besten / der, die, das beste
hoch	höher	am höchsten / der, die, das höchste
nah(e)	näher	am nächsten / der, die, das nächste
viel	mehr	am meisten / der, die, das meiste
gern	lieber	am liebsten / der, die, das liebste
oft / häufig	öfter / häufiger	am häufigsten / der, die, das häufigste

Achtung!

1. Hans hat _viel_ Geld, aber Maria hat _**mehr**_ Geld.

   Susanne hat _wenig_ Geld, aber ich habe noch _**weniger**_ Geld.

2. Hans hat _viele_ Bücher gelesen, aber Maria hat _**mehr**_ Bücher gelesen.

   Susanne hat _wenige_ Bücher gelesen, aber ich habe noch _**weniger**_ Bücher gelesen.

Übungen

1. Bilden Sie bitte Sätze!

Beispiele: viel / Erfolg haben: ich / Zhou Xun / Zhang Manyu

Ich habe _viel_ Erfolg.

Zhou Xun hat _mehr_ Erfolg.

Zhang Manyu hat _den meisten_ Erfolg.

a) gut kochen: ich, Kang Shifu, Lao Cai

b) viel verdienen: ein Sänger, ein Filmstar, ein Fußballspieler

c) viel Freizeit haben: Kinder, Schüler, Studenten

d) Mei Lanfang / gut: spielen, singen, tanzen

e) hoch / Berg: der Lushan (1 500 m), der Taishan (1 524 m),

         der Dabieshan (1 860 m)

f) ich / gern trinken: Milch, Tee, Kaffee

g) in Shanghai / oft regnen: im November, im April, im Juni

h) Wen kennen Sie gut / besser / am besten?

i) Was machen Sie gern / lieber / am liebsten?

j) Was können Sie gut / besser / am besten tun?

2. Ergänzen Sie bitte!

a) Franz ist ein gut _____ Schüler. Karl ist ein _____ Schüler als Franz.

 Max ist der _____ Schüler.

b) Peter verdient _____ Geld. Seine Frau verdient _____ Geld als er.

 _____ _____ aber verdient sein Sohn!

c) Ich möchte zum Postamt gehen. Können Sie mir das _____ (nah) Postamt zeigen?

d) Wie heißt das _____ (hoch) Gebirge in China?

e) Deutsche trinken _____ Wein, aber _____ _____ Bier.

f) Leider kann ich Ihnen auch nicht helfen. _____ _____ (gut) fragen Sie mal Herrn

 Schmidt.

g) Das Bild hängt zu niedrig. Hängen Sie es bitte etwas _____ (hoch)!

h) Das Buch hat früher nur 2 Euro gekostet. Aber jetzt kostet es viel _____.

i) Peter arbeitet nicht so gern. Er liegt _____ im Bett und schläft.

 _____ _____ ist er aber bei seiner hübschen Freundin.

j) * Wie komme ich zur Jiaotong-Universität?

 + Zur Jiaotong-Universität? (gut) _____ _____ nimmst du ein Taxi.

k) * Der Mantel ist mir zu klein. Haben Sie keinen _____?

 + Nein, das ist der _____.

l) Ich esse oft im Restaurant, _____ esse ich in der Mensa. Aber _____ _____ esse ich

 zu Haus.

m) Herr Liu ist ein gut _____ Lehrer. Er ist _____ als Herr Schmidt.

 Aber _____ _____ Lehrer ist natürlich Herr Pöppelmann.

n) Fisch esse ich nicht so gern. _____ _____ esse ich Fleisch.

Hören

Text B Der Autokauf

1. **Hören Sie bitte den Text einmal und beantworten Sie die Frage!**

   Möchte Herr Maier ein neues oder ein gebrauchtes Auto kaufen?

2. **Hören Sie den Text noch einmal und ergänzen Sie bitte!** (Audi, VW Golf, Ford, Mazda)

Automarke	Farbe	Kilometer	Alter	Preis

3. **Hören Sie bitte den Text ein drittes Mal und überprüfen Sie Ihre Notizen!**

4. **Vergleichen Sie bitte mit Ihrem Nachbarn die Autos!**

5. **Welches Auto möchten Sie kaufen? Warum?**

Sprechen

Bilden Sie bitte einen Dialog wie Text B!

* Guten Tag.

* Ich ... ein Auto kaufen.

* Ein gebrauchtes.
  Es soll aber nicht zu ... sein.

* ... kostet ... ?

* Das ist aber ... für mich. ... kein
  billigeres?

* Oh ja, ... gefällt mir. ... nehme ich.

+ ... Was kann ich für Sie tun?

+ ...?

+ Da ... diesen Polo empfehlen.
  Er ... Jahre alt, aber nur ... km ...

+ ... Euro.

+ Doch, hier der dunkelgrüne VW Golf, ... Jahre alt,
  weniger Kilometer gefahren, nur ... Euro.

Lesen

Text C   Fakten über Deutschland

1. Lesen Sie bitte den Text zweimal! Benutzen Sie beim Lesen die Landkarte!

Deutschland liegt in Mitteleuropa. Es ist rund 357 000 km² groß und hat rund 82 Mio. Einwohner. Die Hauptstadt ist Berlin.

Berlin ist mit 3,5 Mio. Einwohnern die größte Stadt. Die zweitgrößte Stadt ist Hamburg mit 1,7 Mio. Einwohnern. München ist mit 1,25 Mio. Einwohnern die drittgrößte Stadt.

Bayern ist das größte Bundesland in Deutschland. Es hat eine Fläche von 70 554 km². Bremen ist mit 404 km² das kleinste Bundesland.

Wirtschaftlich ist Baden-Württemberg am stärksten und Mecklenburg-Vorpommern am schwächsten.

Der längste Fluss in Deutschland ist der Rhein (865 km in Deutschland). Rügen ist die größte Insel mit einer Fläche von 930 km².

Das höchste Gebirge sind die Alpen, der höchste Berg ist die Zugspitze (2 962 m).

Das Klima ist in Deutschland mild. Die wärmsten Monate sind Juli und August. Der Januar und der Februar sind die kältesten Monate.

2. Machen Sie sich bitte Notizen und halten Sie an der Landkarte einen kleinen Vortrag über Deutschland!

—

— Berlin: Hauptstadt, 3,5 Mio. Einwohner

—

—

— der Rhein: 865 km

3. Vergleichen Sie jetzt einige Fakten zwischen Deutschland und China!

	Deutschland	China
Fläche		
Einwohnerzahl		
Hauptstadt		
die größten Städte		
wichtige Flüsse		
Gebirge		
Berge		
Inseln		

Zusammenfassende Übungen

1. Ergänzen Sie bitte!

a) * Möchten Sie ein Glas Bier?

 + Nein, nicht so gern, ich nehme _____ eine Tasse Tee.

b) China ist _____ als Deutschland. Aber Kanada ist noch _____ als China.

c) * Ist der neue Lehrer auch _____ freundlich _____ der alte?

 + Ja, er ist sogar noch freundlich _____ als der alte.

d) * Ist das Hotel gut? + Ja, es ist _____ _____ Hotel in Shanghai.

e) Ich habe zwei Brüder. Ich bin 30 Jahre alt. Mein _____ Bruder ist schon 40 Jahre alt. Mein _____ Bruder ist erst 22 Jahre alt.

f) Das grüne Kleid steht Ihnen _____ als das rote. _____ _____ steht Ihnen aber das weiße Kleid.

g) Die Hose finde ich zu kurz. Haben Sie keine _____?

h) Ich gehe zwar gern zu Fuß, aber jetzt fahre ich _____ mit dem Bus.

i) Jetzt werden die Röcke immer kürzer, früher waren sie viel _____.

j) * Spricht er gut Deutsch?

 + Ja, er spricht _____ _____ in der Klasse.

k) Es geht ihm noch nicht sehr gut, aber bald geht es ihm bestimmt _____ .

l) * Ist das Gebirge hoch?

   + Ja, es ist _____ _____ Gebirge in China.

m) Petra ist am 21. Mai 1983 geboren. Peter ist auch am 21. Mai 1983 geboren. Petra ist _____ alt _____ Peter.

n) * Ist Wang Dali ein fleißiger Student?

   + Ja, er ist _____ _____ Student in der Klasse.

o) Der Weg zu Maria ist nicht _____ weit _____ der Weg zu Monika.

p) Frankfurt ist schön. Berlin ist _____ als Frankfurt. _____ _____ finde ich aber München.

q) Gao Ming ist sehr klug. Zehn Professoren zusammen sind nicht _____ klug _____ er.

r) Monika hat gestern viel geschrieben, _____ als ich. _____ _____ hat aber Maria geschrieben.

s) * Verdienst du viel?

   + Nein, ich verdiene immer _____ _____ in der Firma. Aber ich arbeite _____ _____ .

t) Deutsch ist nicht _____ schwer _____ Japanisch.

u) * Ist die deutsche Sprache schwer?

   + Ja, sie ist _____ als andere Sprachen. _____ _____ ist aber Russisch.

2. Bilden Sie bitte Sätze!

a) Der Mantel ist zu teuer.

   Haben Sie _____ ?

b) Hans spricht leise. Aber Maria spricht noch _____ .

c) Heute ist es sehr kalt. Wie war es denn gestern?

   War es _____ ?

d) * Trinken Sie gern Kaffee?

   + Nein, _____ Tee.

e) Die Hausaufgaben von heute sind nicht so leicht.

   Waren die von gestern _____ ?

f) Sie sprechen zu schnell.

   Können Sie etwas _____ sprechen?

g) Die Kamera ist nicht gut. Haben Sie keine _____ ?

h) Das Zimmer ist mir zu teuer. Haben Sie kein _____ ?

i) Peter und ich sind 1,80 m groß.

   Peter _____ .

j) Ich esse zum Frühstück wenig, zu Abend mehr, aber zu Mittag am meisten. Und Sie?

   _____ .

Hören

Hören Sie bitte das Gespräch zwischen Wang Dali und seiner Kollegin Stefanie zweimal und beantworten Sie die folgenden Fragen.

1. Welche Städte empfiehlt Wang Dali Stefanie?

2. Welche Städte sind kulturell am interessantesten?

3. Wo ist es am schönsten? Was ist dort bekannt?

4. Welche Stadt ist auch interessant? Was ist dort am schönsten?

5. Wo ist die Landschaft mit den vielen kleinen und komischen Bergen?
   Wer findet die Landschaft dort am schönsten?

6. Wie viel Zeit braucht Stefanie für so eine Reise?

Sprechen

1. Diskutieren Sie bitte über Ihre Reisepläne! Bitte sprechen Sie über die Vor- und Nachteile!

Beispiel:

* Ich möchte am liebsten *im Frühling* reisen.

+ Warum?

* *Im Frühling* ist es schöner als *im Winter*. Und du?

+ Ich möchte lieber *im Sommer* reisen.

* Warum?

+ …

Schreiben

Vergleichen Sie sich mit der Person auf dem Bild! Gehen Sie dabei auf folgende Punkte ein:

— Alter

— Figur

— Größe

— Aussehen usw.

Phonetische Übung I

Hören und sprechen Sie bitte nach!

● [h]

hoch – höher – am höchsten   hübsch – hübscher – am hübschesten – hinten – Himmel – halb – hören – hier – häufig – häufiger – heute – Hochhaus

● [tsch]

Deutsch – Deutsche – Deutschland – tschüss – klatschen – Quatsch – quatschen

Phonetische Übung II

Hören und sprechen Sie bitte nach!

a) Der VW ist teuer.

Der Ford ist teurer.

Der Audi ist am teuersten.

b) Der rote VW ist ein schnelles Auto.

Der blaue Passat ist ein noch schnelleres Auto.

Der weiße Ferrari ist das schnellste Auto.

c) Die Frau mit langen Haaren ist modern.

Die Frau mit kurzen Haaren ist noch moderner.

Die Frau mit kürzeren Haaren ist am modernsten.

d) Ich möchte ein Auto kaufen.

Ich möchte ein nicht zu teures Auto kaufen.

Ich möchte ein nicht zu teures, nicht zu billiges Auto kaufen.

Ich möchte ein nicht zu teures, nicht zu billiges Auto für meine Familie kaufen.

Ich möchte ein nicht zu teures, nicht zu billiges Auto für eine Familie mit zwei Kindern kaufen.

Phonetische Übung III

Hören und sprechen Sie bitte nach!

a) * Sag mal, wer ist der Mann am Fenster?

  + Der große mit den längeren Haaren?

  * Nein, der große mit den kürzeren Haaren.

  + Ach, das ist Martin, mein neuer Nachbar. Weißt du, er hat ein gutes Auto. Seine Frau hat ein noch besseres Auto. Aber das Auto von seinem Sohn ist am besten.

b) * Karin, sag mal, wer ist am besten in deiner Klasse?

  + Ich finde, ich bin die beste. Aber unser Lehrer sagt immer, Hans ist der beste Schüler, Nora ist die beste Schülerin, Katja ist am fleißigsten und ich bin am faulsten.

c) * Du Anna, wie findest du meinen Rock?

  + Schön, aber er ist ein bisschen kurz. Ein längerer Rock passt dir noch besser.

        * Und meinen Pullover?

        + Der ist zu klein. Er muss noch größer sein.

        * Gut, gut, ich ziehe mich mal um. Dann gehen wir zum Essen.

d) * Hallo, Dali, reist du gern?

        + Ja, natürlich. Ich reise gern im Sommer. Und du?

        * Ich reise lieber im Herbst. Da ist die ganze Welt bunt. Übrigens fahre ich gern mit dem Schiff.
          Es ist sehr gemütlich.

        + Was, mit dem Schiff?! Nein, ich nehme lieber das Flugzeug, das geht viel schneller.

Lektion 12
Die Wohnung

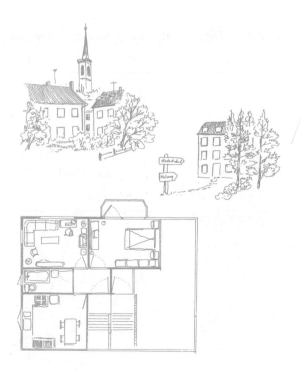

Einführung

1. Schauen Sie sich bitte das Bild an!

Das ist eine 4-Zimmer-Wohnung. Ordnen Sie bitte die Zimmer zu!

_____ die Küche   _____ das Schlafzimmer

_____ das Wohnzimmer   _____ das Kinderzimmer

_____ das Bad   _____ das Arbeitszimmer

_____ die Diele   _____ das Klo

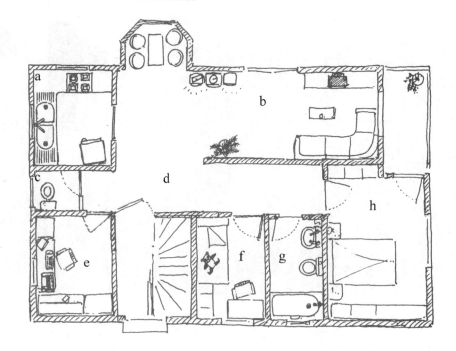

2. Peter, Inge, Kathrin und Stefan wohnen in einer Wohngemeinschaft.

a) Vergleichen Sie bitte die Zimmer!

b) Welche Zimmer benutzen sie gemeinsam?

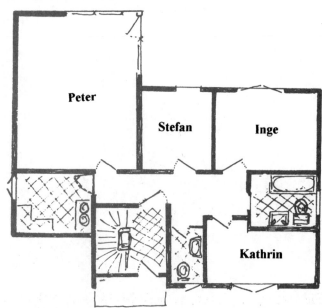

3. Das ist ein Studentenwohnheim. In den Räumen rechts stehen keine Betten. Was für Zimmer sind das?

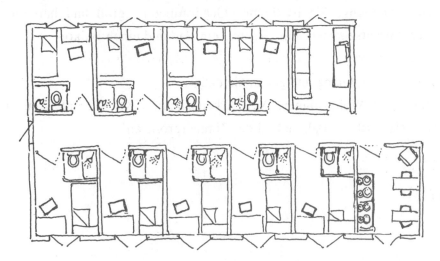

Wortschatz I

Haus / Wohnung / Zimmer

A　Suche und Angebot

<table>
<tr><td>

Suche

Chinesischer Student sucht Zimmer.
12–16 m², warm
Miete: **bis 250 Euro**

Belohnung: 150 Euro

Tel.: 566 10 35 / Duan bei Müller

</td><td>

Suche Nachmieter!

Ein Zimmer in der WG wird frei!

Ab 15. April

Allenz-Straße 65

Tel.: 782 34 21 / Frank Schiebel

</td></tr>
<tr><td>

Angebot

Ferienzimmer im Studentenwohnheim

von 1. 7. bis 30. 10. frei!

Nur an Studentin!

Miete: **230** Euro monatlich,

Tel.: 5 42 56 37 / Petra Mayer
Nach 20.00 Uhr zu erreichen

</td><td>

Vermiete

3-Zimmer-Wohnung, 80 m²

Miete: **550** Euro + NK

Kaution: 3 Monatsmieten

Tel.: 26 80 33 1 / Brigitte Klein

</td></tr>
</table>

Sie suchen ein Zimmer in Deutschland. Welche Anzeige interessiert Sie besonders?

B Ihre Wohnung

Das ist Ihre neue Wohnung. Sie ist 90 m² (Quadratmeter) groß und hat ein Schlafzimmer, ein Kinderzimmer, ein Arbeitszimmer, eine Küche, ein Bad und einen Balkon.

Zeichnen Sie bitte Ihre Wohnung und geben Sie dabei

S = Schlafzimmer, W = Wohnzimmer, A = Arbeitszimmer, Kd = Kinderzimmer,

K = Küche, B = Bad, BK = Balkon und die Zimmergröße an!

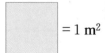 = 1 m²

Grammatik

Lokale Präpositionen

A aus, von, nach, zu, bei, gegenüber (D)

1. aus / von
Beispiele:

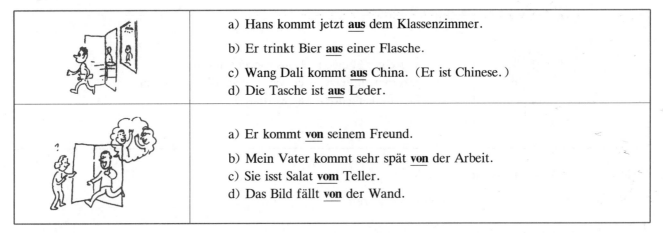

	a) Hans kommt jetzt **aus** dem Klassenzimmer.
	b) Er trinkt Bier **aus** einer Flasche.
	c) Wang Dali kommt **aus** China. (Er ist Chinese.)
	d) Die Tasche ist **aus** Leder.
	a) Er kommt **von** seinem Freund.
	b) Mein Vater kommt sehr spät **von** der Arbeit.
	c) Sie isst Salat **vom** Teller.
	d) Das Bild fällt **von** der Wand.

Achtung: *vom* = von dem

a) * Woher kommt die Tasche? + _____ Italien.

b) Meine Tochter kommt um 16 Uhr _____ Unterricht.

c) Bier trinken wir _____ einem Glas. Aber Fleisch essen wir _____ einem Teller.

d) * Woher kommen Sie jetzt? + Ich komme _____ meinem Professor.

e) Der Mann _____ Frankfurt fährt jetzt nach Berlin.

f) Schau mal _____ dem Fenster. Herr Li kommt.

g) Susanne geht um 8 Uhr _____ dem Haus und kommt um 16 Uhr _____ der Arbeit zurück.

h) Der Zug kommt _____ Stuttgart.

i) Hans nimmt den Brief _____ der Tasche.

j) Ein Student _____ Nanjing möchte in Shanghai Deutsch lernen.

k) Der Patient kommt gerade _____ Arzt.

l) Die Tasche ist _____ Porzellan.

2. nach / zu
Beispiele:

	a) Wang Dali fliegt **nach** Deutschland.
	b) Gehen Sie an der nächsten Kreuzung **nach** rechts.

续 表

	a) Klaus geht **zu** Hans. b) Herr Zhang geht **zur** Universität. c) Herr Pöppelmann geht jeden Tag sehr früh **zur** Arbeit.
	Vor einer Stunde ist Hans **von zu Haus** ins Büro gekommen. Jetzt ist er wieder **nach Haus** gefahren. Er will den ganzen Tag **zu Haus** bleiben.

Achtung: *zum* = zu dem; *zur* = zu der

a) Wang Dali ist _____ Heidelberg gefahren.

b) ＊ Wohin gehst du jetzt? ＋ Ich gehe jetzt _____ Universität.

c) Herr Schmidt? Er ist _____ Haus gefahren. Gehen Sie bitte morgen _____ ihm. Er ist

   bestimmt _____ Haus.

d) Ich gehe jetzt _____ Maria. Sie ist krank.

e) _____ Kunshan? Nein, ich fahre lieber _____ Hangzhou oder bleibe _____ Haus.

f) Am Sonntag fahre ich _____ meinem Freund _____ Nanjing.

g) Ich fahre morgen _____ Shanghai zurück. Komm doch nächsten Monat _____ mir!

h) Komm bitte nicht zu spät _____ Unterricht.

3. bei / gegenüber

Beispiele:

	a) Monika und ihr Sohn sind **bei** dem / **beim** Arzt. b) Monika arbeitet **bei** Siemens. c) Der Student wohnt **bei** seinen Eltern.
	a) Das Kaufhaus liegt **gegenüber** der Post. **oder:** Das Kaufhaus liegt der Post **gegenüber**. b) Er wohnt mir **gegenüber**.

Achtung: *beim* = bei dem;

a) Viele deutsche Studenten wohnen nicht gern _____ ihren Eltern.

b) Im Deutschunterricht sitzt Wang Dali mir _____.

c) _____ der Chemiefabrik wohnen die Arbeiter.

d) Er lernt einen Beruf _____ einer Bank.

e) Der Shanghaier Fernsehturm steht _____ dem Peace-Hotel.

B dureh /gegen/um(A)

	a) Er geht **durch** den Wald. b) Er reist **durch** China, z. B. von Shanghai nach Guangzhou, von Guangzhou nach Beijing.
	Er läuft **gegen** die Wand.
	a) Das Auto fährt **um** die Ecke. b) Wir sitzen **um** den Tisch.

Achtung: *durchs* = durch das

a) Das Auto fährt _____ einen Baum.

b) Die Kinder laufen _____ das Haus.

c) ＊ Wie komme ich in Ihren Garten?

　　+ Sie können _____ das Haus

　　oder _____ das Haus gehen.

Übung

Ergänzen Sie bitte die passenden Präpositionen, wenn nötig, auch die Artikel!

a) Inge ist gestern _____ Frankfurt _____ Shanghai geflogen. Sie möchte zwei Wochen in Shanghai bleiben. Dann kommt sie am 16. _____ mir _____ Hangzhou.

b) Wang Dali fliegt _____ China _____ Deutschland. Dann macht er eine Reise _____

Deutschland.

c) * Wer ist der Mann da?   + Wo?

    * Da, dir _____ .   + Das ist Hans _____ Bochum.

d) * Hans, geh doch mal _____ Herrn Geldmann!

    + Warum? Ich komme gerade _____ ihm.

e) Ich gehe jetzt _____ Post. Ich will ein Paket abholen.

    Vielleicht ist das Paket _____ Shanghai.

f) Herr Pöppelmann ist im Garten. Gehen Sie mal _____ ihm. Er will Sie sprechen.

g) Das Auto fuhr schnell _____ die Ecke und _____ ein anderes Auto.

h) Ich möchte ein Zimmer _____ dem Park.

i) Herr Ma schwimmt _____ Pudong. Aber seine Frau fährt mit dem Auto _____ den Tunnel.

j) _____ dem Bund steht der Fernsehturm.

k) Herr Hartmann ist Chef _____ Siemens.

l) Ich gehe heute Abend _____ meiner Schwester. Sie ist erst gestern _____ _____
    Krankenhaus gekommen.

m) Hans fährt jetzt _____ Monika und holt sie ab. Dann fahren sie zusammen _____ Hangzhou.

n) * Wo waren Sie denn? + Oh, entschuldigen Sie, ich bin gerade _____ _____ Haus gekommen.

o) Dem Hotel _____ ist ein Supermarkt. Dort gibt es Käse _____ Holland, Reis _____ China
    und Wein _____ Frankreich.

Hören

Text A   Li Jianguo auf Zimmersuche

Hören Sie den Text und beantworten Sie die Fragen!

a) Was für eine Wohnmöglichkeit bietet Frau Schubert an?

b) Wie viel kostet die Miete?

c) Wo kann Li Jianguo dann baden und kochen?

d) Herr Maier vermietet eine Wohnung. Wie viele Zimmer hat sie?

e) Wie groß ist sie?

f) Was heißt Kaltmiete?

g) Wie findet Wang Dali die Wohnung?

Sprechen

1. Machen Sie bitte Dialoge und bringen Sie die Sätze in die richtige Reihenfolge !

a) Bei einer Zimmervermieterin

    * Danke, hat das Zimmer ein Bad?

          * Schön, das Zimmer gefällt mir.

          Wann kann ich einziehen?

      + Am ersten.

  + Nein, das Zimmer hat kein Bad. Sie können mein Bad mitbenutzen.

        * Ich habe Ihre Anzeige in der Zeitung gelesen.

          + Ja, bitte, Sie wünschen?

  * Entschuldigen Sie! Sind Sie Frau Diel?

          + Ach, Sie möchten das Zimmer mieten. Kommen Sie herein!

b) In der Wohngemeinschaft

  + 22 m².

          + Ja! Suchst du ein Zimmer?

    + 260 Euro + Nebenkosten.

     * Ich habe gehört, ihr habt ein Zimmer frei.

  * Ja. Wie groß ist das Zimmer?

          * Wie hoch ist die Miete?

2. Ein Zimmer in der Wohngemeinschaft ist frei. Machen Sie bitte einen Dialog zwischen einem Bewohner der WG in München und einem Interessenten!

* Guten Tag. Ich habe gehört, _____ .

\+ Bitte! Komm herein!

* Danke! Ich heiße _____ . Ich möchte _____ .

Kann ich das Zimmer sehen?

\+ Natürlich kannst du das Zimmer sehen.

* _____ ?

\+ Die Wohnung hat insgesamt 3 Zimmer, eine Küche und ein Bad.

* _____ ?

\+ Jetzt wohnen hier nur zwei Personen.

* _____ ?

\+ Die Küche ist da vorne. Sie hat einen Balkon und geht nach Süden.

* _____ ?

\+ Insgesamt 810 Euro monatlich. Jeder bezahlt 270 Euro.

* _____ ?

\+ Ab nächstem Monat.

* Gut, ich nehme das Zimmer.

3. Üben Sie bitte!

Sie suchen ein Zimmer. Führen Sie bitte ein Gespräch mit der Zimmervermieterin!

* Guten Tag. Mein Name ist _____ . Ich habe _____

_____ .

\+ Ja, kommen Sie herein! Hier ist das Zimmer.

* _____ ?

\+ Es ist 16 m² groß.

* _____ ?

\+ Es kostet _____ im Monat.

* _____ ?

\+ Nein, Sie dürfen nicht kochen.

* _____ .

\+ ...

Wortschatz II

A Zimmereinrichtung

1. Ordnen Sie bitte zu!

der Tisch, -e

das Bett, -en

der Fernseher, -

das Telefon, -e

der Stuhl, ﹣ e

der Sessel, -

der Bonsai, -s

die Mikrowelle, -n

der Kühlschrank, ﹣ e

die Lampe, -n

der Herd, -e

das Sofa, -s

der Teppich, -e

die Pflanze, -n

Möbel	Haushalts-geräte	Anderes

der Staubsauger, -

der Schreibtisch, -e

der Videorecorder, -

die Kaffeemaschine, -n

der Kleiderschrank, ﹣ e

die Waschmaschine, -n

das Bücherregal, -e

die Stereoanlage, -n

der Computer, -

Möbel	Haushalts-geräte	Anderes

2. Wohin gehören die Möbel und Haushaltsgeräte?

Schlafzimmer
–
–
–
–
–
–

Wohnzimmer
–
–
–
–
–
–

Arbeitszimmer
–
–
–
–
–
–

Küche
–
–
–
–
–
–

Bad
–
–
–
–
–
–

3. Sie haben eine 1-Zimmer-Wohnung (unmöbliert) gemietet. Welche Möbel und Haushaltsgeräte brauchen Sie für die Zimmereinrichtung?

B   Lokalisation

a)

b)

Beispiele zu Bild a):

Oben links ist Reis. **Unten rechts** stehen drei Flaschen Wein. **In der Mitte links/Links in der Mitte** ist Tee. Wo sind Nudeln, Käse, ...?

Beispiele zu Bild b):

Vorne links sitzt Thomas. **Hinten rechts** sitzt Katu. **In der Mitte** sitzt Susi. Wo sitzen Maria, Hans, ...?

Übung

Sprechen Sie bitte zu zweit!

Beispiel: * Entschuldigen Sie, wo sind die *Kleiderschränke*?

+ Da, *hinten rechts*.

Grammatik

C an, auf, in, vor, hinter, über, unter, neben, zwischen

Wohin? (**Akkusativ**)	
	Der Mann setzt das kleine Mädchen **an** den Tisch.
	Er legt das Buch **auf** den Tisch.
	Er legt das Buch **in** die Schublade.
	Er legt das Buch **vor** den Fernseher.
	Er stellt den Staubsauger **hinter** die Tür.
	Er hängt die Lampe **über** den Tisch.
	Er stellt die Tasche **unter** den Tisch.
	Er stellt den Stuhl **neben** einen anderen Stuhl.
	Er stellt den Stuhl **zwischen** einen Tisch und einen Schrank.

Wo? (**Dativ**)	
	Der Mann sitzt **an** dem Tisch.
	Das Buch liegt **auf** dem Tisch.
	Das Buch liegt **in** der Schublade.
	Das Buch liegt **vor** dem Fernseher.
	Der Staubsauger steht **hinter** der Tür.
	Die Lampe hängt **über** dem Tisch.
	Die Tasche steht **unter** dem Tisch.
	Der Stuhl steht **neben** einem anderen Stuhl.
	Der Stuhl steht **zwischen** einem Tisch und einem Schrank.

Achtung:

am = an dem　　　　*ans* = an das　　　　*aufs* = auf das

im = in dem　　　　*ins* = in das　　　　*vors* = vor das

hinters = hinter das　*nebens* = neben das　*unters* = unter das

übers = über das

Übungen

1. Ergänzen Sie bitte die passenden Präpositionen und Artikel!

	Wohin			**Wo?**	
a)	_In_ _die_	Stadt,	_In_ _der_	Stadt,
	_____	Büro,	_____	Büro,
	_____ _____	Nanjing-Straße,	_____ _____	Nanjing-Straße,
	_____ _____	Park,	_____	Park,
	_____	Kaufhaus,	_____	Kaufhaus,
	_____	Wohnzimmer,	_____	Wohnzimmer,
	_____	Hotel,	_____	Hotel,
	_____	Restaurant,	_____	Restaurant,
	_____ _____	Mensa,	_____ _____	Mensa,
	_____ _____	Berge,	_____ _____	Bergen,
	_____ _____	Fabrik,	_____ _____	Fabrik,
	_____ _____	Schweiz,	_____ _____	Schweiz,
	_____	Bett,	_____	Bett,
	_____ _____	Ecke.	_____ _____	Ecke.
b)	_An_ _die_	Ecke,	_____ _____	Ecke,
	_____ _____	Tür,	_____ _____	Tür,
	_____ _____	Tafel,	_____ _____	Tafel,
	_____	Fenster,	_____	Fenster,
	_____	den Rhein.	_____	Rhein.
c)	_Auf_ _die_	Bank,	_____ _____	Bank,
	_____ _____	Post,	_____ _____	Post,
	_____ _____	Balkon,	_____ _____	Balkon,
	_____ _____	Land,	_____	Land,
	_____ _____	Platz,	_____ _____	Platz,
	_____ _____	Berg,	_____ _____	Berg,
	_____ _____	Straße.	_____ _____	Straße.

2. Vergleichen und ergänzen Sie bitte, wenn nötig, auch die Artikel!

in <——> aus

a) Er wohnt _____ Deutschland. Er kommt _____ Deutschland.

b) Vor zehn Tagen machte er eine Reise _____ _____ Berge.

Morgen kommt er _____ _____ Bergen zurück.

c) Der Kaffee ist _____ _____ Tasse. Er trinkt Kaffee _____

_____ Tasse.

d) Ich lege das Buch _____ _____ Regal. Ich nehme das Buch

_____ _____ Regal.

e) Die Studenten haben _____ Klassenzimmer Unterricht. Nach dem

Unterricht kommen sie _____ _____ Klassenzimmer.

an, auf, bei, zu <——> von

a) Das Bild hat _____ _____ Wand gehangen. Plötzlich ist es _____ _____

Wand gefallen.

b) Er kommt _____ zu Haus. Vor einer Stunde war er noch _____ Haus.

c) Herr Schmidt macht Urlaub _____ See.

d) Gestern hat die Vase noch _____ _____ Tisch gestanden. Dann ist sie _____

_____ Tisch gefallen.

e) Ich war gestern Nachmittag _____ Arzt. Dann bin ich _____ Arzt direkt nach Haus

gegangen.

3. Ergänzen Sie bitte die passenden Präpositionen, wenn nötig, auch die Artikel!

a) Ich wohne _____ _____ Nanjing-Straße. Jeden Tag sehe ich viele Menschen _____

_____ Nanjing-Straße.

b) Herr Li? Er ist _____ Wohnzimmer. Gehen Sie doch zu ihm _____ Wohnzimmer.

c) * Wo ist denn das Wörterbuch?   + Da _____ _____ Schreibtisch.

d) Ich gehe oft _____ _____ Supermarkt _____ _____ Ecke einkaufen, denn

_____ Supermarkt kann man fast alles kaufen.

e) * Wo ist die Zeitung von heute?   + Da _____ _____ Fernseher.

* Nein, da ist die Zeitung von gestern. + Vielleicht _____ Schlafzimmer?

* Ich war eben _____ Schlafzimmer, aber ich habe sie nicht gefunden.

f) Schau mal hier das Foto, das ist meine Familie. Hier sitzt mein Großvater.

_____ ihm ist meine Großmutter. Ich sitze _____ meinem Großvater und meinem

Bruder. _____ uns stehen mein Vater und meine Mutter.

g) Die Zimmernummer steht _____ _____ Tür.

h) * Schreiben Sie bitte den Satz _____ Buch!

   + Aber _____ Buch ist kein Platz mehr.

   * Na gut, dann schreiben Sie den Satz _____ _____ Zettel.

i) Kommen Sie bitte zu mir _____ _____ Balkon.

j) Du willst _____ _____ Post gehen? Die liegt _____ _____ Supermarkt.

k) Noch 5 Minuten! Steigen Sie bitte jetzt _____ _____ Zug ein!

l) * Haben Sie vielleicht noch einen Tisch _____ _____ Ecke?

   + Nein, _____ _____ Ecke ist kein Platz mehr frei. Aber _____ _____ Tür ist

   noch ein Tisch frei.

   * Nein, ich möchte nicht _____ _____ Tür sitzen.

4. Schauen Sie sich bitte das Bild an und sagen Sie: Wo stehen / sitzen ... die Kinder?

5. Ergänzen Sie bitte Präpositionen (wenn nötig, auch die Artikel) und die passenden Verben: *liegen / legen*; *sitzen / setzen*; *stehen / stellen*; *hängen*; *stecken*

a) * Wohin soll ich den Brief _____?

   + _____ Sie ihn _____ _____ Tisch!

b) * Wohin kommt die Vase?   + _____ Sie sie _____ Fenster!

c) * Wo _____ meine Brille? _____ sie nicht _____ _____ Tisch?

   + Nein, sie _____ jetzt _____ _____ Stuhl.

* Wie kommt sie denn _____ _____ Stuhl?

\+ Sie ist _____ _____ Tisch gefallen.

d) * Wohin kann ich das Kind denn _____?

   \+ _____ es bitte _____ _____ Esstisch!

e) * Wohin soll ich das Bild _____?

   \+ _____ es doch _____ _____ Wand!

f) * Wohin kommt die Stehlampe?

   \+ _____ Sie sie bitte _____ _____ Sofa und _____ Schreibtisch!

g) * Wohin soll ich die Blumen _____?

   \+ _____ Sie sie _____ _____ blaue Vase!

h) * Wohin soll ich das Foto _____?

   \+ _____ es doch _____ _____ Bett!

i) * Wohin kommt die Zeitung?

   \+ _____ Sie sie bitte _____ Regal.

j) * Wo _____ das Kind jetzt?

   \+ Da _____ _____ Ecke.

k) * Wohin kommt das Bücherregal?

   \+ _____ Sie es _____ _____ Wand!

l) * Wohin soll ich den Kalender _____?

   \+ _____ Sie ihn bitte _____ _____ Schreibtisch!

m) * Wo _____ die Briefmarken?

   \+ Da _____ _____ Schreibtisch _____ sie.

n) * Wohin soll ich den Stuhl _____?

   \+ _____ Sie ihn _____ _____ Tisch! Da _____ er sehr gut.

o) * _____ Sie die Jacke _____ _____ Schrank!

   \+ Aber die Jacke ist schon schmutzig.

   * Dann _____ Sie sie bitte _____ _____ Stuhl!

p) * Wohin soll ich die Uhr _____?

   \+ _____ Sie sie _____ _____ Schreibtisch!

q) * Komm, wir _____ uns _____ Fenster.

   \+ Nein, da _____ schon jemand.

   * Dann _____ wir uns _____ _____ Ecke.

   \+ Ja, OK.

r) Eben habe ich mein Geld _____ _____ Tasche _____ . Aber jetzt ist es nicht mehr da.

s) Peter geht nicht gern _____ _____ Schule. Er _____ lieber _____ Bett und sieht fern.

t) * Wo _____ Suzhou?

    + Suzhou _____ in der Nähe von Shanghai.

6. Sie bringen Ihre Wohnung in Ordnung. Ihre Freunde helfen Ihnen und fragen:

Wohin soll ich ... stellen / legen/ hängen / stecken?

Beispiel: Radio / Tisch, Ecke

       * Wohin soll ich *das Radio stellen*? + *Stell es auf den Tisch*!

       * *Auf welchen Tisch*?   + *Auf den Tisch in der Ecke*.

a) Schrank / Wand, Fenster   b) Sofa / Ecke, Tür

c) Jacke / Stuhl, Schreibtisch   d) Bücher / Regal, Wand

e) Lampe / Sessel, Schrank   f) Stühle / Tisch, Küche

g) Blumen / Vase, Tisch   h) Kleid / Schrank, Bett

i) Stehlampe / Tisch, Fenster   j) Zeitung / Tisch, Sofa

7. Bilden Sie bitte zu zweit Dialoge!

Beispiel: Tisch / Ecke

       * Wohin *stellen* Sie *den Tisch*?

       + Ich *stelle ihn in die Ecke*.

       * Wo *steht der Tisch* jetzt?

       + *Er steht* jetzt *in der Ecke*.

a) Buch / Tisch   b) Bild / Wand

c) Schrank / linke Wand   d) Fernseher / Wohnzimmer

e) Mantel / Bett   f) Sofa / Ecke

g) Lampe / rechte Wand   h) Tisch / Fenster

i) Hose / Schrank   j) Computer / Schreibtisch

k) Zeitung / Sofa   l) Flaschen / Kühlschrank

m) Autoschlüssel / Wagen   n) Tassen / Esstisch

o) Stuhl / Schrank und Schreibtisch   p) Blumen / Vase

Hören

Text B   Li Jianguo hat ein Appartement im Studentenwohnheim

1. Hören Sie bitte den Text zum ersten Mal und tragen Sie bitte die Zahlen in die Zeichnung ein! Wo sind die Zimmer?

1 = Zimmer, 2 = Diele, 3 = Bad

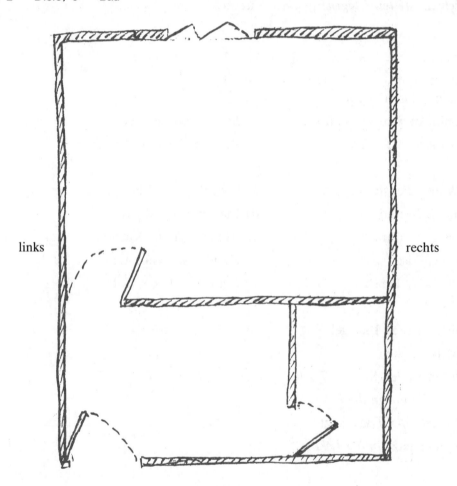

links   rechts

2. Hören Sie bitte den Text noch einmal! Wo stehen die Möbel? Tragen Sie sie in die Zeichnung ein!

a = das Regal,   b = das Bett,   c = der Schreibtisch,

d = der Tisch und zwei Stühle,   e = der Schrank

3. Berichten Sie mit Hilfe der Zeichnung über das Zimmer von Li Jianguo!

Lesen

Text C   Wie wohnen Studenten in Deutschland?

Viele Studenten in Deutschland haben ein großes Problem: die Wohnung. Es gibt zu wenige billige Wohnungen.

Einige Studenten studieren in ihrer Heimatstadt. Sie können bei ihren Eltern wohnen. Das ist billig und bequem. Aber viele Studenten wollen nicht in ihrer Heimatstadt studieren. Sie möchten nicht mehr bei ihren Eltern wohnen. Für diese Studenten gibt es vier Möglichkeiten:

a) ein Zimmer im Studentenwohnheim

b) ein Zimmer in einer Wohngemeinschaft (WG)

c) ein Zimmer zur Untermiete

d) eine Wohnung

Ein Zimmer im Studentenwohnheim ist die billigste Wohnform. Neuere Wohnheime haben ein Bad und oft auch eine kleine Küche im Zimmer. In alten Wohnheimen gibt es nur eine Küche und ein Bad für die Etage. Es ist aber sehr schwer, ein Zimmer im Wohnheim zu bekommen. Viele Universitäten haben zu wenige Studentenwohnheime und viele Studenten müssen sehr lange warten.

Ein Zimmer in einer WG heißt: Mehrere Studenten mieten eine große Wohnung (z. B. mieten vier Studenten eine 4-Zimmer-Wohnung). Jeder Student bekommt ein Zimmer. Küche und Bad benutzen alle. Die Studenten teilen die Miete. Besonders für Ausländer ist eine WG sehr günstig. Sie haben Kontakt zu ihren Mitbewohnern und bei Fragen oder Problemen können die Mitbewohner helfen. Natürlich muss jeder Mitbewohner auf die anderen Rücksicht nehmen.

Ein Zimmer zur Untermiete bedeutet: Ein Student mietet ein Zimmer in einer Wohnung. In dieser Wohnung wohnt auch der Vermieter. Der Student kann Küche und Bad benutzen. Diese Zimmer sind oft teurer als Zimmer im Studentenwohnheim. Manchmal kann es auch Probleme mit dem Vermieter geben. Einige Vermieter vermieten auch nicht an Ausländer.

Eine Wohnung können nur Studenten mit viel Geld mieten. Auch kleine Wohnungen sind sehr teuer. Die meisten Studenten können das nicht bezahlen.

1. Lesen Sie den Text in drei Minuten! Welche Wohnformen nennt der Text?

2. Lesen Sie jetzt den Text genau und beantworten Sie bitte die Fragen!

a) Welchen Unterschied gibt es zwischen neuen und alten Studentenwohnheimen?

b) Ist eine WG für ausländische Studenten vorteilhaft? Warum (nicht)?

c) Welche Nachteile hat ein Zimmer zur Untermiete?

d) Warum können die meisten Studenten keine Wohnung mieten?

Sprechen

Wo möchten Sie wohnen: in einer Wohngemeinschaft, zur Untermiete, oder im Studentenwohnheim? Warum?

Hören

Text D Ein Gespräch auf der Straße

Hören Sie das Gespräch und beantworten Sie bitte die Fragen!

a) Wo wohnt Li Jianguo?

b) Wer wohnt neben ihm?

c) Was gefällt ihm da nicht?

d) Warum ist Susanne mit ihrer Wohnung nicht zufrieden?

e) Wie wohnt Klaus?

f) Mit wie vielen Studenten wohnt er im Moment unter einem Dach?

g) Wie hoch ist die Miete?

h) Welches Problem sieht Li Jianguo bei dieser Wohnform?

Sprechen

1. Sehen Sie sich das Bild an! Wer ist wo?

2. a) Richten Sie mit Ihrem Nachbarn Ihre Wohnung ein und führen Sie bitte zu zweit Dialoge!

Beispiel: Bett

　　　　　* Wohin willst du *das Bett stellen*?

　　　　　+ *Das Bett stelle* ich *ins Schlafzimmer, ans Fenster*.

　　　　　* Das gefällt mir nicht. *Stell es* doch *an die Wand*!

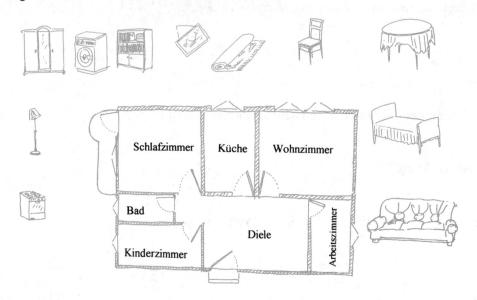

b) Diskutieren Sie bitte im Plenum über die Einrichtung!

Beispiel: * Wo steht bei Ihnen das Bett?

　　　　　+ Bei uns / mir steht das Bett im Schlafzimmer rechts an der Wand.

3. a) Die Möbel und die anderen Sachen sollen in Ihr Zimmer im Studentenwohnheim kommen. Wohin? Das sollen Sie entscheiden.

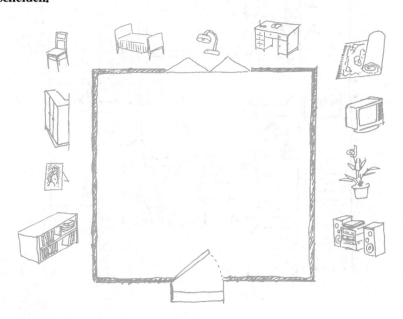

b) Beschreiben Sie bitte: Wie sieht das Zimmer jetzt aus?

_____

_____

_____

_____

_____

_____

_____

4. Lesen Sie bitte die folgende Anzeige und machen Sie zu zweit einen Dialog!

Zimmer zu vermieten

20 m²
Miete: 300 Euro + NK
Kaution: 3 Monatsmieten
Tel.: 56 28 73 / Hans Müller

5. Situative Fragen

a) Sie sind gerade in Deutschland angekommen und haben noch keine feste
   Unterkunft. Sie gehen zum Studentenwerk und möchten ein Zimmer im
   Studentenwohnheim beantragen. Was sagen Sie?

b) Sie haben in der Zeitung eine Wohnungsanzeige gelesen und telefonieren mit der
   Vermieterin. Fragen Sie bitte nach Miete, Größe der Wohnung und
   Kochmöglichkeit?

Schreiben

Beschreiben Sie bitte Ihre Wohnung mit folgenden Punkten!

a) Wie groß ist Ihre Wohnung?

b) Wie viele Zimmer hat Ihre Wohnung?

c) Welche Haushaltsgeräte haben Sie in Ihrer Wohnung?

d) Wo stehen die Möbel?

Phonetische Übung I

Hören und sprechen Sie bitte nach!

● [ts]

Wohnzimmer – Schlafzimmer – Zimmersuche – Holz – kurz – Zug – Ziel

sitzen – setzen – Wortschatz – Wohnsitz – Parkplatz – Pflanze – Sitzung

abends – nirgends – Landsmann – Landsleute – Landsmannschaft

Haushaltsgeräte – Rätsel – Arbeitsplatz – Arbeitszimmer – Aufenthaltsraum

circa – Mercedes – Celsius – CD – Spieler – Videorecorder – Cicero – Cis

● [j]

Januar – jeder – Jacke – Jugend – jung – jährlich – Jahreszeit – Jahrhundert

Yacht – Yeti – Yard – Yangtze – Yak – Yen – Yoga – Yogi – Yuppie – Yankee

Phonetische Übung II

Hören und sprechen Sie bitte nach!

a) Das Bett steht am Fenster.

Der Schrank steht rechts neben dem Fenster.

Das Bücherregal steht links neben dem Fenster.

Der Schreibtisch steht an der rechten Wand.

Zwei Stühle stehen gegenüber dem Schreibtisch.

Der Tisch steht zwischen den Stühlen.

b) Jetzt möchte ich den Schreibtisch ans Fenster stellen.

Jetzt möchte ich das Bücherregal links neben das Fenster stellen.

Jetzt möchte ich den Schrank an die linke Wand stellen.

Jetzt möchte ich das Bett an die Wand gegenüber dem Fenster stellen.

Jetzt möchte ich zwei Stühle an die rechte Wand stellen.

Jetzt möchte ich den Tisch zwischen zwei Stühle stellen.

c) Er hat den Teppich auf den Boden gelegt.

Der Teppich liegt auf dem Boden.

Sie hat die Tasche an die Wand gehängt.

Die Tasche hängt an der Wand.

Die Mutter hat das Kind auf den Stuhl gesetzt.

Das Kind sitzt auf dem Stuhl.

Der Vermieter hat den Schlüssel ins Schloss gesteckt.

Der Schlüssel steckt im Schloss.

d) Wohin soll ich das Telefon stellen?

Wohin soll ich die Pflanze stellen?

Wohin soll ich den Fernseher stellen?

Wohin soll ich den Videorecorder stellen?

Wohin soll ich den Bonsai stellen?

Wohin soll ich den Staubsauger stellen?

e) Wohin kommt der Sessel?

Wohin kommt das Sofa?

Wohin kommt das Bett?

Wohin kommt die Stehlampe?

Wohin kommt die Stereoanlage?

Wohin kommt der Kühlschrank?

Wohin kommt die Mikrowelle?

Wohin kommt die Waschmaschine?

Phonetische Übung III

Hören und sprechen Sie bitte nach!

a) * Hallo Dali, wie gefällt dir dein neues Zimmer im Studentenwohnheim?

+ Gut, es gefällt mir sehr.

* Wie groß ist dein Zimmer?

+ Es ist 12qm groß. Aber für mich reicht es.

* Hast du schon Kontakte zu den anderen Studenten auf der Etage?

+ Ja, wir kochen oft am Abend in der Küche und essen manchmal am Wochenende zusammen.

* Dann bist du damit schon zufrieden.

b) * Tag Claudia.

+ Tag Inge. Du wohnst bei einem Rentner zur Untermiete.

Sag mal, bist du zufrieden mit deinem Zimmer?

* Oh nein. Das Zimmer ist 14qm groß. Für eine Person

ist es groß genug. Aber die Miete ist ziemlich hoch.

+ Wie hoch ist die Miete?

* 210 Euro. Außerdem kontrolliert der Mann mich ständig.

+ Das ist sehr unangenehm. Möchtest du nicht ausziehen?

* Doch. Aber im Moment ist kein passendes Zimmer frei.

+ Willst du mit uns zusammenwohnen?

* In einer Wohngemeinschaft?! Gern!

c) * Du, Claudia, das Zimmer gefällt mir. Es ist zwar nicht groß aber billig.

+ Es ist hier auch ruhig. Niemand kontrolliert dich.

* Ja, ich bin damit zufrieden.

+ Außerdem ist es hier nicht weit bis zur Uni.

* Das ist doch sehr günstig für mich. Wann kann ich denn einziehen?

+ Ein französischer Student wird in dieser Woche ausziehen. Dann sage ich dir Bescheid.

＊ Vielen Dank für deine Hilfe.

d) ＊ Inge, endlich hast du das Zimmer gemietet.

+ Ja, ich bin froh und dir sehr dankbar.

＊ Wann möchtest du einziehen?

+ Morgen. Kannst du mir beim Einrichten helfen?

＊ Ja, gern.

Sch(m)erzfragen

a) Welcher Abend fängt schon morgens an?

b) Ein Auto fährt von A bis B.

Wie schreibt man *das* mit drei Buchstaben ?

c) Welches Bein kann nicht laufen?

d) Welcher Bauch hat keinen Nabel?

e) Man kocht ein Ei 8 Minuten.

Wie viele Minuten braucht man für drei Eier?

f) Was hat das Flugzeug vorn und das Schiff hinten?

g) Welcher Hahn ruft nicht „kikeriki"?

h) Was kannst du nicht in die linke Hand nehmen?

Lektion 13
Reisen

Einführung

Gao Tai, 1987 in München

Kaifeng im Jahre 987: Gao Tai hat ein schönes Haus, einen großen Garten und eine schöne Frau.

Gao Tai benutzt eine Zeitmaschine. Er möchte Kaifeng im Jahre 1987 besuchen. Aber er kommt nach München 1987.

München im Jahre 1987: In München fahren viele Autos, leben viele Menschen. Dort ist es schmutzig und laut.

Gao Tai spricht auf der Straße mit einem Deutschen. Aber der Deutsche versteht ihn nicht.

Die jungen Leute tragen moderne Kleidung und haben moderne Frisuren. Das alles gefällt ihm nicht.

Er geht einkaufen und möchte mit einem Silberschiffchen bezahlen. Die Verkäuferin kennt das nicht.

Schauen Sie sich bitte die Bilder an und erzählen Sie die Geschichte von Gao Tai im Perfekt bzw. im Präteritum (bei Modalverben)!

Grammatik Ⅰ

Präteritum

A   Regelmäßige Verben

Beispiel: Gao Tai *lebt* in Kaifeng und *reist* nach München. (Präsens)

Gao Tai *lebte* in Kaifeng. 987 *reiste* er nach München. (Präteritum)

	reisen	arbeiten
ich	reis-t-e	arbeite-t-e
du	reis-t-est	arbeite-t-est
er sie es	reis-t-e	arbeite-t-e
wir	reis-t-en	arbeite-t-en
ihr	reis-t-et	arbeite-t-et
sie	reis-t-en	arbeite-t-en
Sie	reis-t-en	arbeite-t-en

Andere Verben wie *arbeiten* sind z. B. *heiraten,* *mieten,* *übernachten,*

baden, *bilden,* *reden,*

schaden, *öffnen,* *rechnen*

Übungen

1. Bilden Sie bitte das Präteritum und machen Sie Beispielsätze!

antworten	lernen	üben	studieren
ablehnen	danken	zeichnen	bestellen
hören	einkaufen	lieben	schenken
wiederholen	diktieren	legen	glauben
fragen	mieten	warten	freuen
leben	bauen	machen	schmecken
erklären	frühstücken	entschuldigen	wünschen
kochen	wohnen	kennnen lernen	

2. Bilden Sie bitte Sätze im Präteritum!

a) Gao Tai lebt in Kaifeng.

b) Er baut eine Zeitmaschine.

c) Das Essen in München schmeckt Gao Tai nicht.

d) Am ersten Tag lernt er Herrn Shimdt kennen.

e) Das glaube ich nicht.

f) Ich kaufe ein Wörterbuch.

g) Er sucht eine Ferienarbeit.

h) Frau Schmidt lehnt die Zigarette ab.

i) Wir studieren in München.

j) Frau Mayer vermietet das Zimmer. Es kostet 200 Euro.

k) Ich zahle die Miete und hole dann meine Koffer vom Bahnhof.

l) Frau Mayer telefoniert den ganzen Tag.

m) Hans übernachtet in einem kleinen Hotel.

n) Es regnet sehr stark und er kauft einen Regenschirm.

o) Ihr zeigt mir die Urlaubsfotos von eurer Familie.

p) Der Lehrer erklärt den Studenten die Sätze.

q) Herr Klein arbeitet bei Siemens

r) Wir gratulieren ihr zum Geburtstag.

s) Wang Dali wohnt bei einer deutschen Familie.

3. Bilden Sie bitte die Sätze mit den folgenden Wörtern im Präteritum!

a) machen, 2001, eine Reise, Deutschland, Herr Wang, nach

b) Frau Wu, von 1997 bis 2001, die Fudan-Universität, besuchen, in Shanghai

c) vor drei Jahren, Frau Hermann, in der Bergstraße, wohnen

d) spielen, auf dem Volksplatz, gestern, die Kinder, Fußball

e) Deutsch, vor 10 Jahren, Sun Ping, am Deutsch-Kolleg, lernen

f) zeigen, Frau Schmidt, den Gästen, vor ein paar Tagen, das Haus

g) vorgestern, ein neues Auto, Herr Li, kaufen

h) für die Prüfung, die ganze Nacht, Wang Dali, am Schreibtisch, arbeiten

i) Musik, und, hören, Hans und Maria, reden, im Café, lange

j) zwei Stunden, ich, warten, gestern, an der Bushaltestelle

k) machen, und, Michael, Kaffee, auf den Tisch, Kuchen, stellen

B   Unregelmäßige Verben

Beispiele: Gao Tai *gefällt* die Kleidung nicht. (Präsens)

→ Gao Tai *gefiel* die Kleidung nicht. (Präteritum)

Er *bringt* ein Silberschiffchen *mit*. (Präsens)

→ Er *brachte* ein Silberschiffchen *mit*. (Präteritum)

	tragen	geben	leihen	bringen	kennen
ich	trug	gab	lieh	brachte	kannte
du	trugst	gabst	liehst	brachtest	kanntest
er sie es	trug	gab	lieh	brachte	kannte
ihr	trugt	gabt	lieht	brachtet	kanntet
sie	trugen	gaben	liehen	brachten	kannten
Sie	trugen	gaben	liehen	brachten	kannten

Übungen

1. Bilden Sie bitte die Sätze im Präteritum!

a) Herr Li fliegt mit Lufthansa nach Frankfurt. Er steigt in Frankfurt aus und fährt dann mit der S-Bahn nach Darmstadt.

b) Wang Dali geht zu Freunden. Sie sitzen zusammen und trinken Kaffee. Sie sprechen über das Leben und das Studium in Deutschland.

c) Ich bin müde und gehe nach Haus.

d) Frau Hermann kennt den Mann nicht.

e) Ich habe kein Geld und kann das Wörterbuch nicht kaufen. Ich möchte mir 12 Euro von Maria leihen.

f) Er trägt keine Brille und kann den Mann nicht sehen. Dann stoßen sie zusammen.

g) Er bringt sein Fahrrad zur Reparatur und geht nach Haus.

2. Setzen Sie bitte die Geschichte ins Präteritum!

Zhu Bajie als Bräutigam und Schwiegersohn

Teil 1　Der Bewerber

Im Dorf wohnt ein alter Herr. Er heißt
Lao Gao. Er hat keinen Sohn. Er lebt mit seiner jüngsten
Tochter Cuilan zusammen. Sie ist 17 Jahre alt und sehr
schön. Viele Männer möchten sie heiraten. Deshalb
kommt ein Bewerber nach dem anderen. Aber Lao Gao
lehnt alle ab. Er sagt:,,Ich suche einen Bräutigam — einen
Sohn."

Eines Tages kommt ein kräftiger Mann. Er nennt seinen Nachnamen: „Zhu" und sagt: „Ich möchte dein Schwiegersohn sein." Lao Gao ist zufrieden. Am nächsten Tag heiraten Zhu und Cuilan. Im Dorf Gaolao findet ein großes Hochzeitsfest statt.

Teil 2   Der faule Schwiegersohn

Am Anfang ist Zhu fleißig. Er ist kräftig und arbeitet auf dem Feld. Aber was sieht Lao Gao drei Wochen später? Ein Schwein! Zhu bekommt einen richtigen Schweinekopf und einen runden Bauch. Zu jeder Mahlzeit isst er viel Reis, Fleisch, Wassermelonen und trinkt viel Shaoxing-Wein. Aber er arbeitet immer weniger und weniger, bleibt immer länger im Bett und schläft viel. Lao Gao ist sehr böse und schlägt ihn. Vor Angst springt der faule Zhu auf eine Wolke. Lao Gao bekommt große Angst und fällt um.

In der Nacht kommt der faule Zhu ins Zimmer und nimmt Cuilan mit. Sie fliegen auf eine Wolke. Er sucht eine Wohnung, aber findet keine. So geht er mit Cuilan wieder ins Dorf Gaolao zurück.

Teil 3   Zhu Bajie

Cuilan ist traurig und weint viel. Zu dieser Zeit besuchen Tang Seng und sein Schüler Sun Wukong das Dorf. Sie gehen nach Westen und holen das „Fojing". Lao Gao erzählt ihnen sein Unglück und braucht ihre Hilfe.

Sun Wukong nimmt seine Eisenstange und bringt Cuilan zu Lao Gao. Sun Wukong trägt die Kleider von Cuilan und geht ins Bett. Bald tritt Zhu Bajie ein und will Cuilan küssen. Aber wer ist das? Zhu Bajie erkennt Sun Wukong und läuft weg. Wukong folgt ihm. Sie kämpfen die ganze Nacht. Sun Wukong gewinnt. Lao Gao dankt Tang Seng und Wukong. Tang Seng nimmt Zhu Bajie als seinen Schüler mit. Sie reisen nach Westen.

Es war einmal ein Dorf Gaolao. ...

Hören

| Text A   Ein interessantes Buch |

Text A   Ein interessantes Buch

1. Hören Sie den Text bitte einmal und lösen Sie die Aufgaben!

a) Wer war Gao Tai?

b) Bringen Sie die Inhaltspunkte in die richtige Reihenfolge!

☐ Wohnung von Herrn Schmitt

☐ die Stadt München

☐ Aussehen und Kleidung der Münchner

☐ Essen und Trinken

2. Hören Sie bitte den Text noch einmal und beantworten Sie die Fragen!

a) Wohin wollte Gao Tai fahren?

b) Wohin kam er? Warum?

c) Wie sahen die Münchner aus?

d) Was trugen die Männer und die Frauen?

e) Welche Probleme hatte er mit dem Essen in München?

—

—

—

—

f) Wo hat er in München gewohnt?

g) Wie fand er München?

3. Erzählen Sie bitte die Erlebnisse von Gao Tai!

Wortschatz

Reisen / Urlaubsreisen / Ferienreisen

A   Reiseziele

Wohin reisen Sie gern?

Wo machen Sie gern Urlaub?

ans Meer
am Meer

auf die Insel
auf der Insel

in die Berge
in den Bergen

ins Ausland
im Ausland

nach Beijing
in Beijing

aufs Land
auf dem Land

zu Haus

an den See
am See

Wohin kann man noch reisen?

Wohin fahren die Studenten in den Ferien am liebsten?

Wohin möchten Sie am liebsten fahren? (im Winter / Sommer)

Wo haben Sie schon Urlaub gemacht?

B　Reisevorbereitung

Was brauchen Sie für eine Urlaubsreise?

Was müssen Sie vor jeder Urlaubsreise machen?

C　Aktivitäten auf der Reise

Was können Sie besichtigen?

die Sehenswürdigkeit, -en

die Große Mauer　　das Schloss, ·· er　　die Kirche, -n　　der Palast, ·· e

Was / Wen können Sie besuchen?

die Ausstellung, -en　　der Freund, -e　　der Zoo, -s　　das Museum, ...seen

Was können Sie machen?

Was wollen Sie noch auf der Reise machen?

Übung

Wählen Sie ein Reiseziel aus und sprechen Sie bitte über Ihre Ferienreise mit Ihrem Nachbarn!

a) Shanghai / Hangzhou

b) Beijing / Xi'an

c) Qingdao / Yangshuo

d) Suzhou / Huangshan

Reiseziele

* Wohin wollen wir reisen?

+ Nach / Auf _____.

* Warum nicht nach / auf _____?

+ _____.

Reisevorbereitungen

* Was müssen wir vor der Reise machen?

+ _____.

* Was wollen wir mitnehmen?

+ _____.

Verkehrsmittel

* Womit/Wie reist du gern?

+ _____.

Aktivitäten auf der Reise

* Was können wir in / auf _____ besichtigen?

+ _____.

* Was können wir dort besuchen?

+ _____.

* Was können wir noch machen?

+ _____.

Schreiben

Berichten Sie bitte über Ihre schönste Reise!

— Reiseziel

— Verkehrsmittel

— Unterkunft

— Sehenswürdigkeiten

Grammatik Ⅱ

Temporale Präpositionen

Beispiele: *Am* Sonntagvormittag gehen viele Leute in den Park.

Der Zug fährt *um* 14.00 Uhr ab.

Im Herbst ist es in Beijing sehr schön.

Wann?	
an (D)	**Am** Wochenende sind alle Geschäfte in Deutschland zu.
zu (D)	**Zu** Weihnachten / **Zu** Ostern / **Zum** Frühlingsfest / **Zum** Geburtstag bekommen die Kinder viele Geschenke.
vor (D)	**Vor** dem Fahren dürfen die Autofahrer keinen Wein trinken.
bei (D)	**Beim** Fahren dürfen die Autofahrer auch keinen Wein trinken.
nach (D)	Erst **nach** dem Fahren können die Autofahrer Wein trinken.
in (D)	**In** einer Stunde beginnt das Fußballspiel im Fernsehen. **Im** letzten Jahr machte sie eine Urlaubsreise nach Österreich.
zwischen (D)	Sein Freund kommt **zwischen** 14.00 und 14.15 Uhr.
gegen (A)	Frau Müller geht **gegen** 10.00 Uhr zum Arzt.
um (A)	Der Unterricht endet **um** 11.30 Uhr.

seit wann? *bis wann?* *von wann bis wann?* *ab wann?*	
seit (D)	**Seit** September / **Seit** diesem Semester lerne ich in der Grundstufe Deutsch.
bis (A)	**Bis** Januar / **Bis** nächsten Monat lerne ich in der Grundstufe Deutsch.
von ... bis ...	**Von** September **bis** Januar / **Vom** 1. September **bis zum** 10. Januar lerne ich in der Grundstufe Deutsch.
ab (D)	**Ab** Februar/**Ab** dem 20. Februar lerne ich in der Mittelstufe Deutsch.

Übungen

1. Bitte antworten Sie auf die Fragen!

a) Wann stehen Sie täglich auf?

b) Seit wann lernen Sie Deutsch?

c) Wann machen Sie Ihre Hausaufgaben?

d) Um wie viel Uhr essen Sie zu Mittag?

e) Von wann bis wann haben Sie Ferien?

f) Wann können Sie nach Deutschland fahren?

g) Wann ist das chinesische Frühlingsfest? Wann ist Weihnachten?

h) In welcher Jahreszeit möchten Sie reisen?

i) Ab wie viel Uhr können die Studenten in der Mensa frühstücken?

j) Ab wann dürfen Chinesen heiraten? Und Deutsche?

k) Ab wann müssen deutsche Kinder zur Schule gehen? Und chinesische Kinder?

2. Ergänzen Sie bitte *seit* oder *ab*!

a) _____ zwei Monaten lernen wir Deutsch am Kolleg.

b) Hans spielt _____ drei Wochen Tennis mit Thomas. _____ übermorgen hat er einen

neuen Spielpartner.

c) _____ nächster Woche haben die Kinder Sommerferien.

d) _____ 1995 arbeiten die Chinesen fünf Tage in der Woche.

e) Wang Dali studiert _____ einem halben Jahr in Darmstadt.

3. Bitte ergänzen Sie die temporalen Präpositionen, wenn nötig auch die Artikel!

a) Herr Yin ist _____ 23.12. 1960 geboren.

b) _____ September studiert Wang Lingling an der Fudan-Universität.

c) Die DAAD-Lektorinnen haben donnerstags _____ 14.00 Uhr

_____ 16.00 Uhr Sprechstunde.

d) _____ seinem 50. Geburtstag kamen viele Freunde.

e) Können Sie nicht _____ Abend kommen?

f) _____ letzter Woche haben wir einen neuen Deutschlehrer.

g) _____ Arbeit fährt er schnell nach Hause.

h) Wir machen _____ 9.40 Uhr Pause.

i) _____ Mai _____ August arbeitet er in München.

j) Die großen Geschäfte in Shanghai sind _____ 9.00 Uhr _____ 22.00 Uhr auf.

k) Die Fernsehprogramme enden _____ 24.00 Uhr.

l) * Wann kommt der Chef zurück?

+ _____ zwei Wochen.

m) * Was machst du _____ Unterricht?

+ Ich gehe ins Café.

n) _____ zehn Minuten beginnt ein amerikanischer Spielfilm im Fernsehen. _____

_____ Film gehen wir tanzen.

o) _____ Frühlingsfest essen die Nordchinesen Jiaozi.

Grammatik Ⅲ

Andere Präpositionen: mit, ohne, für, außer, zu

Beispiele:

mit (D)	Heute reisen viele Leute gern **mit** dem Flugzeug.
	* Ich möchte Herrn Hoffmann sprechen. + Rufen Sie bitte später an! Er hat jetzt eine wichtige Besprechung **mit** seinem Kollegen.
	* Sie wünschen? + Ich möchte ein Eis **mit** Schlagsahne bitte.
ohne (A)	* Sie wünschen? + Ich möchte ein Eis **ohne** Schlagsahne bitte.
	Deutsche können **ohne** Visum in Europa reisen.
für (A)	Wir lernen **für** das Studium in Deutschland Deutsch.
außer (D)	Wir arbeiten täglich **außer** samstags und sonntags.
	Außer dir liebe ich niemanden.
zu (D)	**Zum** Essen komme ich immer, aber **zur** Arbeit komme ich selten.

Übung

Ergänzen Sie bitte!

a) _____ den neuen Anzug brauche ich eine neue Krawatte.

b) _____ das Studium in Deutschland müssen Sie _____ Büchern auch Kleidung _____ alle vier Jahreszeiten mitnehmen.

c) Fahren Sie zur Arbeit _____ dem Bus oder _____ dem Fahrrad?

d) _____ Schlüssel kann ich die Tür nicht öffnen.

e) _____ sonntags habe ich immer Zeit.

f) * Darf ich heute Nachmittag _____ Hans ins Kino gehen?

   + Mach aber zuerst die Aufgaben fertig!

g) Er ist _____ seine Frau nach Paris gefahren.

h) Chinesen essen _____ Stäbchen. Deutsche essen _____ Messer und Gabel.

i) _____ die Hose hat der reiche Mann 400 Euro bezahlt.

j) * _____ dem Bett ist seine Wohnung leer.

   + Aber er verdient doch viel. Was hat er _____ dem Geld gemacht?

   * Er hat neulich ein teures Auto _____ seine hübsche Freundin gekauft.

k) _____ Nebenkosten zahle ich _____ das Zimmer monatlich 300 Euro.

l) Klaus hat gestern zwei Stunden _____ seiner Freundin telefoniert.

m) _____ Zigaretten kann ich nicht gut arbeiten.

n) _____ mich, einen armen Studenten, ist die Reise ins Ausland zu teuer.

o) * Trinken Sie Kaffee _____ oder _____ Milch?

   + _____ Milch bitte.

p) Kommen Sie bitte das nächste Mal pünktlich _____ Unterricht!

Hören

Text B   Marco Polo

1. Bitte hören Sie den Text einmal und beantworten Sie die Fragen!

a) Wann reiste Marco Polo nach China?

☐ 1269

☐ 1254

☐ 1271

b) Wie oft reiste er nach China?

☐ einmal

☐ zweimal

☐ dreimal

2. Bitte hören Sie den Text noch einmal und beantworten Sie die Fragen!

a) Wie lange blieb er in China?

b) Was machte er in China? Woher wissen wir das?

Lesen

Text C

Marco Polo (1254 — 1324) lernte auf seiner langen Reise in China nicht nur das große Land, sondern auch den Kaiser kennen. Zuerst durfte Marco Polo den Kaiser in seinem Sommerpalast in Shangdu besuchen.

Im Jahre 1275 erreichte Marco Polo die Hauptstadt Beijing. Damals hieß die Stadt nicht Beijing, sondern ,,Da-tu" (auf Deutsch: die große, prächtige Stadt). Marco Polo nannte sie ,,Canbaluc", die Hauptstadt ,,von Catai". Er staunte über die Größe und den Reichtum.

Die größte Anlage war der Kaiserpalast — die Verbotene Stadt. Im Zentrum stand der Palast. Um den Palast stand eine hohe Mauer. Die südliche Mauer hatte fünf Tore. Das große Tor in der Mitte war für den Kaiser. An den drei anderen Seiten gab es je ein Tor. Um diese Mauer stand noch eine Mauer. An jeder Mauerecke stand ein schönes Gebäude. Die südliche Mauer hatte wieder fünf Tore. An den drei anderen Seiten gab es auch je ein Tor.

Zwischen den beiden Mauern spazierte Marco Polo durch Gärten mit Wiesen, großen Bäumen und vielen Tieren. Oder er saß an einem schönen Fischteich im Nordwesten.

Marco Polo besichtigte den Palast. Die Größe beeindruckte den Italiener sehr. Allein im Hauptsaal konnten 6 000 Gäste Platz finden. Der riesige Palast war ein Meisterwerk. Marco Polo sah viele wertvolle Bilder und staunte über große Mengen von Gold und Silber an den Wänden. Er bewunderte die Zimmerdecken des Palastes. Sie leuchteten in allen Farben: in Rot und Grün, in Blau und Gelb.

1. Bitte lesen Sie den Text und beantworten Sie die Fragen!

a) Wie alt war Marco Polo bei seinem Besuch in Beijing?

b) Wie nannte Marco Polo „China"?

c) Was erstaunte bzw. beeindruckte Marco Polo in Beijing und in der Verbotenen Stadt?

–

–

–

–

2. Geben Sie bitte dem Text eine Überschrift!

3. Bitte zeichnen Sie eine Skizze von der Palastanlage!

Norden

Hören

Text D   Im Reisebüro

(1) _____

(2) _____

(3) _____

(4) _____

(5) _____

(6)

(7) _____

1. Einführung: Bitte ordnen Sie die folgenden Namen den Bildern zu!

a) Das Brandenburger Tor

b) Die Glaskuppel des Reichstags

c) Der Potzdamer Platz

d) Die Museumsinsel

e) Die Weltzeituhr auf dem Alexanderplatz

f) Das Reichstagsgebäude

g) Der Berliner Fernsehturm

2. Hören Sie bitte den Text zweimal und beantworten Sie die Fragen!

a) Worum geht es in dem Dialog?

b) Wie lange dauert die Reise?

c) Mit welchem Verkehrsmittel fährt man?

d) Wie viel kostet das Angebot?

e) Muss man für den Besuch des Reichstagsgebäudes zahlen?

f) Wie hoch ist der Fernsehturm?
   ☐ 386 Meter
   ☐ 368 Meter

g) Wie viel kostet der Eintritt?

h) Was ist in dem Preis von 32 Euro inbegriffen?

　　☐ Auffahrt auf den Fernsehturm mit Mittagessen oder Abendessen

　　☐ Auffahrt auf den Fernsehturm mit Mittagessen und Abendessen

i) Beschreiben Sie bitte die Schifffahrt auf der Spree! (Dauer und Kosten)

j) Was kann man in KaDeWe kaufen? (zwei Punkte)

Sprechen

1. Sprechen Sie bitte zu zweit über eine Reise!

* Guten Tag!

+ Guten Tag! Ich habe Sie lange nicht gesehen. Wo waren Sie denn?

* Ich ... im Urlaub.

+ Wo ... ?

* Ich ...

+ Wie ... die Reise?

* ...

+ Mit wem ... ?

* Eigentlich ... ich mit ... , aber ...

+ Was ... ?

* ...

+ Wie lange ... ?

* Leider ... , denn ich ...

2. Situative Fragen

a) Sie möchten mit Ihrem Freund / Ihrer Freundin nach Beijing reisen. Was sagen Sie zu ihm/ ihr?

b) Wang Dali möchte mit Ihnen eine Reise nach Berlin machen. Sie kommen gerne mit und fragen nach dem Reisetermin.

c) Wang Dali möchte nächsten Freitag mit Ihnen nach Berlin reisen. Sie kommen gerne mit, haben aber leider keine Zeit. Fragen Sie bitte, ob ihr beide die Reise nicht an einem anderen Tag machen könnt.

d) Ein Bekannter möchte mit Ihnen eine Reise nach Berlin machen. Sie möchten mit dieser Person keine Reise machen. Lehnen Sie den Vorschlag höflich ab!

Phonetische Übung   I

Hören und sprechen Sie bitte nach!

● [ŋ]

Übung – Bestellung – Hunger – Zeitung – singen – bringen – Rang – Drang – Übernachtung – Stange – Überraschung – Sendung – Unterhaltung

● [ŋk]

Dank – krank – trinken – Bank – Getränk – Enkel – dunkel – tanken – Klinke – winken – danken – denken – Franken – gepunktet – Kranker – schminken

● [pf]

Apfel – Pflanze – Pfahl – Pfeife – Opfer – Gipfel – Pfund – Pfeffer – Dampf – kämpfen – schimpfen – Pflege – Pflicht – Pfeifer – Pflug – Tapferkeit

● [kv]

Quatsch – Quote – quer – bequem – Quittung – Qual – Qualität – Quadrat – Querstraße – Quantität – quälen – Quartier – Quelle – Quartal – quasi

● [ks]

Keks – links – Text – Luxus – Max – Haxen – Taxi – Lachs – Fuchs – Ochse – sechs – Achse – wachsen – Wachs – unterwegs – mittags – tagsüber

Phonetische Übung   II

Hören und sprechen Sie bitte nach!

a) Ich habe gestern ein sehr schönes Buch gefunden.

   Er hat gestern eine sehr langweilige Zeitschrift gefunden.

   Sie hat gestern eine sehr interessante Zeitung gefunden.

b) Wie heißt das Buch?

   Wie heißt die Zeitschrift?

   Wie heißt die Zeitung?

c) Oh, das muss sehr komisch sein.

   Oh, das muss sehr interessant sein.

   Oh, das muss sehr langweilig sein.

d) Doch die Zeitmaschine machte einen Fehler.

   Doch der Vater machte einen Fehler.

   Doch der Student machte einen Fehler.

e) Gao Tai gefiel die Kleidung überhaupt nicht.

Mir gefiel das Essen überhaupt nicht.

Ihm gefiel der Tee überhaupt nicht.

f) Gao Tai hatte auch große Probleme mit dem Essen.

Lao Cai hatte auch große Probleme mit dem Kochen.

Xiao Li hatte auch große Probleme mit dem Deutschlernen.

g) Er hatte große Angst vor dem Lift.

Sie hatte große Angst vor der Prüfung.

Das Kind hatte große Angst vor dem Tiger.

h) Die deutschen Studenten reisten durch China.

Die chinesischen Studenten reisten durch Deutschland.

Die französischen Praktikanten reisten durch die Schweiz.

Die Schüler aus Shanghai reisten durch Paris.

Die Studenten aus Guangzhou reisten durch Wien.

Die Kinder aus Shenzhen reisten durch Budapest.

Phonetische Übung Ⅲ

Hören und sprechen Sie bitte nach!

a) * Hallo, Christian!

+ Hallo, Dali! Wo warst du denn in den Sommerferien?

* Ich war in Paris.

+ In Paris?! Womit bist du hingefahren? Mit dem Auto oder mit der Bahn?

* Mit der Bahn. Von Frankfurt bis Paris dauerte die Fahrt etwa sieben Stunden.

+ Was hast du alles gesehen / besichtigt?

* Ich habe zuerst die Innenstadt kennen gelernt, dann Louvre, Versailles besucht und schließlich eine Schifffahrt auf der Seine gemacht.

+ Wie war die Reise?

* Sie war toll.

b) * Xiao Lin, am Samstagabend läuft ein ausländischer Film im Unikino.

+ Ein amerikanischer oder französischer Film?

* Weder noch. Es ist ein deutscher Film. Er soll sehr interessant sein.

+ Wie heißt der Film?

* Er heißt ,,Lola rennt". Kommst du mit?

+ Ja, sehr gern.

* Also wir treffen uns am Kinoeingang. Nun bis Samstagabend.

+ Tschüss, bis Samstagabend.

c) * Hast du am Wochenende schon was vor?

+ Nein, noch nichts. Und du?

＊ Ich will in den Waldpark gehen.

＋ Gehst du alleine in den Park?

＊ Natürlich nicht alleine, sondern mit meinen Mitbewohnern.

＋ Was wollt ihr dort machen?

＊ Grillen. Kommst du mit?

＋ Eigentlich möchte ich sehr gern kommen, aber leider habe ich keine Zeit. Ich muss Deutsch lernen.

＊ Wie schade. Vielleicht ein anderes Mal.

＋ Eben. Also viel Spaß! Tschüs.

＊ Tschüs.

Lektion 14
Eintopf

Hören

Text A   Eintopf

Einführung

Schauen Sie sich das Bild auf dem Deckblatt an und erklären Sie: Was ist ein ,, Eintopf "?

Bitte hören Sie den Text zweimal und beantworten Sie die Fragen!

a) Welche andere Bedeutung hat das Wort ,, Eintopf " im Text?

b) Was gehört in unseren ,, Topf " für Lektion 14?

Hören

Text B   Wer bin ich?

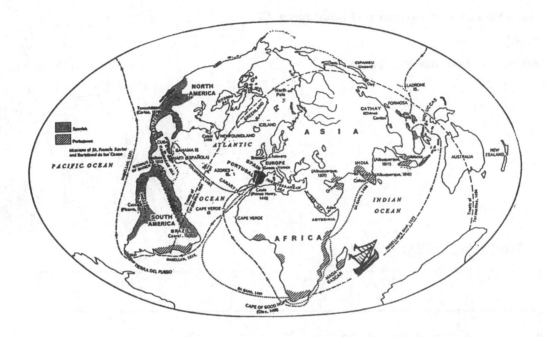

1. Bitte hören Sie den Text zweimal und antworten Sie auf die folgenden Fragen!

a) Was wissen Sie über diese Person? (Name, Geburtsjahr, Todesjahr, Nationalität)

b) Was machte diese Person oft? Warum?

c) Für wen arbeitete diese Person?

d) Was war ihr Berufsziel?

e) Welchen Berufserfolg hatte diese Person?

2. Sprechen Sie bitte mit Ihrem Partner über diese Person!

Hören

Text C   Eine Verabredung

**1. Bitte hören Sie den Text zweimal und beantworten Sie
die Fragen!**

a) Was möchte die Frau mal wieder machen?

b) Welche Wochentage schlägt sie vor?

Mo	Di	Mi	Do	Fr	Sa	So

c) Was haben der Mann und die Frau an diesen Wochentagen <u>schon</u> vor?

Was haben sie gemeinsam vor? Tragen Sie bitte die Termine in den Terminkalender ein!

	der Mann	**die Frau**
Mo		
Di		
Mi		
Do		
Fr		
Sa		
So		

2. Bitte hören Sie den Text zum dritten Mal und lösen Sie die Aufgabe!

Welche Verben können Sie mit dem Nomen „Termin" kombinieren?

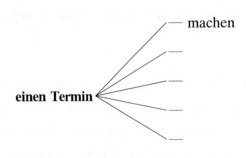

— machen

einen Termin

—

—

—

—

3. **Hat der Mann Lust zu dieser Freizeitbeschäftigung? Begründen Sie bitte Ihre Antwort!**

Lesen

Text D Ein Brief

20. Mai 2011

Liebe Iris,

nun bin ich schon zwei Monate in Deutschland und es geht mir viel besser als am Anfang. Die ersten drei Wochen waren sehr schwer für mich, denn alles war neu, ich hatte noch kein eigenes Zimmer, sondern wohnte bei meinen chinesischen Freunden, und ich hatte großes Heimweh.

Dann bekam ich ein Zimmer im Studentenheim. Das Zimmer ist zwar nicht sehr groß, aber sehr hell und gemütlich. Ich habe einen bequemen Sessel und eine Leselampe gekauft. Die anderen Möbel, wie Bett, Schrank, Schreibtisch, Stuhl und Regal musste ich nicht kaufen. Sie gehören zum Zimmer. Letzte Woche habe ich viele Fotos an die Wand gehängt; Fotos von meinen Eltern, Geschwistern und Freunden. Es ist auch ein Foto von dir dabei.

An der Uni besuche ich noch den Sprachkurs. Wir sind zweiundzwanzig Studenten aus zwölf Ländern. Außer mir ist noch ein Chinese im Sprachkurs. Er kommt aus Xiamen. Die anderen Studenten kommen aus „aller Welt", z.B. Frankreich, Portugal, Chile, Ägypten und Indonesien. Unsere gemeinsame Sprache ist Deutsch! Für mich ist das eine gute Übung, denn mit meinen chinesischen Freunden spreche ich natürlich nur Chinesisch. Der Kurs ist sehr interessant. Wir lernen dort nicht nur die Sprache, sondern auch viel über die Universität und das Studium.

In China habe ich viel über das deutsche Essen gehört, z.B. über Käse. Hier habe ich dann einmal Käse probiert; und ich finde, viele Sorten Käse schmecken ausgezeichnet. Auch frischer Salat ist köstlich. In der Mensa ist das Essen nicht besonders gut, aber schlecht ist es auch nicht. Es gibt immer eine große Auswahl, so finde ich meistens etwas Leckeres. Manchmal kochen wir im Studentenwohnheim zusammen, manchmal deutsch, italienisch, türkisch, japanisch oder auch chinesisch. Das macht großen Spaß.

Ich möchte dir gerne mein Zimmer zeigen. Wann kommst du mich besuchen? Hoffentlich bis bald!

Herzliche Grüße

    Dein Shao Yan

P.S. Ab nächster Woche Mittwoch habe ich Telefon: 436361.

1. Bitte lesen Sie den Text und geben Sie jedem Abschnitt eine Überschrift!

a) _____

b) _____

c) _____

d) _____

e) _____

2. Lesen Sie den Text noch einmal und beantworten Sie die folgenden Fragen!

a) Warum hatte Shao Yan kurz nach seiner Ankunft in Deutschland Probleme?

b) Was hat er in seinem Zimmer im Studentenwohnheim?

c) Welchen Vorteil hat ein Sprachkurs mit Teilnehmern aus verschiedenen Ländern?

d) Hat er Probleme mit dem Essen? Begründen Sie bitte Ihre Antwort!

e) Hat er Kontakt zu Studenten aus anderen Ländern? Woher wissen Sie das?

Lesen

Text E Lesestrategien

Einführung

Was lesen Sie in Ihrer Freizeit?

Wozu lesen Sie es?

Wie viel Zeit verwenden Sie dafür?

was?	wozu?	wie viel Zeit?

Es gibt nicht ausschließlich eine Methode, Texte zu lesen, sondern mehrere Methoden. Welche die richtige ist, hängt davon ab, warum man den Text liest. Je nach der Leseabsicht liest man einen Text langsamer oder schneller, genauer oder weniger genau. Im Allgemeinen werden drei Lesestrategien unterschieden: das kursorische Lesen, das selektive Lesen und das totale Lesen.   5

Das kursorische Lesen dient dazu. sich einen schnellen Überblick darüber zu verschaffen, worum es in einem Text geht. Man erfasst dabei nur die wichtigsten Informationen eines Textes. Dieses Lesen wird auch als überfliegendes Lesen bezeichnet, denn der Blick folgt dem Text nicht Satz für Satz und Zeile für Zeile, sondern „fliegt" über den Text. Dabei bleibt er an den Wörtern hängen, die auffallen – die   10 „ins Auge springen".

Das selektive Lesen hat den Zweck, in einem Text eine bestimmte Information bzw. bestimmte Informationen zu finden. Auch beim selektiven Lesen liest man einen Text nicht Satz für Satz, sondern sucht den Text nach Schlüsselwörtern ab. Nur die Textstellen oder Textabschnitte, die die gesuchte   15 Information enthalten, werden genau gelesen. Auch sollte nur für diese Textstellen bzw. Textabschnitte das Wörterbuch verwendet werden. Ansonsten sollte man beim selektiven Lesen und beim kursorischen Lesen versuchen, ohne Wörterbuch zu arbeiten.

Das totale Lesen ist die Methode, um einen Text genau und im Detail zu erfassen. Totales Lesen   20 bedeutet aber nicht Wort für Wort lesen. Man braucht nicht jedes Wort zu verstehen, um einen Text zu verstehen. Es ist nicht nötig, alle unbekannten Wörter im Wörterbuch nachzuschlagen. Uber unbekannte Wörter kann man hinweglesen, wenn sie für das Verständnis unwichtig sind. Ihre Bedeutung lässt sich aus dem Kontext erschließen. Totales Lesen ist kein Synonym für Übersetzen!

1. Lesen Sie bitte die Uberschrift des Textes!
Was könnte damit gemeint sein?

2. Lesen Sie bitte den Text und beantworten Sie die Fragen!
a) Wie liest man Texte?

b) Ergänzen Sie bitte das Schema und berichten Sie über die verschiedenen Lesestrategien:

Lesestrategie	Leseabsicht	Methode

3. Wie haben Sie den Text gelesen, um Frage 2 b) zu beantworten?

4. Welche Lesestrategie verwenden Sie in den folgenden Situationen?

a) Um wie viel Uhr wird die Sportschau im Fernsehen gesendet und was wird gezeigt?

Fernsehen am Sonntag, 15. Juni

ARD

6.00   Robbi, Tobbi und das Fliewatüüt

6.30   Pumuckl TV

7.30   Sesamstraße

8.00   Die wunderbare Reise des kleinen Nils
       Holgersson mit den Wildgänsen. Graufell

8.30   Tigerenten Club. Der Club zum Mitmachen

10.00   Immer wieder sonntags. Sommershow

11.30   Die Sendung mit der Maus

12.00   Presseclub

12.45   Tagesschau mit Wochenspiegel

13.15   Weltreisen. Durch Kanadas Wilden Westen

13.45   Bilderbuch Deutschland. Schwalm Nette

14.30   Musikstreifzüge. Clavierissimo

15.00   Tagesschau

15.05   Kampf der Titanen
       Spielfilm GB, 1981; R: Desmond Davis; D:
       Harry Hamlin, Judi Bowker, Laurence Olivier

17.00   Ratgeber: Technik

17.30   „Leuchte auf, mein Stern Borussia! "
       Fußball als Religion. Von Martin Buchholz

18.00   Tagesschau

18.05   Der 7. Sinn

18.08   Sportschau
       u.a. Fußball. DFB-Pokal-Finale: Empfang VfB
       Stuttgart und Empfang Energie Cottbus; Tor des Monats Mai;
       Fußball: Real Madrid-Interview mit Jupp Heynkes

18.40	Lindenstraße. Serie
19.09	Die Goldene 1. Wochengewinner
19.10	Weltspiegel
19.50	Sportschau-Telegramm
20.00	Tagesschau
20.15	Tatort, Krimireihe (von 1991)
21.50	Kulturreport. Aus München
22.20	Tagesthemen
22.35	Der Blumenmann
23.20	Die Tigerin
	Spielfilm, BRD 1991; R: Karin Howard; D: Valentina Vargas,
	Hannes Jaenicke u. a.
0.45	Tagesschau
0.55	Der tolle Mister Flim-Flam
	Spielfilm USA 1967; R: Irvin Kershner; D:
	George C. Scott, Sue Lyon u. a. (bis 2.35)

b) Sie haben in einer Fachzeitschrift einen Artikel eines Kollegen gefunden. Sie möchten wissen, ob der Artikel Informationen enthält, die für Sie interessant sind.

c) Sie lesen einen Artikel über eine neue Theorie in Ihrem Fachgebiet.

Sprechen

1. Sehen Sie sich bitte die Bilder genau an!

a) Beschreiben Sie bitte die Personen! (Größe, Figur, Haare, Aussehen)

b) Was tragen die Personen?

2. Schauen Sie sich bitte die Bilder an!

a) Beschreiben Sie bitte jede Person! (Größe, Figur, Haare, Aussehen)

b) Vergleichen Sie bitte die beiden Personen!

3. Farbenrätsel

Beispiel: ∗ Was ist außen gelb und innen weiß?

      + Das ist die Banane.

a) Was ist außen rot und innen auch rot?

b) Was ist außen grün und innen rot?

c) Was ist außen rot und innen weiß?

d) Was ist schwarzweiß und isst Bambus?

Machen Sie bitte selber ähnliche Rätsel!

4. Ordnen Sie bitte die Sätze den Bildern zu!

Er fährt schwarz.

Er sieht rot.

Er ist blau.

5. Stellen Sie bitte Ihre Familie und Ihre Verwandten vor und nennen Sie dabei bitte auch ihr Alter, ihren Beruf, ihr Studienfach, ihre Schulbildung, ihre Hobbys und ihre Interessen!

6. Schauen Sie sich bitte die Bilder an! Was hat Sandra Bauer am letzten Mittwoch gemacht? Erzählen Sie bitte mit Hilfe der Bilder!

7.00 Uhr aufstehen

7.30 Uhr frühstücken

8.15 Uhr ihren Sohn in die Schule bringen

8.40 Uhr zur Arbeit gehen

14.00 Uhr Wäsche waschen

15.00 Uhr ihren Sohn von der Schule abholen

17.20 Uhr das Abendessen kochen

18.15 Uhr mit ihrem Sohn und ihrem Mann essen

20.45 Uhr mit ihrem Mann fernsehen

22.30 Uhr ins Bett gehen

7. Erzählen Sie bitte den Tagesablauf von Sandra Bauer im Präteritum!

8. Was haben Sie am Wochenende gemacht? Sprechen Sie bitte mit Ihrem Nachbarn!

9. Sprechen Sie bitte!

Suchen Sie sich bitte eine bekannte Person und erzählen Sie über ihren Lebenslauf. Notieren Sie einige Stichpunkte. Sie sollen dann vor der Klasse mit Hilfe Ihrer Stichpunkte über das Leben berichten. (Sie sollen den Lebenslauf nicht vorlesen !!!) Die anderen Studenten sollen raten, über wen Sie sprechen. Nennen Sie nicht den Namen und auch nicht das Geschlecht, d. h. Mann oder Frau —,, er'' oder ,, sie''. Beginnen Sie Ihre Sätze immer mit: ,, *Die Person* ...''!

Geburtsdatum / -ort:

Beruf:

wichtige Lebensdaten:

—

—

—

—

—

—

Todesdatum (Wenn die Person gestorben ist.):

10. Beschreiben Sie bitte die zwei Zimmer von Karl Schmitz!

a) _____

b) _____

11. Herr Schmitz möchte sein Arbeitszimmer untervermieten. Also muss er seine Möbel und Sachen vom Arbeitszimmer in das Schlafzimmer bringen. Wohin stellt er sie?

12. Beschreiben Sie bitte das Ferienhaus von Herrn Schmidt!

Beispiel: Oben links ist das Bad.

Sprechen und Hören

a)

b)

c)

d)

1. Bitte schauen Sie sich das Bild an und machen Sie mit Ihrem Partner Dialoge!

Was sagen die Leute?

2. Bitte hören Sie die Aussagen und ordnen Sie sie den Personen zu!

Dialog 1: _____　　Dialog 2: _____

Dialog 3: _____　　Dialog 4: _____

Schreiben

1. Sie sind seit drei Monaten hier im Deutschkurs.

Schreiben Sie bitte Ihrem Freund / Ihrer Freundin / Ihrer Familie eine Postkarte und berichten Sie über Ihr Leben hier!

2. Schreiben Sie bitte Ihren Lebenslauf!

Wiederholungen

I. Phonetik

1. Hören und sprechen Sie bitte die folgenden Aussagesätze nach!

a) Vielleicht ist sie in der Küche.

b) Ich mache gerade Tee.

c) In zwei Tagen ist der Deutschkurs zu Ende und wir haben Prüfungen.

d) Der Fluss fließt in Ostasien.

e) Es ist eine Stadt in Deutschland.

f) Ich erzähle Ihnen etwas über mein Leben.

2. Hören und sprechen Sie bitte die folgenden Ja-Nein-Fragen nach!

a) Darf ich Ihnen helfen?

b) Trinken wir einen Tee zusammen?

c) Wollen wir heute Eintopf kochen?

d) Gibt es für Dienstag noch Karten?

e) Soll ich einen Tisch bestellen?

f) Gehen wir zusammen ins Theater?

3. Hören und sprechen Sie bitte die folgenden W-Fragen nach?

a) Was bedeutet das Wort „Eintopf" in dem Hörtext?

b) Wie war es heute im Deutschkurs?

c) Wer bist du?

d) Warum kannst du am Wochenende nicht ins Kino gehen?

e) Wann koooonnen wir zusammen ein Wochenende verbringen?

f) Wo findet die Veranstaltung statt?

4. Hören und sprechen Sie bitte die folgenden Imperativsätze nach!

a) Geh doch bitte mit ins Theater!

b) Nimm bitte Platz hier am Tisch!

c) Wartet hier bitte auf mich!

d) Verlasst bitte nicht das Klassenzimmer!

e) Fahren Sie bitte vorsichtig!

f) Seien Sie bitte ruhig!

II. Verben

1. Ergänzen Sie bitte die Tabelle mit allen Ihnen bekannten starken Verben!

Infinitiv	Präsens (du)	Präsens (er)	Präteritum (er)	Perfekt	Imperativ (du)
beginnen	beginnst	beginnt	begann	begonnen	beginn
gehen	gehst	geht	ging	gegangen(s)	geh

2. Ergänzen Sie bitte die Verben und achten Sie dabei auf die Zeitform in der Geschichte!

Eine Geschichte von Christian und Jutta	
Auf einer Party _____ Christian Jutta _____ .	kennen lernen
Von da an _____ Christian jeden Tag Jutta _____ .	anrufen
Er _____ Termine mit ihr und _____ oft	machen / spazieren gehen
mit ihr _____ . Eines Tages _____ Christian	kommen
zu Jutta. Er _____ Jutta ins Kino _____ .	einladen
Aber Jutta _____ keine Lust und _____ zu	haben / wollen
Hause _____ . Dann _____ er einen Ausflug	fernsehen / vorschlagen
an den See _____ . Jutta _____ eine Weile	nachdenken
_____ und _____ _____ . Sie	wollen / mitfahren
_____ eine Kamera und etwas zum Essen	mitnehmen

_____. Christian _____ sehr schnell und	fahren
_____ nicht auf den	aufpassen
Verkehr _____. Plötzlich _____ Christian	zusammenstoßen
mit einem Wagen _____. Die beiden _____	sein
verletzt und ein anderer Autofahrer _____ sie zum	bringen
Arzt. Nach der Behandlung _____ sie einen	anrufen
Freund _____, und er _____ sie nach Hause	zurückbringen
_____.	

3. Ordnen Sie bitte die Zeitangaben zu!

gestern	früher	jede Woche	ab dem 1. Mai
letzten Montag	seit drei Monaten	**morgen**	heute
bald	nächstes Jahr	jetzt	übermorgen
in zwei Tagen	vor drei Jahren	in Zukunft	vorgestern

Präsens	Perfekt oder Präteritum
morgen ...	_gestern_ ...

4. Bilden Sie bitte Sätze und beachten Sie die Zeitform!

a) wir, haben, Unterricht,   **gerade**

   Herr Li, sollen, ein Satz, bilden   **jetzt**

   wir, machen, Wiederholung   **seit gestern**

   wir, schreiben, ein Test,   **in zwei Tagen**

   wir, machen, weiter, Wiederholung,   **morgen**

   Herr Li, lernen, Deutsch,   **seit zwei Monaten**

   er, haben, fünf Tage Unterricht,   **jede Woche**

b) ich, gehen, in die Stadt,   **vor zwei Wochen**

   ich, kaufen, dort, eine Jacke

   ich, anziehen, die Jacke,   **am letzten Sonntag**

   mein Freund, finden, ein Fehler an der Jacke

   ich, fahren, wieder, in die Stadt,   **gestern**

   ich, sprechen, darüber, mit der Verkäuferin,

   ich, bekommen, eine Antwort, telefonisch,   **heute**

ich, dürfen, die Jacke, umtauschen

5. a) Ein Deutscher hat Ihren chinesischen Freund / Ihre chinesischen Freunde zum Essen eingeladen. Geben
Sie ihm / ihnen bitte ein paar Tipps!
Verwenden Sie dabei Imperativ!

pünktlich oder etwas später kommen

eine Flasche Wein mitbringen

einen Blumenstrauß kaufen

der Gastgeberin keine roten Rosen schenken

beim Essen nicht rauchen

die Gabel in der linken Hand und das Messer in der rechten Hand halten

nicht mit vollem Mund sprechen

zuerst die Suppe essen

beim Essen nicht schlürfen

nichts auf den Tisch spucken

b) Ein deutscher Freund kommt heute zu einem chinesischen Freund zum Essen. Geben Sie ihm bitte ein paar
Ratschläge!

etwas früher kommen

etwas zum Essen oder zum Trinken mitbringen

nicht zu viel von den kalten Speisen essen

die Essstäbchen beim Essen auf den Teller legen

nicht nur von einer Speise essen

die Essstäbchen nach dem Essen auf den Tisch legen

nicht mit vollem Mund sprechen

6. Welchen Befehl geben Sie?

Beispiel: Es ist Ihnen im Zimmer zu laut.

Ihr Befehl: *Seid / Sei still!*

a) Die Kinder spielen auf der Straße.

b) Es ist Ihnen im Zimmer zu warm.

c) Die Kinder haben Angst vor dem Hund.

d) Der Schüler spricht zu leise.

7. Antworten Sie bitte!

∗ Sag mal, wie kann ich gut Deutsch lernen?

+ ...

8. Bitte setzen Sie die Modalverben ein und achten Sie dabei auf die Zeitform!

Liebe Katrin,

gestern habe ich erfahren, du liegst im Krankenhaus. Ich _____ dich besuchen. Aber etwas

Geduld _____ du noch haben. Ich _____ dich erst am Wochenende besuchen. Morgen __

_____ ich in die Sprechstunde zu Prof. Müller gehen und ich _____ nicht unvorbereitet

kommen. Es ist die letzte Möglichkeit vor der Prüfung.

Außerdem _____ ich noch die Seminararbeit schreiben.

In den letzten Wochen _____ ich nicht arbeiten und jetzt _____ ich nachts arbeiten. Ich

habe übrigens gestern mit Prof. Müller gesprochen. Du _____ alle deine Prüfungen verschieben.

Ich _____ dich sehr herzlich von ihm grüßen und dir gute Besserung wünschen.

Ich _____ jetzt schließen. Von Klaus und Marion _____ ich dich auch grüßen.

Liebe Grüße

Deine Sabine

9. Bitte ergänzen Sie die Modalverben!

Torsten spricht gut Chinesisch und arbeitet bei einem Reisebüro als Dolmetscher. Gestern war er krank

und _____ nicht zur Arbeit gehen. Eigentlich _____ er eine Reisegruppe nach China

begleiten, und das _____ er auch sehr gern tun. Aber der Arzt meinte, das _____ er nicht

machen. Er _____ im Bett bleiben. Sonst wird es schlimmer.

10. Bitte setzen Sie die Modalverben ein und achten Sie dabei auf die Zeitform!

      „Wer draußen ist, will rein und wer drinnen ist, will raus!"

Ein Ehemann berichtet: „Vor zehn Jahren habe ich meine Frau kennen gelernt. Sie war damals sehr

schön. Ich _____ , nein ich _____ sie heiraten.

Und heute? Mein Leben ist furchtbar. Ich _____ so nicht mehr leben. In unserer Hochzeitsnacht

_____ ich nicht mit meiner Frau in einem Bett schlafen. Ich _____ vor dem Bett liegen.

Jeden Morgen _____ ich den Nachttopf wegbringen. Meine Nachbarn _____ das nicht

verstehen. Meine Freunde _____ ich auch nicht einladen. ‚Wir _____ sparen', sagt meine

Frau. Außerdem _____ ich ihr mein ganzes Geld geben. Wenn ich etwas kaufen _____ oder

_____ , _____ ich erst meine Frau fragen. Meine Frau arbeitet natürlich nicht. Am Tag

schläft sie oft, abends besucht sie ihren Freund. Sie meint, sie _____ einen Freund haben. Ein

Mann ist langweilig.

Ich _____ nicht mehr so leben. Ich _____ meine Frau nicht mehr sehen."

III. Präpositionen

1. Ergänzen Sie bitte Präpositionen, wenn nötig, auch die Artikel!

Der Sonntag von Herrn Sand

_____ letzten Sonntagnachmittag ging Herr Sand _____ seinem Sohn _____Museum. Sie gingen zuerst _____ _____ rechten Raum. Dort sahen sie viele schöne Bilder _____ _____ Wand. _____ Fenster stand ein großer Tisch. _____ _____ Tisch stand eine blaue Vase _____ China. Danach gingen sie _____ _____ linken Raum. _____ Raum standen viele Leute _____ _____ Ecke. Da hing ein bekanntes Bild _____ Picasso. _____ _____ Besichtigung gingen sie _____ _____ Park _____ _____ Museum. Dort machten sie einen Spaziergang. Der Sohn spielte dann _____ _____ Wiese und Herr Sand saß _____ _____ Bank und las eine Zeitung. _____ Abend gingen sie _____ Kino und sahen einen lustigen Film. Anschließend fuhren sie _____ _____ Straßenbahn _____ Hause.

2. Ergänzen Sie bitte die Verben und Präpositionen, wenn nötig, auch die Artikel!

stehen — stellen ; liegen — legen ; sitzen — setzen ; hängen — hängen

a) Warum _____ du _____ Bild hier _____ _____ Tür?

_____ es doch _____ _____ linke Wand, _____ _____ Bett!

b) Das Essen ist fertig. Alle _____ _____ Tisch und die Mutter _____ die kleine

Tochter _____ _____ Kinderstuhl.

c) Seit drei Tagen _____ er _____ _____ Bett, denn er ist schwer krank.

d) * Wo _____ meine Brille? Ich habe sie eben _____ _____ Telefon _____.

+ Sie ist _____ deiner Nase.

e) * Hallo, was _____ _____ _____ Zettel _____ _____ Wand?

+ Nichts.

f) * Frau Vater, wo soll Ihr Regal _____?

+ _____ Sie es bitte _____ _____ Ecke _____ _____ Schrank!

IV. Artikel und Pronomen

1. Ergänzen Sie bitte die Artikel, wenn notwendig!

a) Es war einmal _____ Berg. Auf _____ Berg stand _____ Tempel. In _____ Tempel lebten _____

alter Mönch und _____ junger Mönch. _____ alte Mönch erzählte _____ jungen Mönch _____

Geschichte und fing an: Es war einmal _____ Berg. Auf _____ Berg ...

b) Ich erzähle dir _____ Geschichte. In _____ Geschichte ist _____ Hase. _____ Hase läuft weg und _____ Geschichte ist zu _____ Ende.

c) Das ist unser Klassenzimmer. _____ Klassenzimmer ist groß und hell. An _____ Decke hängen _____ Lampen. Vorne an _____ Wand ist _____ Tafel. _____ Tür ist vorne an _____ linken Wand. An _____ rechten Wand ist _____ kleines Fenster. _____ Tische stehen in _____ U-Form. Hier haben wir jeden Tag _____ Unterricht.

d) _____ Stadt Shanghai ist _____ industrielle Zentrum Chinas. Shanghai hat _____ hohe Bevölkerungszahl. Viele Leute kommen aus _____ ganz China nach _____ Shanghai. Sie wollen hier in _____ Fabriken oder _____ Büros _____ Arbeit finden und _____ Geld verdienen.

e) _____ Herr Wang hat in _____ Beijing an _____ Qinghua-Universität studiert. _____ Studium hat vier Jahre gedauert. Nach _____ Studium hat er _____ Deutschkurs besucht. Er wollte in _____ Deutschland oder in _____ Schweiz promovieren.

f) * Hast du heute Nachmittag _____ Zeit? Wir gehen zusammen ins Kino.

+ _____ Zeit habe ich. _____ Lust habe ich auch. Aber _____ Geld habe ich nicht.

* Macht nichts. Ich lade dich ein.

g) _____ Mond kreist um _____ Erde. _____ Erde kreist um _____ Sonne.

_____ Menschen leben von _____ Sonne.

h) * Sag mal, Wann beginnt _____ Frühling?

+ _____ Frühling beginnt im März.

* Welche Jahreszeit ist _____ schönste Jahreszeit?

+ _____ Herbst.

i) Ich möchte _____ Auto kaufen. _____ Auto darf nicht über 1 500 Euro kosten.

j) „Herr Ober, haben Sie _____ Eisbein?", will _____ Gast wissen.

„Nein", sagt _____ Kellner, „Ich trage immer _____ warme Socken. "

2. Ergänzen Sie bitte die Possessivpronomen!

Familie Becher hat Zwillinge. Sabine und Robert sind drei Jahre alt. Außerdem hat Familie Becher ein drei Wochen altes Baby, Christian.

Robert: Christian ist _____ Bruder.

Sabine: Nein, Christian ist nicht _____ Bruder. Er ist _____ Bruder!

Robert: Mutti, Mutti. Ist Christian _____ Bruder oder nicht?

Mutter: Christian ist nicht _____ Bruder, Robert. Er ist auch nicht _____ Bruder, Sabine. Er ist _____ Bruder.

Robert: Mutti, ist Christian auch _____ Bruder?

Mutter: Nein, er ist _____ Sohn.

Vater: Na, na. Er ist nicht _____ Sohn, sondern _____ Sohn!

Mutter: Entschuldige. Er ist natürlich _____ Sohn und _____ Bruder.

3. Sprechen Sie bitte!

Beispiele:

* Hast du *eine Kamera*?

+ Nein, ich habe leider *keine Kamera*. Vielleicht hat *Hans eine Kamera*.

* Na gut, ich gehe jetzt zu *ihm* und frage *ihn*.

* Haben Sie vielleicht *Zucker*?

+ Nein, leider habe ich *keinen* Zucker. Vielleicht hat *Frau Hausmann Zucker*.

* Na gut, ich gehe jetzt zu *ihr* und frage *sie*.

Tasche Koffer Wasser Fahrrad Öl Jasmintee Lampe Stuhl Videorecorder Blumentopf Kaffeemaschine Blumen Wörterbuch Bier	die Müllers Maria Herr Schmidt Ma Long Thomas Frau Herman Christian Sabine Frau Wu Franz Xiaohong Herr und Frau Pöppelmann

4. Sprechen Sie bitte!

Beispiel:

Kamera

* Wem gehört *die Kamera*?

+ *Die* gehört mir. Gefällt *sie* dir?

* Ja, so *eine Kamera* möchte ich schon lange haben.

+ Dann schenke ich *sie* dir.

* Ich danke dir sehr.

a) Tasche   b) Koffer   c) Buch   d) Vase

e) Bild   f) Computer   g) Uhr   h) Scherenschnitt

i) Briefmarke   j) Tischdecke   k) Lampe   l) Stuhl

m) Mantel   n) Kugelschreiber   o) Puppe   p) Krawatte

5. Sprechen Sie bitte!

Beispiel: *mein Freund / ein Buch / eine Krawatte*

 * Sag mal, was soll ich *meinem Freund* zum Geburtstag schenken?

 + *Deinem Freund*? Vielleicht gefällt *ihm ein Buch*?

 * Nein, *er* hat schon so viele *Bücher*.

 + Dann kaufst du *ihm eine Krawatte*.

 * Aber *eine Krawatte* gefällt *ihm* sicher nicht.

 + Dann kann ich dir nicht helfen, tut mir leid.

Herr Müller Hans und Maria Frau Herman die Kinder mein Bruder unsere Lehrerin Herr Schmidt Xiaohong Herr und Frau Pöppelmann	Bild CDs Spielzeug Kinderbücher Vase Hemd Blumen Bluse Seidentuch Puppen Fotoalbum Schokolade Mantel

V. Negation

1. Antworten Sie bitte mit „*nein*"!

a) Habt ihr nachmittags Unterricht?

b) Fährt er nach Frankfurt?

c) Hast du Zeit?

d) Hat Wang Dali eine Wohnung?

e) Müssen Sie morgen arbeiten?

f) Ist sie verheiratet?

g) Haben Sie einen dunklen Anzug?

h) Gefällt dir die blaue Hose?

i) Hast du heute frei?

j) Kauft Petra die Kinokarten?

k) Geht sie morgen zu Hans?

l) Hat sie viel Arbeit?

2. Antworten Sie mit „*Ja, Nein, Doch*"!

a) * Haben Sie keine Fragen mehr?   + _____, ich habe noch eine Frage.

b) * Fahren Sie nicht mit dem Bus?   + _____, ich gehe lieber zu Fuß.

c) * Finden Sie Maria nicht nett?   + _____, ich finde sie sehr nett.

d) * Trinkst du Jasmintee nicht gern?   + _____, aber jetzt nicht.

e) * Haben Sie kein Geld mehr?   + _____, leider.

f) * Hast du keine Zeit mehr?   + _____, für dich habe ich immer Zeit.

g) * Hat er Freunde?   + _____, viele.

h) * Kannst du Deutsch sprechen?   + _____, aber nur ein bisschen.

i) * Waren Sie schon einmal in Deutschland?

   + _____, ich war noch nie da.

j) * Haben Sie keinen Hunger?

+ _____ , aber das Essen schmeckt mir nicht so gut.

k) * Arbeitet ihr immer am Wochenende?

+ _____ , nur heute.

l) * Willst du einen langen Brief schreiben?

+ _____ , nur noch ein paar Wörter.

Ⅵ. Adjektive und Komparation

1. Ergänzen Sie bitte die richtigen Endungen, wenn nötig, auch die Artikel!

Das Ehepaar Witte wohnt in _____ breit _____ und ruhig _____ Universitätsstraße. Es hat _____ ziemlich _____ groß _____ Wohnung im dritt _____ Stock. Sie hat drei Zimmer, _____ hell _____ Küche und _____ klein _____ Bad. _____ klein _____ Zimmer links ist Herrn Wittes Arbeitszimmer. Im Zimmer steht _____ groß _____ Schreibtisch am Fenster. Vor _____ groß _____ Schreibtisch ist _____ neu _____ Stuhl. Rechts an _____ weiß _____ Wand sind zwei schön _____ Bücherschränke. Darin stehen viel _____ deutsch _____ und einig _____ englisch _____ Bücher. Jeden Abend arbeitet Herr Witte gern hier. _____ groß _____ Zimmer rechts ist _____ schön _____ Wohnzimmer. Es ist ziemlich _____ gemütlich _____ hier. Es ist 35 m² groß _____ , mit _____ klein _____ Balkon. Im Sommer sitzt Frau Witte sehr gern _____ da und liest.

2. Ergänzen Sie bitte die richtigen Endungen, wenn nötig, auch die Artikel!

____ alt ____ reich ____ Chinese machte einmal mit sein ____ jung ____ hübsch ____ Frau ____ groß ____ Reise durch ____ schön ____ Thailand. Sie fuhren mit ihr ____ neu ____ rosa ____ Auto. Sie sahen unterwegs nicht nur ____ groß ____ Städte, sondern auch ____ interessant ____ Landschaften mit ____ (hoch)____ Bergen und blau ____ Seen. An ____ besonders schön ____ warm ____ Tag fuhren sie schon am früh ____ Morgen weiter. Am Mittag kamen viel ____ (dunkel)____ Wolken aus dem Westen und nach wenig ____ Minuten regnete es sehr stark ____ . Der Chinese hielt sein ____ Auto vor _____ klein ____ , aber gemütlich ____ Restaurant. Sie hatten groß ____ Hunger. So gingen sie hinein und nahmen an ____ rund ____ Tisch in der Ecke den Platz. ____ freundlich ____ Kellnerin begrüßte ihr ____ beid ____ Gäste höflich _____ . Der Chinese wollte ____ gut ____ Mittagessen bestellen. Leider konnte er aber nicht Thai und die Kellnerin verstand auch kein _____ einzig ____ Wort Chinesisch. Das war ____ unangenehm ____ Situation! Plötzlich hatte ____ klug ____ Chinesin ____ toll ____ Idee. Sie nahm ____ lang ____ Bleistift und zeichnete auf ____ klein ____ Stück Papier ____ groß ____ Xianggu-Pilz, denn sie und ihr ____ Mann wollten ____ gut ____ Pilze essen. Die Kellnerin sah ____ einfach _____ Zeichnung und ging schnell ____ weg. Nach zehn Minuten brachte die Kellnerin ihnen kein ____ gut ____ Pilze, sondern ____ alt ____ schwarz ____ Regenschirm!

3. Ergänzen Sie bitte!

a) * Ist das Zimmer warm genug?

+ Nein, es muss noch _____ sein.

b) Walter ist nicht so alt wie ich.

Aber er ist sicher _____ als du.

c) * Nehmen Sie ein Taxi?

+ Nein, ich gehe _____ zu Fuß.

d) * Ist das Hotel gut?

+ Ja, es ist _____ in München.

e) 500 Euro, das ist zwar nicht viel Geld, aber _____ Geld

kann ich dir nicht geben.

f) * Ist das Bild hoch genug? + Nein, häng es ruhig noch

etwas _____!

g) * Sind Sie noch gern in dieser Stadt? + Nein, _____ möchte ich sofort nach Hause fahren.

h) * War die Reise nach Frankreich eigentlich schön?

+ Ja, aber von allen meinen Reisen war die Reise nach Spanien _____.

i) * Ist er denn wirklich so jung?

+ Ja, er ist _____ Professor hier in der Uni.

j) Sie sprechen zu leise. Können Sie bitte etwas _____ sprechen?

k) * War der Film interessant?

+ Nein, den anderen fand ich viel _____.

l) Dieses Brot ist schon alt. Haben Sie auch _____ (frisch)?

m) * Kann sie gut tanzen? + Ja, sie tanzt _____ in unserer Klasse.

n) Die _____ Bauern haben die _____ Kartoffeln (dumm / groß).

o) Er ist _____ stark _____ ein Bär.

Stehlen Sie entweder einen kürzeren Fisch, oder ziehen Sie sich einen längeren Mantel an!

Anhang I   Grammatischer Rückblick

I. Pronomen

A   Personalpronomen im Nominativ, Akkusativ und Dativ

(Lek.2, Lek.3 und Lek.7)

Beispiele:

Ich (N) liebe **sie** (A). **Ich** (N) schenke **ihr** (D) eine Rose.

Nominativ	Akkusativ	Dativ	Nominativ	Akkusativ	Dativ
ich	mich	mir	wir	*uns*	*uns*
du	dich	dir	ihr	*euch*	*euch*
er	ihn	ihm	sie	sie	ihnen
sie	sie	ihr	Sie	Sie	Ihnen
es	es	ihm			

B   Possessivpronomen im Nominativ, Akkusativ und Dativ *(Lek.2, Lek.3 und Lek.7)*

Beispiel:

Mein Vater (N) hat **meiner** Schwester (D) **meinen** Fotoapparat (A) gegeben.

Personalpronomen	Possessivpronomen	Personalpronomen	Possessivpronomen
ich	mein	wir	unser
du	dein	ihr	euer
er	sein	sie	ihr
sie	ihr	Sie	Ihr
es	sein		

	maskulin	feminin	neutral	Plural
Nominativ	mein	meine	mein	meine
Akkusativ	meinen	meine	mein	meine
Dativ	meinem	meiner	meinem	meinen

II. Bestimmte und unbestimmte Artikel sowie Indefinitpronomen „ *kein*" im Nominativ, Dativ und Akkusativ (*Lek. 3, Lek. 4 und Lek. 7*)

Beispiele:

Das ist **eine** schlechte Zeitung (N). **Die** Zeitung (N) hat **keine** Leser (A).

	maskulin (m)	feminin (f)	neutral (n)	Plural (Pl.)
Nominativ	der / ein / kein ⟩ Mann	die / eine / keine ⟩ Frau	das / ein / kein ⟩ Kind	die / — / keine ⟩ Leute
Dativ	dem / einem / keinem ⟩ Mann	der / einer / keiner ⟩ Frau	dem / einem / keinem ⟩ Kind	den / — / keinen ⟩ Leuten
Akkusativ	den / einen / keinen ⟩ Mann	die / eine / keine ⟩ Frau	das / ein / kein ⟩ Kind	die / — / keine ⟩ Leute

III. Verben

A Regelmäßige Verben im Präsens (*Lek. 2*)

Beispiel:

* Ich lerne Deutsch. Was lernt ihr?　　　+ Wir lernen auch Deutsch.

	lernen	arbeiten	bilden	öffnen	zeichnen
ich	lerne	arbeite	bilde	öffne	zeichne
du	lernst	arbeitest	bildest	öffnest	zeichnest
er / sie / es	lernt	arbeitet	bildet	öffnet	zeichnet
wir	lernen	arbeiten	bilden	öffnen	zeichnen
ihr	lernt	arbeitet	bildet	öffnet	zeichnet
sie	lernen	arbeiten	bilden	öffnen	zeichnen
Sie	lernen	arbeiten	bilden	öffnen	zeichnen

B Unregelmäßige Verben im Präsens (*Lek. 3*)

Beispiel:

* Was **liest** er jetzt? + Ich **weiß** nicht. Vielleicht **liest** er eine deutsche Zeitung.

	lesen	schlafen	nehmen	raten	haben	wissen	werden	sein
ich	lese	schlafe	nehme	rate	habe	**weiß**	werde	**bin**
du	liest	schläfst	nimmst	rä*ts*t	**hast**	**weißt**	**wirst**	bist
er								
sie	liest	schläft	nimmt	rä*t*	**hat**	**weiß**	**wird**	ist
es								
wir	lesen	schlafen	nehmen	raten	haben	wissen	werden	sind
ihr	lest	schlaft	nehmt	ratet	habt	wisst	werdet	**seid**
sie	lesen	schlafen	nehmen	raten	haben	wissen	werden	sind
Sie	lesen	schlafen	nehmen	raten	haben	wissen	werden	**sind**

Verben wie *lesen*: sehen, befehlen, empfehlen, stehlen ...

Verben wie *schlafen*: anfangen, fahren, fallen, gefallen, lassen, laufen, schlagen, tragen, wachsen, waschen ...

Verben wie *nehmen*: essen, geben, helfen, sprechen, sterben, treffen, vergessen, werfen ...

Verben wie *raten*: behalten, braten, halten ...

C Verbstellungen: Aussagesatz, Fragesatz (Entscheidungsfrage / W - Frage / alternative Fragen) und Imperativsatz
(*Lek.*2, *Lek.*3 *und Lek.*5)

Beispiele:

a) ∗ Sind Sie noch Student?   + Nein, ich bin kein Student mehr.

   ∗ Was sind Sie von Beruf?   + Ich bin Ingenieur und arbeite seit zwei Jahren bei Siemens in Shanghai.

   ∗ Arbeiten Sie immer ganztags   + Ich arbeite ganztags.
   oder halbtags?

b) Nehmen Sie bitte Platz!

Verbstellung	I	II	III	Ende
Aussagesatz	Ich	**arbeite**	zwei Jahre	bei Siemens in Shanghai.
W-Frage	Was	**sind**	Sie	von Beruf?
Entscheidungsfrage	**Sind**	Sie	noch	Student?
Alternative Frage	**Arbeiten**	Sie	immer	ganztags oder halbtags?
Imperativsatz	**Nehmen**	Sie	bitte	Platz!

D Modalverben im Präsens und Präteritum (*Lek. 4 und Lek. 6*)

1) *Modalverben im Präsens*

Beispiele:

* **Können** Sie mit mir ins Kino gehen?

\+ Ich **möchte** sehr gern, aber ich **kann** leider nicht, denn ich **muss** noch meine Hausaufgaben machen.

Personal-pronomen	Modalverben im Präsens					
	müssen	dürfen	sollen	können	wollen	möchten
ich	*muss*	*darf*	*soll*	*kann*	*will*	*möchte*
du	musst	darfst	sollst	kannst	willst	möchtest
er sie es	*muss*	*darf*	*soll*	*kann*	*will*	*möchte*
wir	müssen	dürfen	sollen	können	wollen	möchten
ihr	müsst	dürft	sollt	könnt	wollt	möchtet
sie	müssen	dürfen	sollen	können	wollen	möchten
Sie	müssen	dürfen	sollen	können	wollen	möchten

2) *Modalverben im Präteritum*

Beispiele:

* Warum bist du gestern nicht zur Party gekommen?

\+ Ich **wollte** sehr gern, aber ich **konnte** leider nicht, denn ich **musste** noch meine Hausaufgaben machen.

Personal-pronomen	Modalverben im Präteritum				
	müssen	dürfen	sollen	können	wollen (möchten)
ich	*musste*	*durfte*	*sollte*	*konnte*	*wollte*
du	musstest	durftest	solltest	konntest	wolltest
er sie es	*musste*	*durfte*	*sollte*	*konnte*	*wollte*
wir	mussten	durften	sollten	konnten	wollten
ihr	musstet	durftet	solltet	konntet	wolltet
sie	mussten	durften	sollten	konnten	wollten
Sie	mussten	durften	sollten	konnten	wollten

E Regelmäßige Verben im Präteritum und Perfekt (*Lek. 13 und Lek. 9*)

1) Regelmäßige Verben im Präteritum

Beispiele:

Gestern besuchte ich Herrn Wang. Er arbeitete bei Siemens. Vorher machte ich ihm Geschenke. Dann kauften wir für unser chinesisches Essen am Samstag ein.

Personal-pronomen	Präteritum			
	machen	**arbeiten**	**besuchen**	**einkaufen**
ich	*machte*	*arbeitete*	*besuchte*	*kaufte ... ein*
du	machtest	arbeitetest	besuchtest	kauftest ... ein
er sie es	*machte*	*arbeitete*	*besuchte*	*kaufte ... ein*
wir	machten	arbeiteten	besuchten	kauften ... ein
ihr	machtet	arbeitetet	besuchtet	kauftet ... ein
sie	machten	arbeiteten	besuchten	kauften ... ein
Sie	machten	arbeiteten	besuchten	kauften ... ein

2) Regelmäßige Verben im Perfekt

Beispiele:

Gestern haben wir einen Besuch bei Herrn Gao **gemacht**. Er hat sechs Jahre in Deutschland **studiert** und dann bei einer Firma **gearbeitet**. Er hat uns viel über sein Studium und seine Arbeit in Deutschland **erzählt**. Dann haben wir zusammen **eingekauft**.

Personal-pronomen		Perfekt				
		machen	**studieren**	**arbeiten**	**erzählen**	**einkaufen**
ich	*habe*	... gemacht	... stud*ier*t	... gearbei*t*et	... *er*zählt	... *ein*gekauft
du	*hast*	... gemacht	... stud*ier*t	... gearbei*t*et	... *er*zählt	... *ein*gekauft
er sie es	*hat*	... gemacht	... stud*ier*t	... gearbei*t*et	... *er*zählt	... *ein*gekauft
wir	*haben*	... gemacht	... stud*ier*t	... gearbei*t*et	... *er*zählt	... *ein*gekauft
ihr	*habt*	... gemacht	... stud*ier*t	... gearbei*t*et	... *er*zählt	... *ein*gekauft
sie	*haben*	... gemacht	... stud*ier*t	... gearbei*t*et	... *er*zählt	... *ein*gekauft
Sie	*haben*	... gemacht	... stud*ier*t	... gearbei*t*et	... *er*zählt	... *ein*gekauft

Verben wie *machen*:	lernen, lehren, üben, danken ...
Verben wie *studieren*:	dik**tier**en, infor**mier**en, no**tier**en ...
Verben wie *arbeiten*:	bil**den**, öff**nen**, zeich**nen** ...
Verben wie *erzählen*:	**be**suchen, **ver**kaufen, **ent**schuldigen, **zer**stören ...
Verben wie *einkaufen*:	**vor**bereiten, **zu**machen, **zusammen**arbeiten, **nach**fragen ...

F   Zusammenfassung der unregelmäßigen Verben

Infinitiv	Präteritum	Partizip II	Infinitiv	Präteritum	Partizip II
e — a — o			**i(e) — a — e**		
befehlen	befahl	befohlen	bitten	bat	gebeten
empfehlen	empfahl	empfohlen	liegen	lag	gelegen
nehmen	nahm	genommen	sitzen	saß	gesessen
stehlen	stahl	gestohlen			
ei — ie — ie			**ie — o — o**		
bleiben	blieb	geblieben(s)	biegen	bog	gebogen(h/s)
entscheiden	entschied	entschieden	bieten	bot	geboten
leihen	lieh	geliehen	fliegen	flog	geflogen(s)
scheinen	schien	geschienen	genießen	genoss	genossen
schreiben	schrieb	geschrieben	gießen	goss	gegossen
schweigen	schwieg	geschwiegen	schließen	schloss	geschlossen
steigen	stieg	gestiegen(s)	verschieben	verschob	verschoben
treiben	trieb	getrieben	verlieren	verlor	verloren
vermeiden	vermied	vermieden	wiegen	wog	gewogen
verzeihen	verzieh	verziehen	ziehen	zog	gezogen(h/s)
i — a — u			**e — a — a**		
finden	fand	gefunden	brennen	brannte	gebrannt
klingen	klang	geklungen	denken	dachte	gedacht
singen	sang	gesungen	kennen	kannte	gekannt
sinken	sank	gesunken(s)	nennen	nannte	genannt
springen	sprang	gesprungen(s)	rennen	rannte	gerannt(s)
trinken	trank	getrunken	senden	sandte	gesandt
verbinden	verband	verbunden	wenden	wandte	gewandt
zwingen	zwang	gezwungen			
i — a — o					
beginnen	begann	begonnen			
gewinnen	gewann	gewonnen			
schwimmen	schwamm	geschwommen(h/s)			
gebären	gebar	geboren	bringen	brachte	gebracht
gehen	ging	gegangen(s)	haben	hatte	gehabt
heißen	hieß	geheißen	dürfen	durfte	gedurft
kommen	kam	gekommen(s)	können	konnte	gekonnt

laufen	lief	gelaufen(s)	mögen	mochte	gemocht
rufen	rief	gerufen	müssen	musste	gemusst
sein	war	gewesen(s)	sollen	sollte	gesollt
stehen	stand	gestanden	wollen	wollte	gewollt
stoßen	stieß	gestoßen(h/s)			
tun	tat	getan			
werden	wurde	geworden(s)			

IV. Präpositionen (*Lek. 12 und Lek. 13*)

	Dativ	Dativ / Akkusativ	Akkusativ
Präpositionen mit Fragewort und Pronominaladverbien: **wo(r)** ... **da(r)** ...	aus bei mit nach von zu	an auf in vor ↔ hinter über ↔ unter neben ↔ zwischen	für gegen um durch
	ab seit außer		ohne bis pro per
	gegenüber	entlang	

Achtung:

1) Bei Personalpronomen wird die Präposition *gegenüber* immer nachgestellt.

Beispiele:

    Die Post liegt *der Universität gegenüber* / *gegenüber der Universität*.
  Aber: Hans sitzt *mir gegenüber*.

2) Das Nomen vor der Präposition *entlang* ist Akkusativ, hinter der Präposition *entlang* ist Dativ.

Beispiele:

    Er geht *die Straße* (A) entlang.
  Aber: Er geht entlang der Straße (D).

3) bei dem = beim von dem = vom zu dem = zum zu der = zur

  an dem = am   vor das = vors

  an das = ans   in das = ins   für das = fürs   auf das = aufs

  über das = übers   in dem = im   durch das = durchs

V. Ja — Nein — Doch (*Lek. 6*)

Maria: Hast du heute Abend Zeit?

Hans: **Ja.** Warum fragst du?

Maria: Susi geht heute Abend ins Theater. Kommst du mit?

Hans: **Nein**, ich möchte nicht mit ihr ausgehen.

Maria: Kommst du auch *nicht* gern mit mir ins Theater?

Hans: **Doch**, ich komme immer sehr gern mit dir ins Theater. Wann gehen wir los?

VI. Adjektive (*Lek. 10 und Lek. 11*)

A Adjektivendungen mit bestimmten, unbestimmten Artikeln, Nullartikeln sowie Indefinitpronomen „*kein*"

Bespiele:

* *Was für eine* Frau möchtest du heiraten? + **Eine** hübsch*e* Frau natürlich!

* Hier sind zwei Kinder. *Welches* Kind ist dein Sohn? + **Das** klein*e* Kind am Fenster.

	maskulin			feminin			neutral			Plural		
N	der	alt*e*	Mann	**die**	hübsch*e*	Frau	**das**	klein*e*	Kind	**die**	streng*en*	Eltern
	ein	alt*er*	Mann	eine	hübsch*e*	Frau	ein	klein*es*	Kind		—	
	mein	alt*er*	Mann	meine	hübsch*e*	Frau	mein	klein*es*	Kind	meine	streng*en*	Eltern
	kein	alt*er*	Mann	keine	hübsch*e*	Frau	kein	klein*es*	Kind	keine	streng*en*	Eltern
		kalt*er*	Kaffee		frisch*e*	Milch		warm*es*	Wasser		billig*e*	Getränke
D	dem	alt*en*	Mann	der	hübsch*en*	Frau	dem	klein*en*	Kind	den	streng*en*	Eltern
	einem	alt*en*	Mann	einer	hübsch*en*	Frau	einem	klein*en*	Kind		—	
	meinem	alt*en*	Mann	meiner	hübsch*en*	Frau	meinem	klein*en*	Kind	meinen	streng*en*	Eltern
	keinem	alt*en*	Mann	keiner	hübsch*en*	Frau	keinem	klein*en*	Kind	keinen	streng*en*	Eltern
		kalt*em*	Kaffee		warm*er*	Milch		warm*em*	Wasser		billig*en*	Getränken
A	den	alt*en*	Mann	**die**	hübsch*e*	Frau	**das**	klein*e*	Kind	**die**	streng*en*	Eltern
	einen	alt*en*	Mann	eine	hübsch*e*	Frau	ein	klein*es*	Kind		—	
	meinen	alt*en*	Mann	meine	hübsch*e*	Frau	mein	klein*es*	Kind	meine	streng*en*	Eltern
	keinen	alt*en*	Mann	keine	hübsch*e*	Frau	kein	klein*es*	Kind	keine	streng*en*	Eltern
		kalt*en*	Kaffee		frisch*e*	Milch		warm*es*	Wasser		billig*e*	Getränke

B   Adjektivendungen mit „ *viele, einige, wenige, andere, mehrere, zwei, drei ...* "

Beispiele:

Ich habe viele deutsche Bücher, aber wenige englische Bücher.

N	viele	deutsche	Bücher
D	vielen	deutschen	Büchern
A	viele	deutsche	Bücher

C   Adjektivendungen mit „ *alle, manche, beide, solche* "

Beispiele:

Ich habe alle einfachen Aufgaben gemacht, nur manche schwierigen Aufgaben kann ich nicht verstehen.

N	alle	einfachen	Aufgaben
D	allen	einfachen	Aufgaben
A	alle	einfachen	Aufgaben

D   Komparation

Beispiele:

Herr Luo ist nicht so alt wie ich. Er ist *jünger als* ich. Er ist sogar der *jüngste* in unserer Klasse.

Susi hat einen *älteren* Bruder und eine *jüngere* Schwester.

Tabelle der unregelmäßigen Komparation der Adjektive und einiger Adverbien

Positiv	Komparativ	Superlativ
gut	besser	am besten / der, die, das beste
hoch	höher	am höchsten / der, die, das höchste
nah(e)	näher	am nächsten / der, die, das nächste
viel	mehr	am meisten / der, die, das meiste
gern	lieber	am liebsten / der, die, das liebste
oft / häufig	öfter / häufiger	am häufigsten / der, die, das häufigste
bald	eher	am ehesten / der, die, das eheste

VII. Zahlen (*Lek.2 und Lek.4*)

A Grundzahlen

1	*eins*	11	*elf*	21	ein*und*zwanzig	40	vier**zig**
2	*zwei*	12	*zwölf*	22	zwei*und*zwanzig	50	fünf**zig**
3	*drei*	13	drei**zehn**	23	drei*und*zwanzig	60	sech**zig**
4	*vier*	14	vier**zehn**	24	vier*und*zwanzig	70	sieb**zig**
5	*fünf*	15	fünf**zehn**	25	fünf*und*zwanzig	80	acht**zig**
6	*sechs*	16	*sech***zehn**	26	sechs*und*zwanzig	90	neun**zig**
7	*sieben*	17	*sieb***zehn**	27	sieben*und*zwanzig	100	(ein)**hundert**
8	*acht*	18	acht**zehn**	28	acht*und*zwanzig	101	hundert**eins**
9	*neun*	19	neun**zehn**	29	neun*und*zwanzig	1 000	(ein)**tausend**
10	*zehn*	20	*zwan***zig**	30	drei**ßig**	1 001	tausend**eins**

1 000 000	eine Million (Mio.)	1,5 Mio. eins Komma fünf Million**en**
1 000 000 000	eine Milliarde (Mrd.)	1,3 Mrd. eins Komma drei Milliarde**n**

6	+	4	=	10	
6	plus	4	ist	10	
3	·	4	=	12	
3	mal	4	ergibt	12	

10	−	4	=	6	
10	minus	4	gleich	6	
12	:	3	=	4	
12	durch	3	macht	4	

B Ordinalzahlen (*Lek.9*)

Beispiel:

* *Der wievielte* ist heute? + Heute ist *der **fünfte*** Juni 2002.
* *Am wievielten* haben wir die Semesterabschlussprüfung? + *Am **siebten*** Juli.

1. (*der*) **erste**	11. (*der*) elf**te**	21. (*der*) ein*und*zwanzig**ste**	40. (*der*) vierzig**ste**
2. (*der*) zwei**te**	12. (*der*) zwölf**te**	22. (*der*) zwei*und*zwanzig**ste**	50. (*der*) fünfzig**ste**
3. (*der*) **dritte**	13. (*der*) dreizehn**te**	23. (*der*) drei*und*zwanzig**ste**	60. (*der*) sechzig**ste**
4. (*der*) vier**te**	14. (*der*) vierzehn**te**	24. (*der*) vier*und*zwanzig**ste**	70. (*der*) siebzig**ste**
5. (*der*) fünf**te**	15. (*der*) fünfzehn**te**	25. (*der*) fünf*und*zwanzig**ste**	80. (*der*) achtzig**ste**
6. (*der*) sechs**te**	16. (*der*) *sech*zehn**te**	26. (*der*) sechs*und*zwanzig**ste**	90. (*der*) neunzig**ste**
7. (*der*) **siebte**	17. (*der*) *sieb*zehn**te**	27. (*der*) sieben*und*zwanzig**ste**	100. (*der*) hundert**ste**
8. (*der*) **achte**	18. (*der*) achtzehn**te**	28. (*der*) acht*und*zwanzig**ste**	101. (*der*) hundert**erste**
9. (*der*) neun**te**	19. (*der*) neunzehn**te**	29. (*der*) neun*und*zwanzig**ste**	1 000. (*der*) tausend**ste**
10. (*der*) zehn**te**	20. (*der*) *zwan*zig**ste**	30. (*der*) dreißig**ste**	1 001. (*der*) tausend**erste**

VIII. Uhrzeit (*Lek. 5*)

	offiziell	inoffiziell		
13.00 Uhr	dreizehn Uhr	ein	Uhr	
13.10 Uhr	dreizehn Uhr zehn	zehn	**nach**	eins
13.15 Uhr	dreizehn Uhr fünfzehn	(ein) Viertel	**nach**	eins
13.20 Uhr	dreizehn Uhr zwanzig	zwanzig	**nach**	eins
		oder: zehn	**vor**	**halb** zwei
13.30 Uhr	dreizehn Uhr dreißig		**halb**	zwei
13.40 Uhr	dreizehn Uhr vierzig	zwanzig	**vor**	zwei
		oder: zehn	**nach**	**halb** zwei
13.45 Uhr	dreizehn Uhr fünfundvierzig(ein)	Viertel	**vor**	zwei
		oder: Dreiviertel		zwei
13.50 Uhr	dreizehn Uhr fünfzig	zehn	**vor**	zwei

Anhang II   Liste der grammatischen Terminologie

das	Adjektiv, -e (*Adj*.)	形容词
die	Adjektivdeklination	形容词变位
das	Adverb, -e (*Adv*.)	副词
der	Akkusativ (A)	第四格
das	Akkusativobjekt	第四格宾语
der	Artikel, -	冠词
der	Aussagesatz, ⸚ e	陈述句
	bestimmter Artikel	定冠词
der	Dativ (D)	第三格
das	Dativobjekt	第三格宾语
	feminin (f)	阴性
der	Finalsatz, ⸚ e	目的从句
das	Fragepronomen, -	疑问代词
der	Fragesatz, ⸚ e	疑问句
das	Futur, -e	将来时
der	Genitiv (G)	第二格
die	Grammatik	语法
der	Hauptsatz, ⸚ e	主句
der	Imperativ	祈使句
	Imperativ informell	非正式祈使句
das	Indefinitpronomen, -	不定代词
	indirekte Rede	间接引语
der	Infinitiv	不定式
die	Interjektion, -en (*Int*.)	感叹句
	intransitive Verben (*Vi*.)	不及物动词
die	Ja-Nein-Frage, -n	一般疑问句
der	Kausalsatz, ⸚ e	原因从句
der	Komparativ -e	比较级
der	Konditionalsatz, ⸚ e	条件从句
die	Konjugation, -en	变位
die	Konjunktion, -en	连词
der	Konjunktiv	虚拟态
der	Konsekutivsatz, ⸚ e	结果从句
der	Konzessivsatz, ⸚ e	让步从句
	maskulin (m)	阳性
der	Modalsatz, ⸚ e	方式方法从句
der	Nebensatz, ⸚ e	从句
die	Negation	否定

	neutral（n）	中性
das	Nomen, -	名词
der	Nominativ（N）	第一格
der	Nullartikel	无冠词
das	Objekt	宾语
	Partizip Perfekt / Partizip II（*P. II*）	第二分词
das	Passiv	被动态
das	Perfekt	现在完成时
das	Personalpronomen, -	人称代词
der	Plural, -e（*Pl.*）	复数
das	Plusquamperfekt	过去完成时
der	Positiv	原级
	Positiv der Adjektive	形容词原级
das	Possessivpronomen, -	物主代词
das	Präterikativ	谓语
die	Präposition, -en（*Präp.*）	介词
das	Präsens	现在时
das	Präteritum	过去时
das	Pronomen, -（*Pron.*）	代词
der	Proportionalsatz, ⸚ e	比例从句
	reflexive Verben（*Vr.*）	反身动词
das	Relativpronomen, -	关系代词
der	Relativsatz, ⸚ e	关系从句
der	Satz, ⸚ e	句子
das	Satzgefüge, -	句子结构
der	Singular, -e	单数
	Stellung von Dativ- und Akkusativobjekt	第三、第四格宾语的位置
der	Superlativ, -e	最高级
	temporale Präposition	时间介词
der	Temporalsatz, ⸚ e	时间状语从句
	transitive Verben（*Vt.*）	及物动词
	trennbare Verben	可分离动词
	unbestimmter Artikel	不定冠词
	untrennbare Verben	不可分离动词
das	Verb, -en	动词
die	Verbstellung	动词的位置
das	Vollverb, -en	实义动词
das	Vorgangspassiv	过程被动态
die	W-Frage, -n	特殊疑问句
das	Zustandspassiv	状态被动态